浙江省一流课程立体化教材

积极心理学

Positive Psychology

陈红 ◎ 主编

首都经济贸易大学出版社
Capital University of Economics and Business Press
·北 京·

图书在版编目（CIP）数据

积极心理学/陈红主编. —北京：首都经济贸易大学出版社，2023. 4

ISBN 978-7-5638-3467-9

Ⅰ. ①积…　Ⅱ. ①陈…　Ⅲ. ①普通心理学-教材　Ⅳ. ①B84

中国版本图书馆 CIP 数据核字（2022）第 242502 号

积极心理学

JIJI XINLIXUE

陈　红　主　编

责任编辑　潘　飞

封面设计　砚祥志远 · 激光照排　TEL：010-65976003

出版发行　首都经济贸易大学出版社

地　　址　北京市朝阳区红庙（邮编 100026）

电　　话　（010）65976483　65065761　65071505（传真）

网　　址　http://www. sjmcb. com

E - mail　publish@ cueb. edu. cn

经　　销　全国新华书店

照　　排　北京砚祥志远激光照排技术有限公司

印　　刷　北京九州迅驰传媒文化有限公司

成品尺寸　170 毫米×240 毫米　1/16

字　　数　238 千字

印　　张　15

版　　次　2023 年 4 月第 1 版　2023 年 4 月第 1 次印刷

书　　号　ISBN 978-7-5638-3467-9

定　　价　42. 00 元

序言

积极心理学是心理学领域的一场革命，也是人类社会发展史中的一个里程碑。积极心理学作为一个研究领域，是以塞利格曼（Seligman）（时任美国心理学会主席）和契克森米哈赖（Csikszentmihalyi）在2000年1月发表的论文《积极心理学导论》为标志，由塞利格曼等于2001年创建的，塞利格曼也被称为积极心理学之父。积极心理学采用科学的原则和方法来研究幸福，倡导心理学的积极取向，研究人类的积极心理品质，关注人类的健康幸福与和谐发展，体现了心理学由过去以研究病态为主的倾向，到研究完整的人类心理过程的整合倾向。

作为沉浸管理心理学多年，一直从事人力资源管理和组织行为学教学工作的一线教师，笔者长期关注员工心理援助和员工心理资本对员工工作状态和工作绩效的影响。2011年，清华大学心理学系主办第一届中国国际积极心理学大会，笔者由此接触了积极心理学这个概念，接着又翻阅了同年出版的由北京师范大学刘翔平教授主编的《积极心理学》教材，第一次对积极心理学有了系统的认识，并改变了笔者原有的心理学知识架构。那个时候，国内的心理学学者还没有特别关注积极心理学这个方向，更别说在大学开设积极心理学这门课程了，但是笔者的心里却萌发了在自己任教的学校开设这门课程的念头。

之后的这十几年笔者一直关注这个领域，涉猎了大量的积极心理学相关书籍、相关研究以及网络上与之有关的讨论和知识分享。这里推荐几本非常经典的积极心理学著作，包括：塞利格曼的幸福五部曲——《持续的幸福》、《真实的幸福》、《活出最乐观的自己》、《认识自己，接纳自己》和《教出乐观的孩子》，斯奈德（Snyder）和洛佩斯（Lopez）合著的《积极心理学：探索人类优势的科学与实践》，彼得森（Peterson）的《积极心理学》，卡尔（Carr）的《积极心理学：关于幸福和人类优势的科学》。积极心理学分支领域中的经典著作有：弗雷德里克森（Fredrikson）的《积极情绪的力量》，契克森米哈赖的《心流》，彭凯平的《吾心可鉴：澎湃的福流》，赵昱鲲的《无行动，不幸福》，米勒（Miller）的《亲密关系》，卢森堡（Rosenberg）的《非暴力沟通》，等等。

2018 年，笔者有幸将积极心理学开设成为我校人力资源管理专业的专业选修课，从此笔者以极大的热情投入这门课程的建设中：拍课程视频，建课程网站，进行课程改革与创新，申请成为浙江省一流课程……最后完成了本教材的编写。

本教材共九章，内容上主要包括三大部分：第一部分为积极主观体验，包括积极情绪、幸福和福流等内容；第二部分为积极人格特质，主要介绍品格优势与美德、乐观、价值观、积极自我与积极动机等；第三部分为创造积极的人际关系，包括积极沟通、感恩、宽容、积极的爱等内容。

本教材为新形态教材，有配套的线上教学视频。本教材不仅知识系统全面，而且注重培养学生的心理学素养，赋予学生从积极心理学角度理解情绪、抗压能力、人际关系等基本观念，使之初步形成多视角的心理学观点，自觉自主地运用积极心理学原理指导实践活动，提高综合运用积极心理学知识解决实际问题的能力；从专业素质和身心素质而言，力图促进学生自身积极心理的发展，完善心理素质，提高心理健康水平，提高综合心理素质。

目 录

本章精彩内容，请扫二维码

第一章
时代召唤积极心理学

学习目标

▶了解积极心理学产生的时代背景，从心理学发展的角度理解积极心理学的产生与发展

▶了解积极心理学的兴起、宗旨和内容体系

▶了解积极心理学与心灵鸡汤、阿Q精神、幸福心理学等的区别

人类进入21世纪，物质丰富了，财富增加了，寿命延长了，健康改善了，但是，人们的快乐与幸福并没有增加，心理健康水平反而在下降。无论是欧美，还是中国，患有心理疾病的人越来越多。每年由于抑郁而自杀的人数远远超过了战争、疾病和饥荒而造成的死亡人数。显然，21世纪人类生活的最大挑战之一是如何提高人民的主观幸福感。为应对人类面临的幸福挑战，国际心理学界掀起了一场积极心理学运动，其宗旨是帮助更多的人生活得更美好、更幸福。这是一门以人为本的学科，它关注的是人类的积极心态与幸福体验；这是一门学以致用的学科，它通过研究人类的积极情绪、积极人格、积极的社会环境来发现提高幸福水平的方法；这也是一门中西合璧的学科，它融合了东方的思想智慧和西方的实证科学方法；这更是一门全新的未来学科，是一个我们中国人有机会领先于世界的科学领域。

积极心理学认为，科学心理学主要面临三项主要使命：

- 治疗人的精神或心理疾病；
- 帮助普通人生活得更充实幸福；

• 发现并培养具有非凡才能的人。

实际上，第二次世界大战以后的西方心理学把研究重心放在了心理问题的研究上，如心理障碍、婚姻危机、毒品滥用和性犯罪等，心理学逐渐成为一门类似于病理学性质的学科，积极心理学称之为病理性心理学或消极心理学（pathology psychology）。塞利格曼认为，消极心理学背离了心理学存在的本意，因为它导致“很多心理学家几乎不知道正常人怎么样在良好的条件下获得自己应有的幸福”。

第一节　漫长的过去，短暂的历史

艾宾浩斯（Ebbinghaus）曾经说过：“心理学有着长久的过去，但是却只有很短的一段历史。”自 1879 年冯特（Wundt）成立心理学实验室，标志着心理学成为一门独立、规范的学科以来，迄今不过 100 多年的历史，然而心理学的相关研究却在几个世纪之前就开始了，只是被归类为哲学和神学等范畴。艾宾浩斯的这段文字同样可以用来描述积极心理学，直到 1998 年积极心理学才由时任美国心理学会主席的塞利格曼正式命名。但是积极心理学在东西方国家中的研究都具有悠久的历史，如果我们把东西方宗教领袖和先哲对世界的理解加以整合概括的话，会发现他们都提倡为他人服务，为整个人类服务，为更高的理念和信仰服务。

一、积极心理学的西方历史背景

西方人热情、直接，善于用科学的方式去寻求真理和验证真理，所以科学心理学最早是在西方建立起来的，西方人在解决问题和监控进展时习惯采用线性的效率最优方法。

（一）基督教

基督教是对奉耶稣基督为救世主的各教派之统称，亦称基督宗教。基督教与佛教、伊斯兰教并称为世界三大宗教。基督教各派都信仰耶稣基督并奉之为救世主，都以《圣经》（又称《新旧约全书》）为经典。基督教的核心思想是福音，即上帝和耶稣基督的救恩，彰显了上帝对全人类和整个宇宙舍己无私的大爱，给予人类归属感、安全感和希望。

国外一项通过对 277 例基督徒疾病医治的实证研究发现，基督徒“爱”的能力是产生“神迹”的根本。因为基督徒“自爱”，所以具有较强的自我效能感；因为基督徒“爱人如己”，甚至爱仇敌，因而可以用宽恕来解除造成心理障碍的病理性罪恶感；最重要的是基督徒有教会团队“爱”的力量，可获得持久的支持和帮助……可以说基督教所指的这种“爱”和“爱”的力量，也正是积极心理学对“幸福”的阐释和实践。

（二）文艺复兴

11 世纪后的欧洲，随着经济的复苏与发展、城市的兴起与生活水平的提高，人们逐渐改变了以往对现实生活的悲观绝望态度，开始追求世俗人生的乐趣，而这些倾向是与天主教的主张相违背的。于是，在 14 世纪城市经济繁荣的意大利，最先出现了对天主教文化的反抗。当时意大利的市民和世俗知识分子，一方面极度厌恶天主教的神权地位及其虚伪的禁欲主义，另一方面却苦于没有成熟的文化体系来取代天主教文化，于是他们借助复兴古代希腊、罗马文化的形式来表达自己的文化主张。

恩格斯对文艺复兴有这样的评价：“这是一次人类从来没有经历过的最伟大的、进步的变革，是一个需要巨人而且产生了巨人——在思维能力、热情和性格方面，在多才多艺和学识渊博方面的巨人的时代。”这句话无疑是对文艺复兴的最好诠释：人们打开自己的思维，以强大的精神力量去发掘宇宙人生之奥妙并不断前进，体现了人类积极天性的方面。

（三）启蒙运动

启蒙运动（The Enlightenment），指发生在 17—18 世纪欧洲的一场资产阶级和人民大众的反封建、反教会的思想文化运动，是继文艺复兴后又一次伟大的反封建思想解放运动。启蒙运动以法国为中心，其核心思想是“理性崇拜”，用理性之光驱散愚昧的黑暗。这次运动有力批判了封建专制主义、宗教愚昧及特权主义，宣传了自由、民主和平等的思想，为欧洲资产阶级革命做了思想准备和舆论宣传。一场在思潮、知识及媒体上的“启蒙”，以及现代化和现代性的发展历程就此开启。

何谓启蒙？1784 年，康德（Kant）在一篇以《启蒙》为题的文章中做了如下回答：启蒙是指“人类从自己加于自己的不成熟状态中解脱出来”，从因“懒惰和怯懦”而服从于宗教或政治权威的“条规戒律”的状态中解脱出来。他宣称，启蒙运动的口号就是“勇于运用自己的理智！”它的基本条件是思想与言论的自由。他说：“一个时代绝不能缔结某种条约，以阻碍后来的时代扩展眼界、增进知识、消除错误。这将是一种违反人性的犯罪行为，因为人性的固有使命正在于这种进步。”康德认为，启蒙运动是人类的最终解放时代，将人类意识从不成熟、无知和错误的状态中解放出来。

（四）工业革命

工业革命（The Industrial Revolution）开始于18世纪60年代，通常认为它发源于英格兰中部地区，是指资本主义工业化的早期阶段，即资本主义生产实现了从工场手工业向机器大工业过渡的阶段。18世纪中叶，继英国人瓦特（Watt）改良蒸汽机之后，一系列技术革命引起了从手工劳动向动力机器生产转变的重大飞跃并最终造就了工业革命。工业革命是以机器取代人力，以大规模工厂化生产取代个体工场手工生产的一场生产与科技革命，它是人类进步的转折点，创造了难以估量的物质和精神财富。

二、积极心理学的东方历史背景

东方人感知灵敏，善于适应，勤于思辨，信奉阴阳平衡的世界观；以处变不惊，泰然自若为处事心态，在生命的起伏中寻找意义。“仁者乐山，智者乐水”这句名言，形象地体现了东方文化的乐观思想和积极心理。过去很长一段时期，东方思想文化因种种原因而在西方经常遭遇传播不利的困境，这也导致来自东方的积极心理思想和文化往往被忽视。实际上，东方思想文化博大精深，其中所蕴含的心理学知识宝藏也是无比丰富的，正等待着我们去挖掘。

（一）儒家思想

儒家思想源自儒学。儒学由孔子创立，是先秦诸子百家学说之一。儒家思想内涵丰富，它在广泛汲取古代典籍精华的基础上逐步形成了完整而独特的思想体系，影响深远。儒家思想的核心可概括为仁、义、礼、智、信、勇、恕、诚、忠、孝、悌，几千年来为历代儒者所尊崇。

儒家之道的鲜明特质是由内圣而外王。“内圣外王”作为一种人格理想和政治理想，所强调的是在既定社会体制下的自我修行，而对外部社会制度并没有过多诉求，即并不要求大刀阔斧地改造制度。也就是说，“内圣外王”更重视的是完善自我的精神层次，而并不强调来自外部制度的保障。与西方的民主、宪政、自由等思想相比，儒家思想更重视通过内修之功来达济天下，进而实现王道社会这一中国传统的政治理想，并由此成就个人价值和理想。儒家思想尤其注重人与人之间的伦理关系，并将之运用于社会、政治的实践中，成为指导性的原则，如“己所不欲，勿施于人”“三人行，必有我师”，等等。

（二）道家思想

春秋战国时期，老子集古圣先贤之智慧，总结了古老的道家思想精华，形成了完整、系统的道家理论，标志着道家思想的正式成型。道家以“道”来探究自然、社会、人生之间的关系，崇尚道法自然，其思想中蕴含朴素的辩证法和无神论；道家主张清静无为，反对争斗，提倡道法自然，无所不容，自然无为，无为而治，与自然和谐相处。

道家代表人物庄子曾说“人生天地之间，若白驹之过隙，忽然而已”，给人的启示是生命短暂，何不好好享受生活，找寻真正属于自己的幸福。对于幸福的定义，每个人的心中或许都有一把尺子，而道家所推崇之自然、诗意的生活确实也是很多人所向往的。从道家那里我们能感悟到，应当潇洒看待成败得失，乐观面对人生的种种际遇，创造形态万千的方法不断调控自我，坦然迎接人生的风雨洗礼，回归自然原初的状态，从而在有限的人生中不断提高生命的质量，张扬生命的价值。道家思想与现代积极心理学有着十分相近的思想观点和方法，或许可称为中国本土的积极心理学，具有很强的现实意义和学术价值。善于运用道家智慧，积极面对人生，我们就多了一把打开美好生活的金钥匙。

（三）佛教思想

通常认为，公历纪元前后印度佛教开始由印度传入中国，经长期传播发展，最终形成了中国化的佛教。佛教的主要思想有缘起、无明、慈悲、觉悟等，并主张四个真谛：苦谛，人生实际上是由种种苦所组成的，从出生到死亡本质上都是痛苦的；集谛，所有的苦难都是来自对事物本质的无明（也就是无知）和由此造成的贪、嗔、痴等负面情绪；灭谛，通过克服无明可以结束痛苦；道谛，从苦难中解脱的方法是八正道（正见、正思维、正语、正业、正命、正精进、正念、正定）。

佛教探索心灵的方式是观察其潜在发展方向。佛教认为，心并不固化，而是能够发展出远超于当下的境界。佛教典籍细分了各种意义深远、促进心灵发展的方法，指出如果一个人能够全然按照佛陀的教法去修行，那么其生活中的每个方面都将逐渐改变，并最终达到一种佛教称之为“证得菩提”（即觉悟）的状态。

（四）印度教思想

作为世界主要宗教之一，印度教不是由某位教主所创立的思想体系，而是在印度社会长期的发展过程中形成的，是广泛吸收婆罗门教教义以及印度民间信仰、风俗习惯、哲学思想等的综合产物，现在也指产生于印度文化圈中的宗教。

印度教的主要教义是：始终把所有个体视作一个和谐的整体，称为宇宙中唯一的统一原理。印度教信奉因果报应，认为一个人如果没能在此生中获得最终的自我知识，则必须在死后通过转世回到尘间，再次争取自我改善，直至获得最终的自我知识。因此，印度教相信美好生活会降临在那些持续获得真知以及持续与人为善的个体上。

综上可知，西方人和东方人的思维方式存在很大不同，这也造成了东西方文化在构建世界观、人生观、价值观时的明显差异。尽管如此，从积极心理学的角度来看，东西方文化实则殊途同归，在开发人类优势，培育积极心态，寻找真正幸福时都是弥足珍贵的。

三、20 世纪 60 年代的人本主义

实际上，积极心理学并不是心理学史上第一个主张关注积极心理的流派。早在 20 世纪五六十年代，被称为第三势力的人本主义心理学就已经旗帜鲜明地提出要研究人性的积极面。在人本主义心理学之前唱主角的，是以精神病人为原型，强调研究潜意识的精神分析流派，还有以动物为原型，强调研究刺激和反应关系的行为主义流派。人本主义心理学认为，一般人不同于精神病人和动物之处，如仁慈、责任心、美德、自我意志、积极体验等，并非人性的边缘和例外，而恰恰是人性的本质和核心，是人的价值和尊严所在。人本主义心理学的创始人之一马斯洛（Maslow）提出的

需要层次理论，强调人有物质追求之外的精神追求，而其最高层次的需要正是充分发挥自己潜能的自我实现需要。人本主义心理学的另一重要创始人罗杰斯（Rogers）提出的以理解和接纳为核心的、非指导性的来访者中心疗法，今天仍然深刻地影响着心理学领域。

人本主义心理学和由此产生的人类潜能研究奠定了积极心理学发展的基础。但是，由于第二次世界大战的巨大影响，导致积极心理学的研究几乎中断，战争期间及战后心理学的主要任务是治愈战争创伤和治疗精神疾患，研究心理或行为紊乱以找到治疗和缓解的方法。可以说，这一时期心理学对人的积极性研究似乎被遗忘了，消极心理学模式在相当长的时间里占据了心理学发展的主导地位。

正如积极心理学的重要创始人塞利格曼所言："当一个国家或民族被饥饿和战争所困扰的时候，社会科学和心理学家的任务主要是抵御和治疗创伤；但在没有社会混乱的和平时期，致力于使人们生活得更美好则成为其主要使命。"在以疗愈战争创伤为导向的时代背景下，人本主义心理学家虽然竭尽全力，但仍没有使主流的心理学研究主题发生根本性的转移。再加上人本主义心理学家主要依靠的是个人的观察、体验和传记资料，缺乏必要的实验手段及实证依据，也在一定程度上制约了人本主义心理学的发展。

四、积极心理学的兴起

随着第二次世界大战的远去，整个人类社会的和平与发展成为主要趋势，对正常人的研究也日益引起心理学的重视。越来越多的心理学家认识到，心理学不仅应着眼于心理疾病的矫正，而且应该研究与培养积极的品质。心理学的研究还发现：幸福、发展、快乐、满足是人类成就的主要动机，人类的积极品质是人类赖以发展的核心要素，心理学需要研究人的光明面，需要研究人的优点和价值。实际上，发展人性的优点比修复心理病症更有价值。正是在这种时代背景下，积极心理学的概念一经提出就受到了广泛关注。

20 世纪 60 年代，以马斯洛、罗杰斯为先驱的人本主义心理学提出了全新观点。人本主义心理学以人的积极性为基本宗旨，肯定人的价值与尊严，突出人性中积极向上的一面，彰显人的积极性、主动性与创造性，强调人的价值与人文关怀，这在心理学史上来说不啻为一个创举。

积极心理学的思想来源于人本主义心理学，它是积极心理学的重要理论参照。积极心理学的提出者和倡导者塞利格曼即以人本主义思想作为研究中的理论指导。自 20 世纪六七十年代起，塞利格曼开始研究习得性无助。他通过动物实验发现，若给狗重复施加其无法躲避的电击，狗就会出现习得性无助的行为，即对本可以避开的电击不再躲避。就人而言，也会因对环境事件的习得性无助而产生抑郁。在后来的研究中，塞利格曼又发现，除了无助是可以习得的之外，乐观也是可以通过学习而获得的。学会保持乐观的态度不仅有助于避免抑郁，而且实际上有助于提高健康水平。塞利格曼指出，心理学有三项使命：一是研究消极心理，治疗精神疾病；二是让所有人生活得更加充实有意义；三是鉴别和培养人才。由于此前心理学过于重视对消极心理的研究，因此现在有必要进行积极心理学研究，从而促进心理学在后两个方面的贡献。

1998 年，塞利格曼就任美国心理学会（American Psychological Association，APA）主席一职时提出了“积极心理学”这一概念。此后，越来越多的心理学家涉足这一研究领域，并逐渐形成了一场积极心理学运动。

五、积极心理学受到主流心理学界的认可

2017 年，美国心理学会为积极心理学联合创始人塞利格曼颁发了终身成就奖。塞利格曼获得此奖，意味着主流心理学界对积极心理学的认可，包括积极心理学对其他心理学领域乃至整个社会的贡献。被公认为塞利格曼最重要的两个成就，一是在其职业生涯早期有关习得性无助的研究，二是 2000 年至今他一直在推动的积极心理学。当然，从 2000 年塞利格曼在《美国心理学家》（*American Psychologist*）上首次发表以《积极心理学导论》为名的论文到现在，积极心理学仍只是一个很新、很小的心理学研究领域，与临床心理学、社会心理学、发展心理学、认知心理学等心理学分支相比还是非常弱小的。

专栏 1-1 “积极心理学之父”塞利格曼

塞利格曼（Seligman 1942—），美国心理学家，著名临床咨询与治疗专家，积极心理学的创始人之一，主要从事习得性无助、抑郁、乐观主义、悲观主义等方面的研究。曾于 1992 年获得美国应用与预防心理学会颁发的荣誉奖章，并由于他在精神病理学方面的研究而获得该学会的终身成就奖。1998 年，塞利格曼当选为美国心理学会主席。

塞利格曼出生于美国纽约州奥尔巴尼。早年在家乡念书时，他喜好篮球运动，后因未能入选篮球队而开始钻研学问。塞利格曼 13 岁那年，弗洛伊德（Freud）的《精神分析引论》给他留下了深刻的印象。1964 年，塞利格曼从普林斯顿大学毕业，随后进入宾夕法尼亚大学师从所罗门（Solomon）学习实验心理学。塞利格曼先是与奥弗米尔（Overmill），后又与麦尔（Maier）等合作研究了狗在受到预置的不可避免的伤害时所表现出的被动性。

塞利格曼通过研究提出，动物的学习与它们的活动无关，简单地说，动物是失助的。1967 年，塞利格曼获得哲学博士学位并执教于科内尔大学。1970 年他回到宾夕法尼亚大学，在该校的精神病学系接受了为期一年的临床培训后于 1971 年重返心理学系。1976 年塞利格曼晋升为教授，在此期间出版了《消沉、发展和死亡过程中的失助现象》一书。1978 年，他与艾布拉姆森（Abramson）和蒂斯代尔（Teasdaie）一起重新系统地阐述了失助问题，并提出有机体的品质决定了失助的表达方式。其后塞利格曼发现，当坏事发生时，那些将坏事的起因视为固有、不变的人往往会陷入失助的境地。

其代表作有：《持续的幸福》、《真实的幸福》、《活出最乐观的自己》、《认识自己，接纳自己》和《教出乐观的孩子》等。

专栏 1-2 APA 的终身成就奖有多厉害？

美国心理学会（American Psychological Association，APA）是代表美国心理学界的一个专业科学组织，拥有 15 万名会员，也是目前全球最大的心理学家协会。美国心理学会的宣言是：通过建立、传播和实践应用心理学知识，从而有利于社会并提高人类的生活水平。1990 年至今，位列 APA 终身成就奖名单的都是那些在心理学界取得非凡成就，对心理学发展做出重大贡献的心理学家。例如，2007 年 APA 终身成就奖获得者卡尼曼（Kahneman），是诺贝尔经济学奖得主，畅销书《思考，快与慢》的作者；2004 年 APA 终身成就奖得主班杜拉（Bandura），是自我效能感和社会认知理论的创始人；1993 年 APA 终身成就奖获得者西蒙（Simon），是诺贝尔经济学奖得主，认知心理学家和计算机科学家；1990 年 APA 终身成就奖得主斯金纳（Skinner），是行为主义心理学奠基人，操作性条件反射的提出者。

六、积极心理学的宗旨

依据塞利格曼和契克森米哈赖的观点，积极心理学的宗旨包括三个方面：帮助个体发现存在的乐趣；帮助社会建设可持续发展的社会契约；帮助人类实现对人性更深刻的理解。

（一）帮助个体发现存在的乐趣

有些人认为“离家近、压力小、收入高”的工作是一份理想的工作；有些人认为能帮助自己成长、发挥自己潜能的工作是好工作；有些人则认为只有找到能实现人生价值、促进社会进步的事业才是人生最大的幸福。

对此我们可以用积极心理学三个宗旨中的其中一个宗旨“帮助个体发现存在的乐趣”来解释。积极心理学认为，个体存在的乐趣分为三个层次：舒适的生活、发挥潜能的生活和有意义的生活。如图 1-1 所示。

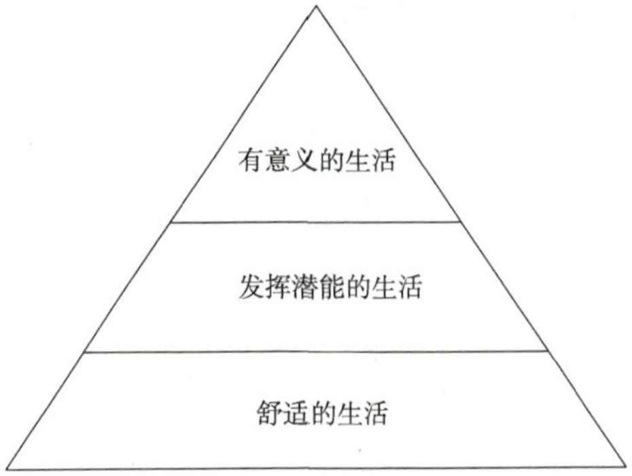

图 1-1 “存在乐趣”金字塔

专栏 1-3　契克森米哈赖

契克森米哈赖（Csikszentmihalyi，1934—2021），匈牙利籍心理学家，积极心理学奠基人之一，“心流”理论提出者。美国心理学会原主席塞利格曼誉之为“世界积极心理学研究领军人物”。

契克森米哈赖一直致力于幸福和创造力的研究，提出并发展了“心流”理论。他曾担任芝加哥大学心理系主任，后任教于美国加州克莱蒙研究大学直至退休。其著作包括《心流》《发现心流》《创造力》等畅销书，对积极心理学的发展和传播产生了重大影响。其中《心流》自 1990 年出版以来，被翻译成 30 余种文字，影响了全球千万研究者和读者。

当人处在追求“舒适的生活”这一层次时，就会认为“离家近、压力小、收入高”的工作是一份理想的工作，因为他追求的是避免劳苦，增加闲暇，减少痛苦，增加欢乐，寻求金钱、地位、舒适和刺激；当人处在追求“发挥潜能的生活”这一层次时，就会认为“能帮助自己成长、发挥自己潜能的工作才是好工作”，因为他追求的是通过迎接挑战和克服困难，不断锻炼自身能力，发挥优势和特长，满足个人兴趣；当人处在追求“有意义的生活”这一层次时，就会认为“只有找到了能实现人生价值、促进社会进步的事业才是人生最大的幸福”，因为他追求的是超越自我利益，关注他人福祉，在社会中做出自己的贡献。

有道是“大志者必胸怀远大，大悟者必意境高远”，柏拉图（Plato）也说“人生并非不要快乐，而是要学会从正确的事情中寻找快乐”，所以积极心理学关心的是如何尽可能地提高人的心理复杂性，实现潜能发展，帮助人们发现真实的乐趣并逐渐提升追求幸福的层次。

（二）助力构建可持续发展的社会契约

在国家乃至世界的宏观层面，零和游戏中的竞争模型更多是在鼓励自私自利，只考虑保障自己在博弈中的利益。例如，有一种观点认为，现在中国与一些西方发达国家之间之所以发生矛盾与冲突，主要原因是那些国家认为中国的发展挤占了其利益空间。如果站在世界资源有限和零和游戏的角度来看，这个说法似乎是成立的。但是我们的立场很明确，中国的发展不是一场零和游戏，我们的目的不是只有中国发展而让其他国家吃亏，这样我们的发展绝对不会顺利，也不会长久。为此，我们提出推动构建人类命运共同体，这是一个中国和世界共同发展、共享成果的双赢模型，主张加强合作、彼此关爱。那么，构建人类命运共同体的本质是什么呢？本质是转零和游戏为双赢规则，从不同角度看待同一个事物，用心设计再结合价值互换，即用我之所需换人所不需，同时用人之所需换我所不需，就可以达到彼此共同获益的双赢。站在更高的层次来看，这其实是一个全球资源的合理再分配，是资源的优化配置与共享，有利于地球村的各个成员更好、更长久地共存。

积极心理学关注的一个重要方面，正是如何才能设计出有利于成员之间产生更多双赢关系的社会契约。

从微观的组织制度层面来看，员工的辛勤工作不应仅仅为了赚取赖以谋生的薪资，而是还需要从工作中获得尊重、自豪感、关爱、乐趣和意义感。对此积极心理学需要回答的是，什么样的集体环境更有利于实现这些目标。

（三）帮助人类实现对人性更深刻的理解

人性的本质是什么？千古以来，众说纷纭，莫衷一是。有人说人性本善，有人说人性本恶；有人认为人性如同一张白纸无善也无恶，也有人认为人性既有善也有恶。可以说自有人类以来，古今中外无数的智者都曾思考过这个问题，他们对于人性也都有各自独特的见解和认识，并给出了各式各样的答案。

人性的演化主要受基因和社会环境的双重制约。

一方面，生物层面的基因制约人性的表达。正如《自私的基因》一书所描述的那样，很多生物的行为，包括竞争性、争斗性等行为可以追溯到基因的自私性，甚至连“利己主义”与“利他行为”其实也是自私的基因在起作用。也就是说，在“利己”与“利他”两种可选的策略中，哪一种能使更多的基因得到生存和复制，生物往往就会选择哪一种策略。由此可见，人性的本质是利己。不管人类社会发展到什么阶段，只要人类存在一天，利己的人性就难以改变。事实上，利己是生命存在的前提条件。正如进化论关于自然界生物的观点是“优胜劣汰，适者生存”，而所谓“适者”的前提永远是利己。只要想更好地生存下去，所有生命体必然也必须选择利己作为自己的本性。与此同时，利己也是生命进化的最终动力。如果抛开利己，那么任何生命都是不可能向更高级的方向进化的。生命只有选择利己作为本性，才有向更高级方向进化的可能。可以说，是生命对进化的需要选择了利己作为其进化的动力，也只有利己的本性才能使生命向着更高级的方面进化。

另一方面，既然所有生命的本性都是利己，那么人类的利己和其他生物的利己又有什么区别呢？为什么人类是目前可知大自然中唯一进化到最高等智慧阶段的生命呢？这是因为，人类的社会文化环境潜移默化地塑造着人性。这种环境更多地鼓励个体投身有利于集体利益增长的事业，从而释放个体的压力与焦虑。这就是说，作为最高等智慧生物的人类，与其他生物的利己本性相比，有着本质的区别。人类和其他生物的区别在于：其他生物仅是为了生存下去，而人类却是为了更好地生活下去。换言之，作为人性本质的利己，在人类社会形成的时候就已经发展到了利他层次的高度；当其他生物的利己只是一种为了生存的自然本能反应时，人类的利己却已经发展成为一种主动合作的人生智慧。

在积极心理学看来，人性不只是一种规定性，更是一种可能性。积极心理学家契克森米哈赖认为，个体应该用警惕的、审视的态度对待基因和社会环境的双重制约，追求更自由的人性发展路径。积极心理学可以帮助人类实现对人性更深刻的理解，为人性发展的可能性提供更好的指引，使人性向更美好、更完善、更繁荣的境界演化。

第二节　习得性无助

一、什么是习得性无助

习得性无助（learned helplessness）一词最早来源于塞利格曼对狗的实验研究。其后，心理学家广田（Hiroto）证实了习得性无助也会发生在人身上，并且在某种情境下出现的这种习得的无助之感可能会泛化到其他情境中。最初许多心理学家认为，习得性无助是对个体（人或动物）施加不可控事件后，个体产生了这样一种认知：不可控事件是不依赖于反应的，即无论怎样进行反应，要想逃避不可控事件是不可能的。随着对习得性无助研究的深入，心理学家从个体的归因风格、认知信念等方面分析其产生的原因，并对习得性无助进行了更为全面和深刻的界定。大部分心理学家认为，习得性无助是指个体在经历挫折与失败后，再次面临问题时所产生的无能为力、丧失信心的心理状态与行为。习得性无助会使个体认为：自己失败的可能性大，成功的可能性小，未来的一切都是不可控的；成功是由外界的、偶然的因素决定的，而不是由自己的努力决定的。习得性无助不仅会削弱个体的成就动机，使之变得消极被动、不思进取，而且会降低个体的自尊水平，使之形成消极的自我体验，对自己持负面的评价。这种消极的情绪状态，对个体当前的成长乃至一生的发展都有着极大的危害性。

专栏 1-4　习得性无助实验

1953 年，哈佛大学的所罗门、坎明（Kaming）和维恩（Wayne）把 40 只狗置于名为“穿梭箱”的实验装置内，并用透明塑胶玻璃材质的阻隔体将箱子分为两部分。一开始放置的阻隔体只有狗的背那么高。实验人员先通过箱底的格栅对狗脚发出千百次电击，狗如果学会跳过阻隔体逃到箱子的另一边，就可以逃脱电击。接下来，又进行“挫折”狗的跳脱实验，实验人员在狗跳入另一边时，也在那里的格栅通电，并且狗须跳 100 次才终止电击。实验人员观察后说：“当狗从一边跳入另一边之际，发出预料可免电击的松释声，但当它到另一边的格栅却重遭电击时，则发出惨叫。”此后，将阻隔体调整到狗无法跨越的高度，当狗触电后向另一边跳跃时，便一头撞在阻隔体上。于是，狗开始“大便、小便、惨叫、发抖、畏缩、咬撞器材”，但 10 到 12 天之后，这些始终无法逃避电击的狗不再反抗了。实验人员得出结论：透明塑胶玻璃阻隔体并加电击，“非常有效”地消除了狗的跳脱意图。

这一项研究显示，反复对动物施以无可逃避的强烈电击会导致它们的无助和绝望情绪。

20 世纪 60 年代，对这种习得的无助感的研究又进了一步。宾州大学的塞利格曼等把狗关在笼中，又从钢制格栅地板对狗通电，电流强烈而持久，最终狗不再企图逃避，“学会了”处于无助状态。塞利格曼与麦尔、吉尔（Gill）在论文中写道，当一只正常、未曾受过任何训练的狗在穿梭箱中接受逃避训练时，以下的行为是常态：初遭电击，狗就狂奔，大小便失禁，惊恐哀叫，直到快速爬过障碍。如此反复，直至狗可以有效地避开电击。接下来，实验者又把狗绑住，使其在遭到电击时无法逃脱。当将狗再次放回其遭受电击时可以逃脱的穿梭箱后，塞利格曼等人发现：起初这只狗在箱内被电击时的反应，和其他未曾受过任何训练的狗是一样的，但不久它却停止了奔跑，默然不动。一直到电击结束，它都没有试图越过障碍以逃避电击。

20 世纪 80 年代，心理学家仍继续进行此类实验。费城天普大学的柏希（Bosch）和另三位实验人员训练老鼠看懂警示灯，使它们知道 5 秒钟之内将有电击。老鼠一旦懂得了警示灯的含义，就会逃进安全区以避免电击。在老鼠学会了这一点之后，实验人员又把安全区挡住，使老鼠遭受比原先更久的电击而无法逃避。可以想见，最后它们即便有机会逃避，也无法很快重新习得逃避。

二、习得性无助的影响因素

（一）家庭因素

心理学家斯科特（Scott）通过研究发现，人类的习得性无助往往源自童年的不愉快体验。经常被父母批评的孩子容易形成消极的自我体验，这种体验会影响其对活动的参与性、坚持性，易产生习得性无助；而经常受到父母表扬的孩子，自尊水平高、自信心强，他们相信自己有能力完成任务，不易产生习得性无助。此外，当父母对孩子的期望超出孩子力所能及的范围时，也会损害孩子的自我价值感，使孩子处于受挫状态，他们容易怀疑自己的能力，并经常感到焦虑、沮丧，遇到困难时常常放弃努力。

（二）学校因素

学校片面追求升学率，重分数、排名次，常以分数的高低来评价一个学生的好坏优劣，这种做法极大地挫伤了学生的学习积极性，使他们体验不到学习的乐趣，学习状况日益恶化，将学习视为一种负担，进而产生自暴自弃、心灰意冷的无助感。现实中，有的老师在课堂上很少关注那些学习有困难的学生，他们得不到老师的肯定和鼓励，对学习失去信心，不愿继续努力。别的同学也往往会疏远学习成绩差的学生，令他们感受不到集体的温暖，遇到问题时不愿向别人求助，学习越来越困难，最终丧失追求、奋进的信心与勇气。

（三）个体因素

1. 归因方式

归因方式又可称为“归因风格”或“归因方法”，是指个体独有的归因认知方式及个体根据归因认知方式而产生的独特的归因倾向。归因方式对习得性无助的影响已经被国内外研究者所证实，德维克（Dweck）认为，只有错误的归因才会导致无助感，那些常把失败归因于能力不足而较少归因于缺乏努力的个体是产生无助感的典型代表。塞利格曼认为，当个体将不可控事件归因于外部的、不稳定的、特殊的因素时，不易产生习得性无助；反之，则容易产生无助感。我国学者陈琦认为，将失败归因于内部因素的学生往往认为他们没有能力取得成功，认为自己无法避免失败，也不愿去追求成功，这种想法会对学习的坚持性产生消极的影响，同时会使学生产生失落感、无助感。

2. 成败经历

经常体验到成功感的个体较自信，自我效能感高，对任务的坚持性也高，喜欢参加有挑战性的活动，主动为自己寻找展示或提高能力的机会，失败不会挫伤他们的积极性，反而会激发其迎难而上的决心；而经常体验到失败感的个体常常对自己的能力产生怀疑，倾向于树立较低的学习目标以避免遭受失败的体验，他们总是将心理资源更多地投入对不利后果和失败场景的想象，而不愿积极主动地去争取成功的机会。

3. 解释风格

心理学家发现，解释风格可以用来解释为什么一些人比另一些人更易无助、抑郁。赫杰尔（Hjelle）认为，抱有悲观主义解释风格的个体习惯于将消极事件做内部、稳定、整体的解释，而将积极事件做外部、不一致和特殊的解释；具有乐观主义解释风格的个体则正相反，他们习惯于对消极事件作外部、不一致和特殊的解释，而对积极事件作内部、稳定、整体的解释。前者与抑郁水平、消极被动和糟糕的操作表现有关，后者与行为的坚持性、好心情和良好的操作表现相关联。

4. 成就动机

所谓成就动机，是指个体希望从事有意义的活动并在活动中获得满意结果的内在心理动力。成就动机高的个体为达到预期的目标，能够全身心地投入并力求成功，在逆境中具有克服困难的决心，乐于追求具有挑战性的学习机会；成就动机水平低的个体则对自己的要求低，没有明确的努力方向，对从事的活动漫不经心，遇到困难和挫折时易于放弃，容易产生无助感。此外，个体的自尊水平、自我效能感、情绪状态以及思维定式等也都对习得性无助的产生有着一定的影响，这里不再一一赘述。

三、习得性无助的预防对策

习得性无助是个体在学习、生活过程中产生的不良体验，是内外因素长期综合作用的结果。习得性无助容易使个体丧失斗志、放弃追求，陷入绝望的心理困境，从而感到自己无力控制局面，对未来充满不确定感。因此，怎样预防和矫正习得性无助就成为心理学家、教育学家等广为关注的重要话题之一。诸多研究者认为，习得性无助是由归因偏差导致的，因而归因训练便被广泛应用于对习得性无助的矫正。然而，尽管归因训练能使个体学会调整其对失败的不正确看法，从而保持良好的心态，却无法从根本上解决问题。笔者认为，习得性无助的预防和矫正需要家庭、学校以及个人的共同努力，对此提出以下几点建议。

第一，来自家庭的努力。家长应该多用鼓励、欣赏的眼光看待孩子，多给孩子一份赞许和关爱，使孩子感受到自我价值和家人对自己的爱。家长在孩子取得进步时要及时予以表扬，遇到失败时则应鼓励他们不气馁、不灰心，教导孩子要有迎难而上的勇气与决心，培养他们坚忍不拔的性格品质。家长还应从小培养孩子独立生活的能力，为他们提供自我表现的机会，使之在各种活动中产生成就感，从而形成积极的自我体验。此外，家长对孩子的期望不能过高，对孩子的要求不能过严，以避免伤害孩子的自尊心。

第二，来自学校的努力。学校应该从多角度评价学生，使每一个学生都能体验成功，看到自己的价值，并应积极组织开展丰富多彩的活动，为学生提供施展才华的机会，使每一个学生的特长都得以充分展现，从而增强其自我效能感，提高其自尊水平。学校还应注意培养学生乐观自信的性格和品质，鼓励学生勇敢面对生活中的困难和挫折。此外，老师（尤其是班主任老师）要以关心、鼓励、支持和帮助的态度对待每一个学生，帮助他们提高自尊心、自信心；老师要与学生共同创建良好的班级学习环境，提倡积极、向上、健康、活泼的学习气氛，鼓励学生建立互帮互助、团结友爱的同学关系，使每个学生都能真切感受集体的温暖、老师的关爱，从而敢于面对生活中的困难与挫折。

第三，来自学生本人的努力。对于学生来讲，要为自己设定恰当的学习目标，通过目标的实现体验成功的喜悦，避免过度挫折，从而增强自我效能感，树立成功的信心；要正确认识失败，相信失败是由于自己缺乏努力造成的，而非缺乏能力，坚信只要坚持努力就一定能取得成功；要积极参加学校、班级组织的各种活动，锻炼和提高自己的能力；不畏惧学习和生活中遇到的困难，以乐观、自信的态度迎接生活中的各种挑战。

第三节　积极心理学的内容体系

如前所述，积极心理学是心理学领域的一场革命，也是人类社会发展史中的一座里程碑，是一门从积极角度研究心理学的新兴科学。积极心理学采用科学的原则和方法来研究幸福，倡导心理学的积极取向，以研究人类的积极心理品质、关注人类的健康幸福与和谐发展为目标。

一、积极心理学和人本主义心理学的区别

总的来说，积极心理学和人本主义心理学是近亲。塞利格曼认为：首先，积极心理学认为生活中美好的和丑陋的方面都是真实存在的，人本主义也常常（但并非总是）认为人们的内心是美好的；其次，积极心理学强烈推荐使用科学的方法，而人本主义心理学家常常（但并非总是）对科学

方法表示怀疑。因为无法进行科学的衡量和论证，所以人本主义心理学继罗杰斯和马斯洛之后，后继乏人。

就目前积极心理学的研究来看，其研究内容主要集中在三个方面：主观水平上的积极体验、个人水平上的积极人格特质、群体水平上的积极社会环境。

二、关于积极主观体验的研究

积极情绪是积极心理学研究的一个重要方面，它主张研究个体对待过去、现在和将来的积极体验。在对待过去方面，主要研究幸福、满足等积极体验；在对待现在方面，主要研究快乐、充盈等积极体验；在对待将来方面，主要研究乐观、希望等积极体验。

（一）回顾过去——幸福而满足

心理学对幸福的研究主要以主观幸福感作为指标。对于幸福感的研究始于 20 世纪 60 年代，但在当时并没有引起太多关注，到 1969 年时仅有 20 多篇研究论文。但现在对于幸福感的研究已经引起了越来越多学者的兴趣，最近 10 年间这方面的研究论文已有几千篇。其中，有相当多的研究聚焦生活事件和人格因素对个体幸福感的影响这一领域，也有一部分是有关金钱与幸福感之关系的研究。自 20 世纪 90 年代以来，随着积极心理学影响的逐渐扩大，一些心理学研究者对幸福的含义进行了新的解释。在他们看来，幸福不仅是指获得快乐，而且包含了通过发挥自身潜能而达到的完美体验。迪纳（Diener）就是这一领域著名的研究者之一。他先对与主观幸福感有关的气质和人格以及主观幸福感强烈者的个人背景进行了分析和调研，随后进行了更为广泛的跨文化研究，并在此基础上提出了宏观社会环境与幸福之间的关系。迪纳通过这些调查和研究发现，并不是所发生的事情决定了人们的幸福，实际上人们的幸福感往往取决于他们如何看待即回顾所发生的事情。此外，包括婚姻关系、家庭成员关系、朋友关系、邻里关系等在内的社会关系和人在各种关系中所体现的人格特质也是影响幸福感的重要因素。

（二）面对今天——快乐而充盈

尽管在每个年龄阶段都有感到不快乐的人，但我们必须承认，现实中也有许多快乐的人。美国加利福尼亚大学的心理学教授柳博米尔斯基（Lyubomirsky）在对那些快乐和不快乐的人进行比较分析后发现，他们在认知、判断、动机和策略上有所差异，并且这种差异经常是自动化的，并未被意识到的，主要表现在快乐的人对社会性比较信息的反应比那些不快乐的人要显得迟钝些。此外，对快乐与金钱的关系、快乐与信仰的关系以及快乐与社会发展的关系等主题也有不少研究。例如，迪纳等调查了福布斯排行榜中最有钱的100位美国人后发现，总体而言他们的快乐程度仅比寻常美国人高一点，并且其中还有一些有钱人感到非常不快乐，甚至有人说自己都已经不记得快乐的感受了。

（三）憧憬未来——现实而乐观

拥有乐观精神是增进希望的关键，因为乐观可以让人更多地看到好的方面。彼德森认为，乐观涉及认知、情感和动机等因素。乐观的人更容易拥有好心情，更加愿意不懈努力以获得成功，并且拥有更好的身体健康状况。对患有艾滋病等危重病人的大量研究表明，那些始终保持乐观的人往往活得更长久一些。研究表明，乐观主要是在认知水平上起调节作用，一个乐观的人更能习得促进健康的习惯并获得更多的社会支持。

当然，乐观有时也会使人产生“乐观的偏差”，即容易低估自己可能会面对的风险，从而表现为某种盲目的乐观和不够现实。这就产生了一种矛盾：现实主义会提高成功适应环境的可能性，而乐观则会使个体拥有较好的主观感受。为了解决这一矛盾，施耐德（Schneider）于2001年提出了“现实的乐观”这一概念，并认为“现实的乐观”与现实并不相互抵触。实际上，人确实可以做到既乐观又不自欺，而对“现实的乐观”的研究恰恰印证了积极心理学的诠释：让生活更加富有意义。

三、关于积极人格特质的研究

随着积极心理学的发展，对人格特质的研究范围也越来越广。自我决定理论是由美国心理学家德西（Deci）和瑞恩（Ryan）等于20世纪80年代提出的一种关于人类自我决定行为的动机过程理论。所谓自我决定性，是指个体对自身的发展能做出某种合适的选择并加以坚持。积极心理学从三个方面研究了自我决定性人格特质的形成基础：先天学习、创造和好奇的本性。同时，这些本性还必须与一定的社会价值和外在的生活经历相结合，从而转化为个体自身的内在动机和价值。此外，心理需要得到充分满足是形成自我决定性人格特质的重要前提，此处包括三种基本的心理需要：自主性、胜任和交往。

希尔森（Hillson）和玛丽（Marie）于1999年将积极人格特征与消极人格特征进行了区分。积极人格特征中存在着两个独立纬度：一是正向的利己主义，是指接受自我，具有个人生活目标或能感觉到生活的意义，感觉独立，感觉到成功或者能够把握环境因素及其挑战；二是与他人的积极关系，指的是当自己需要的时候能够获得他人的支持，在别人需要的时候也愿意并且有能力为之提供帮助，看重与他人的关系并对现存与他人的关系表示满意。积极的人格特征有助于个体采取更为有效的应对策略，从而更好地面对生活中的各种压力。

创造力与天才的培养也是积极心理学的研究内容之一。随着积极心理学的兴起，关于创造力和天才培养的研究也蓬勃发展起来，例如，斯滕伯格（Steinberg）和吕贝尔特（Lubert）提出了创造力投资理论，认为创造力是一种多维结构，由多种资源构成。这一理论对人类关于创造力的研究具有重要的实践意义。综观西方心理学关于创造性或创造力的研究，主要集中在三个方面：创造性的个体特征、创造性思维的加工过程与创造性环境。斯滕伯格等根据创造力投资理论提出了发展性创造潜能的12种策略，并从脑机制方面对创造性生理激活进行了实验和研究，他们发现在测试发散思维的过程中，高创造性被试（创造性测验得分高者）的两侧额叶都被激活，而低创造性被试只有单测额叶被激活。

四、关于积极社会环境的研究

积极心理学非常重视社会背景下的人及其体验的再认，并提出积极团体和社会机构对于个人健康成长的重要意义。培根（Bacon）认为与能交流思想的朋友搭档或接触有两个好处，“它加倍快乐，并将痛苦减半”。确实，当我们与志同道合或心有灵犀的人在一起时的感受会更快乐。在一项调查中，当被问及“你拥有多少亲密朋友（不包括家庭成员）?”时，数据显示有26%的人说自己这样的朋友少于5个，有38%的人说自己有5个以上这样的朋友，后者同时表示他们感到“很快乐”。

此外，身处不同文化背景中的人对生活满意度的判断和感受也有着很大的差别。在以个人主义取向为主的文化里，当一个人判断自己有多快乐时，会理所当然地参照他们自己的情感需要，可见经常感受到快乐也是其生活满意度的一个预测因子。相反，在以集体主义取向为主的文化里，人们则倾向于参照一定的社会标准来判断他们是否快乐，并且他们在评估生活满意度时也会考虑家庭和朋友的社会取向。可见，在不同文化中，人们认为与生活满意度相关的因素是存在差异的，这或许源于文化对人们的价值观和目标的影响。

第四节　对积极心理学的几点澄清

一、积极心理学不是心灵鸡汤

心灵鸡汤类的书籍或课程常以这样的广告词开场：“一节课，改变你一生!”“幸福，原来如此简单!”“触动你灵魂的励志读物!”这些话语大都用感叹号结尾，以显示其所兜售的产品功效非凡。

从某种意义上来说，人们需要一些心灵鸡汤。在我们这个时代，许多人已经不为吃穿发愁，但是却不知心归何处。对幸福的强调，其实正反映了我们自身的困惑和不安。瑜伽、星座、励志小品、灵修、成功学等各式各样的门类和门派，不仅标榜自己能够提供关于幸福的解决方案，而且为了与讲求效率的时代相匹配，还标榜自己能够提供“快速”的解决方案：一本书、一堂课甚至一句话就能让你醍醐灌顶，恍然大悟，人生问题从此迎刃而解。

有人说，积极心理学能够迅速流行，说明它在一定程度上契合了人们对心灵鸡汤的需要。此话有一定道理，但这里需要澄清的是，积极心理学不是心灵鸡汤，也不是成功学。积极心理学是一场由心理学研究者发起的，旨在修正以往心理学过于消极之研究倾向的学科运动。当然，无论研究方向如何变化，一项好的研究必须符合科学、严谨的要求。在科学的标准下，积极心理学能为我们提供一些关于幸福和积极人性的可靠事实和视角，但如果指望它像魔法师一般转手就“变”出各种人生问题的解决方案，恐怕只会让人失望。

二、积极心理学不是阿 Q 精神

阿 Q 精神，又叫精神胜利法，出自鲁迅先生的著名小说《阿 Q 正传》。自阿 Q 这一艺术形象面世以来，阿 Q 精神就与之如影随形，后来更是成为精神胜利法的形象指代而为国人所熟知并使用。鲁迅先生笔下的阿 Q，在现实中是一个横遭压迫、备受屈辱的农民，但他在任何情况下都能自我安慰，都以为自己才是“胜利者”，这就是阿 Q 性格中最鲜明的特征——精神胜利法。

关于阿 Q 精神，学术界已有很多论述。学者黄修已在著作《中国现代文学发展史》中称这种病态特征是精神胜利病，其中有一段非常透彻又简明的论述：“精神胜利法是他的自欺欺人、自嘲、自解而又妄自尊大、自我陶醉等的种种表现。”换言之，是指人在失败与屈辱面前不敢正视现实，而是用虚假的胜利在精神上实行自我安慰、自我麻醉，或者干脆即刻忘却。例如，阿 Q 挨了人家的打，便用“儿子打老子”来安慰自己，并自认为是胜利了。

阿 Q 精神，通常是那些需要胜利而又无法取得胜利的人用来维持自己心理平衡的一剂麻醉药，也可以称之为一种自欺欺人的骗术，常常表现在走向没落的统治阶级的精神状态中。阿 Q 精神不只中国有，全世界都有。

积极心理学当然不同于阿 Q 精神，而是一门科学，主要体现在以下几个方面。

第一，积极心理学敢于承认并正视现实。生活中遇到的问题，如工作没做好，能力不如别人，没有女朋友，等等，这是客观现实，而诸如“生活像一团乱麻”则是个比喻，是内心状态的某种反映，并非客观现实。当我们遇到客观现实时，先要承认它，再用积极的心态来应对，如果不承认现实也就谈不上应对。

第二，积极心理学运用心理和认知的方法重构现实，关注其积极方面。这一点看起来和自我安慰有些类似，但二者重要的区别是：积极心理学是通过换一个角度看问题和拉长时间看问题等方法来重新看待现实，并找出改变的方向和方法的，而不是否认事实，搞所谓的“自我麻醉”和“即刻忘却”。现实是客观的，但是人对它的看法可以不同。积极心理学是在承认一个事实侧面的基础上，去发现不同的侧面；在承认此刻事实的基础上，看到事实发生的前因后果及其长远改变的可能性。这种认知上的重构，不是麻醉或者否认，而是积极重建，是有建设性的。

第三，积极心理学非常强调行动，可以说是知行合一的典范。如前所述，积极心理学是在承认现实的基础上做出合理的应对和改变。积极心理学强调的是：在看到未来能变得更好的前提下，使用已经过检验并被证明为有效的方法来做出改变。例如，正念、运动、记录积极的事情等都是有效的方法。

简单总结一下，积极心理学的思路是：承认客观的现实—积极重构现实—找出改变的方法并行动。在此不妨大胆假设一下，如果阿 Q 掌握了积极心理学的正确方法而不是精神胜利法的话，他在被打时不会嘴硬说“儿子打老子”来自我安慰，而是会这么思考问题：

- 承认客观现实：我被打了；
- 积极重构现实：被打是有原因的，而这也提醒自己对有些事情需要特别注意，如果不是这次挨打得了教训，下次可能还会栽更大的跟头；
- 行动和改变：找出被打的原因，发现做得不好的地方并改进，以后就不会因为这种事情挨打了。

三、积极心理学不是幸福心理学

有观点认为，积极心理学是“打鸡血”，是“给处于迷茫期的人看的”，这显然有失偏颇。先说“打鸡血”。何谓“打鸡血”？这是虚伪的励志或矫情的浮夸，比如某些成功学的话术，总是给人灌输某些观点，让人觉得很受鼓舞，觉得应该做出改变，但事实上并没有给出真正可行的实践方法，也没有给出清楚的方向，所以没有可行性，听后除了令人“热血沸腾”一阵外，并没有实际改变的效用。如前所述，积极心理学则是一门严谨的科学，积极心理学发展到今天，已有许多经过反复严谨的科学实验而得出的专业观点，完全可以供有需要者学习、借鉴和参考。

也有观点认为，“积极心理学”是“给处于迷茫期的人看的”。诚然，积极心理学确实可以给内心疑惑或者迷茫、痛苦的人以积极指引和实质帮助，但是积极心理学的研究和实践范围并不限于此。例如，“积极心理学之父”塞利格曼的经典著作“幸福四部曲”之《教出乐观的孩子》一书，就是给家长的一本养育宝典，帮助他们培养更积极乐观和具有幸福特质的孩子。又如，美国积极心理学导师埃科尔（Achor），主要从事企业快乐工作法的培训，他和全球五百强中的很多企业都有合作，包括谷歌、毕马威、星巴克等。埃科尔的观点是“快乐能激发成功”。可见，积极心理学不仅仅面对“处在迷茫期的人”，这门科学的受众很广泛，任何一个希望过得更快乐、更幸福或者更成功的人都可以学习积极心理学。

概念术语

人本主义心理学　积极心理学　习得性无助　积极主观体验　积极人格特质　积极社会环境

复习思考

1. 什么是积极心理学？
2. 积极心理学的研究内容是什么？
3. 积极心理学思想的发展历程是怎样的？
4. 为什么病理心理学比积极心理学更早受到关注？
5. 举例说明三个层次的存在的乐趣。
6. 介绍一下习得性无助实验。
7. 积极心理学和人本主义心理学有哪些关联和不同？
8. 积极心理学与心灵鸡汤、阿Q精神以及幸福心理学有何不同？

拓展阅读

[1] 刘翔平．积极心理学 [M]．2版．北京：中国人民大学出版社，2019.

[2] 盖笑松．积极心理学 [M]．上海：上海教育出版社，2020.

[3] 斯奈德，洛佩斯．积极心理学：探索人类优势的科学与实践

[M]. 王彦，席居哲，王艳梅，等译. 北京：人民邮电出版社，2013.

[4] 彼得森. 打开积极心理学之门 [M]. 侯玉波，王非，译. 北京：机械工业出版社，2021.

本章精彩内容，请扫二维码

第二章
积极情绪

学习目标

▶明确何谓积极情绪，了解 10 种最基本的情绪及其产生的条件和功能
▶掌握获得情绪积极率的方法
▶了解情绪与身体的关系
▶掌握培养积极情绪的方法

第一节　什么是积极情绪

一、积极情绪的定义

积极情绪（positive emotion）即正性情绪或具有正效价的情绪，“positive”一词的含义即正性的、积极的。许多研究者对积极情绪有过具体的描述或定义，如罗素（Russell）曾提出，“积极情绪就是当事情进展顺利时，你想微笑时所产生的那种好的感受”。弗雷德里克森认为，“积极情绪是对个人有意义的事情的独特即时反应，是一种暂时的愉悦”。我国的心理学研究者孟昭兰认为，“积极情绪是与某种需要的满足相联系，通常伴随愉悦的主观体验，并能提高人的积极性和活动能力”。因此，概括地说，积极情绪即正性情绪，是指个体由于体内外刺激、事件满足需要等而产生的伴有愉悦感受的情绪。

二、积极情绪的 10 种形式

致力于研究积极情绪的美国心理学家弗雷德里克森列出了积极情绪的 10 种形式：喜悦（joy）、逗趣（amusement）、宁静（serenity/tranquility）、振奋（elevation）、敬佩（admiration）、兴趣（interest）、自豪（pride）、感恩（gratitude）、希望（hope）和爱（love）。

（一）喜悦

弗雷德里克森描述喜悦的体验是“既明亮又轻松”，并且只有当周围的一切是熟悉而安全的，情势按照人们的预期顺利发展，甚至超出预期，出现意料之外的积极结果时，才会心生喜悦。

（二）逗趣

当我们身处安全轻松的环境中，某些无害但又与惯常逻辑不符的事情在我们毫无心理预期的情况下发生，这种错位碰撞出强烈的喜剧效果，令人忍不住捧腹大笑。逗趣情景的核心在于逻辑错位，所谓错位就是一种不相符、不一致，即认知失调。

（三）宁静

宁静与喜悦一样，带给个体的内心感受都是明亮而轻松的。所不同的是，宁静的体验不像喜悦那样炽烈、张扬，而是更加沉稳、内敛，弗雷德里克森将宁静比喻为“夕阳余晖式的情绪”，它往往紧接着其他形式的积极情绪而来。宁静通常源于对“当下”的关注，对当前感觉的“品味”，这关注的焦点既可以是外界的环境，也可以是内在的自我。

（四）振奋

所谓振奋，往往源于对人性卓越的见证。它是我们看到他人身上所闪现的人性光辉后，为此感动并受到鼓舞的积极体验。振奋情绪能够诱发“见贤思齐”的行为动机，激励个体去往更高的道德境界，弗雷德里克森称许它是一种极为重要的“自我超越情绪”（self-transcendent emotion）。

（五）敬佩

如前所述，振奋源于耳闻目睹了他人卓越的道德表现。在无关乎道德的情境中，因为他人某种超乎寻常的禀赋、才能或成就而感到惊叹和鼓舞，这种情绪便是敬佩。与振奋一样，敬佩也会有提升性的体现，也被称为自我超越的积极情绪。需要指出的是，敬佩不仅指对人，也指对伟大的事物所产生的敬畏之心。例如，当我们面对雄伟的景物时，常常会感到自己的渺小，产生被震撼甚至被征服之感。

（六）兴趣

所谓兴趣，是指当我们置身绝对安全的环境之中时，有一些陌生、新异的事物吸引了我们的注意，此时我们往往会有眼前突然一亮、头脑顿时清醒的感觉，心中也会对这些新鲜事物生出无数的好奇和憧憬，进而会在这种美好期待的牵引下去接触并接纳新鲜事物。兴趣作为一种情绪体验，具体包含两个动力行为维度：探索（exploration）与专注（absorption）。

（七）自豪

自豪是一种自我意识情绪（self-conscious motion），体验自豪需要个体具备一定的自我反省与自我评估的能力。当我们取得某些成就并因此赢得他人的认可和尊重时，常常能清晰地感受到自我价值的极大提升，于是自豪之情便从心底油然而生。心理学界普遍认为，自豪是唯一一种既能让他人感觉良好，又能令自我感觉良好的情绪。

（八）感恩

感恩是当我们感觉自己受到某种恩惠时所产生的积极体验，大多数情况下，这种恩惠来源于他人的施予。感恩的前提是他人的施予是无私的、高尚的。有些时候，恩惠并不源自某个具体的施予行为，而是自己的富有。在这种情形下，感恩的对象是超乎个人的无形所在，这是一种更高层次的感恩情绪，能体验这种感恩情绪的人，通常有着卓越的精神灵性（spirituality）。

（九）希望

弗雷德里克森认为，希望的核心其实是一种无论情况多糟糕，事情总能够好转的信念。希望还是一种未来导向的积极情绪，它能够引导我们着眼未来，将注意力放在为未来做规划上，促使我们在令人失望的现状中坚持不懈地努力，激发我们的潜能去主动创造转机，改变现状。

（十）爱

爱是最具有包容性的积极情绪，当我们因为生命中的重要他人而感受到上文所提的 9 种积极情绪（喜悦、逗趣、宁静、振奋、敬佩、兴趣、自豪、感恩、希望）时，它们都能转化为爱。任何积极情绪都能在特定时刻、特定情境中转化为爱。就这一点来看，爱应该是每个人一生中体验最多的积极情绪。

像这样把上述10种积极情绪具体列出来，便于我们随时发现、随时捕捉它们。

有趣的是，我们通常都追求的感官愉悦（愉悦感），却没有被列在其中。身体上的快感和愉悦当然令人着迷，很多人用它来调动积极情绪，但是心理学家发现它存在一些问题，如愉悦感常常转瞬即逝。另外，人对感官愉悦之感有很强的适应性。研究发现，彩票中奖的人与常人相比，其在现实中的满意度和对未来幸福的期望度并不高，在日常生活中的愉悦感甚至更低。反观在意外中受伤的人，虽然其生活满意度相对低一些，但日常生活中的愉悦度和所期望的未来幸福度却略高于彩票中奖者。

这一点其实不难理解。我们都知道，人对光线、噪声、气味、味觉等方面的适应性很强。同样，我们对生活舒适度的适应性也很强。所以，对于愉悦感的追求很难让人得到持久的满足。此外，愉悦感有时带有欺骗性——正如吃甜食时感觉很好，但如果吃多了，结果往往不好。

所以，或许我们应该好好想想，究竟怎样可以让自己具有上面那10种积极情绪，而不是片面地追求由物质所带来的愉悦感。至少这10种情绪使我们有了更多的选择——当再次情绪低落时，我们可以吃甜食、买新衣服，也可以尝试心存感激或者在力所能及的范围内行善。

三、积极情绪的功能

作为一位致力于积极情绪研究的心理学家，弗雷德里克森和塞利格曼一样，认为人们应该多关注自身积极的一面。

关注积极情绪不是让人忽视消极情绪，而积极情绪和盲目乐观也有本质区别。盲目乐观与现实脱节，积极情绪则让我们更好地享受当下的生活。

不过，一些表面上的积极情绪可能是经过伪装的消极情绪，我们应该追求的是发自内心的“真正的积极情绪”。有一个简单判定自己或对方是否处于“真正的积极情绪”的方法——看微笑时的眼睛，如果眼角出现鱼尾纹（眼轮匝肌收缩），说明所表达的积极情绪是真实的。

积极情绪有诸多益处，包括扩展思维、取代即时快感、促进人际交往、增进健康、使人更坚韧和提高创造力等。

（一）扩展思维

很多人会日复一日循环糟糕的生活模式，因为情绪会触发特定的行为。例如，有人会习惯把闲暇时间用来看电视或上网，而不是读一本好书或听音乐，或是用烟酒而不是用冥想来放松。虽然我们知道任由情绪控制行为是不对的，但一旦自己陷入了情绪陷阱，却往往难以自拔。情绪陷阱还会让人畏缩不前，无能为力，无法突破自己。

好在我们还有积极情绪。当一个人感到乐观时，会对很多事情感到好奇，会被积极情绪引导不断地去探索。积极情绪让我们打开眼界，乐于接纳自己和他人，我们也因此有机会了解到更多的信息。请记住，我们的积极情绪越多，思维就越开阔。

（二）取代即时快感

有研究者认为，身体上的快感更接近消极情绪。所谓身体快感，通常指吃美食、在柔软的绒被中睡眠、性刺激等，因为这些都是在身体需要的基础上发挥作用的。比如洗冷水澡这件事，只有在身体很燥热时才会令人愉悦，而一旦身体感到凉甚至冷，则洗冷水澡就不起作用了，甚至会起反作用。如果某些行为将人引向即时快感，特别是生理上的快感，那就需要我们警惕，因为很可能它满足的只是生存的需要，而不能带来积极情绪。

很多人也会沉迷于心理上的即时快感，比如朋友圈点赞、刷剧等，并且心理快感比生理快感更有迷惑性，它让人不自觉地花费更多时间、金钱、精力，让人以为收获的是真正的快乐。但是如果冷静下来反问自己的内心：我能从这些行为中感到真正的快乐吗？如果没有，请去体验“真正的积极情绪”。

（三）促进人际交往

当我们感觉良好时，更有意愿对陌生人表达友好或提供帮助，这是因为积极情绪会向外转化。

当我们帮助别人时，常常会感到欣慰，并为自己能帮助他人而自豪；当我们接受帮助时，也往往会为对方的好意和善举而心生感激。

总之，积极情绪让我们感觉更好，良好的心理体验也会使人与人的关系更亲密。积极情绪对身边人会有激励作用，我们也会因此而变得更有吸引力。

（四）增进健康

研究表明，积极情绪能延长人的寿命。因为积极情绪能产生更多的激素，这种激素对成长和人际关系有利，还能增强免疫系统，降低血压，减少疼痛，带来更好的睡眠，从而使患病的可能性也更低。

一位叫莱特（Light）的科学家发现，每天拥抱的人，有更低的血压和更高的催产素（催产素比多巴胺更能让人心情愉快，还能促进社交，增进爱的体验）。所以，请多和家人、爱人、朋友拥抱，让这种积极的感觉稳定提升，一定会收获宝贵的健康。

（五）使人更坚韧

当我们经历困难时，消极情绪会随之而来。有学者曾研究过“9·11”事件后一些遭遇过这场巨大灾难的人的韧性（resilience）水平。她的研究发现，韧性水平高的人在情绪反应方面更灵敏，复原速度也更快，他们甚至在经历灾难之后变得更乐观、宁静，也生活得更充实。

韧性和积极情绪息息相关，提升积极情绪能更快地消散压力。积极情绪会不断地把我们从负性情绪的深渊中拉出来，喜悦、爱、感激、激励等积极的情绪和行动会不断滋养我们，使我们更快摆脱困境。

（六）提高创造力

积极情绪和开放性相互依赖，相辅相成。

无论在学习、生活还是工作中，当我们需要创造性的解决方案时，可以想办法去体验积极情绪，比如回想一段美好的回忆，或是接受别人善意的举动等，这将使我们更容易找到富有创造性、理想的解决方案。

第二节　获得积极情绪的方法

一、积极率概述

著名的积极情绪研究者弗雷德里克森曾在研究中见证了数百人令人欣

喜的变化：通过提升积极情绪，他们的生活发生了巨变，他们更会放松，更有自信，更愿意帮助别人，更勇于接受挑战，并能带着积极情绪度过生命中的每一天。弗雷德里克森本人也通过培养自身的积极情绪，更能享受与爱人的关系。

那是不是工作、生活中积极情绪越多越好呢？也并不是，这里有一个最佳比例。心理学家洛萨达（Losda）提出了“洛萨达比例”，即积极情绪与消极情绪的最佳配比，简称积极率。洛萨达认为3∶1的比例最能引起蓬勃发展的动力，也就是每体验消极情绪1次，就应体验至少3次积极情绪。当然积极情绪不是越多越好，这一比值的上限是11∶1。

洛萨达一直致力于高绩效商业团队的动力研究，并写出了一套数学公式。该公式表明，高绩效团队凭借其高达6∶1的积极率（即积极情绪与消极情绪的比值）脱颖而出，而低绩效团队的积极率远低于1∶1，混合绩效团队的积极率则略高于这个比率，大约是2∶1。

与此同时，婚姻科学专家戈特曼（Gottman）聚焦已婚夫妇的情绪动态研究，长期收集各种数据并进行大规模测量。他开发了多种方法来计算婚姻中的积极率，最终发现：健康幸福、蓬勃发展之婚姻的积极率大于5∶1，而失败婚姻的积极率则低于1∶1。

上述不同领域的研究结果证明：积极率和蓬勃发展之间关联紧密。无论我们处于怎样的环境和关系中，都需要对积极率有足够的关注。也就是说，我们应当尽可能努力使自己的积极情绪与消极情绪的比值不低于3∶1，以发挥积极情绪的神奇作用。

二、获得积极率的方法

获得积极率的方法包括增加积极情绪、减少消极情绪、建立积极情绪的档案等。

（一）增加积极情绪

1. 体验真诚

不真诚的积极情绪，是伪装的消极情绪。所有用心去看、去聆听、去品味、去感受的积极情绪才是真的。它们不仅能给人以当下的美好感受，而且其效能还会累加，帮助我们变得更好。

2. 找到生命的意义

在日常生活中寻找积极的意义。即使是再小的行动，如对他人微笑，只要逐渐积累，也能提升生命的境界和意义。

3. 品味美好

从好事中寻找好的方面。此时不必过度分析它为什么能给人以好的感觉，只要沉浸其中即可。最简单和有效的方法是：养成与爱人、亲人、朋友等分享好消息的习惯。

4. 释放善意

善意和积极情绪相辅相成。只要认识到自己的善意举动，就能启动良性循环，提高积极情绪。为此我们应力所能及地多帮助他人，如尝试做志愿者等。

5. 追随激情

给自己尽情娱乐的权利（只要不妨碍他人），寻找、追随能让自己充满激情、全神贯注的心流体验。这种体验可以是绘画、做美食、游泳……只要是能让我们热情满满、专注其中并感到愉悦的体验就好。

6. 梦想未来

详细具体地构想未来，并让自己每天的行动与未来的目标保持一致。

7. 利用优势

咨询对自己很了解、熟悉的人，请他们描述处于最佳状态时的自己，同时冷静地想一想自己最擅长做什么。发掘个人优势并好好运用这些优势，可以持久地提升积极情绪。

8. 和他人在一起

无论是外向还是内向的人，都可以也需要培养对他人的关爱之心，并尝试从社会交流中汲取更多的积极情绪。

9. 享受自然

研究表明，好天气时在户外待上超过 20 分钟的人，积极情绪更多，思维也更开阔。

10. 打开心扉

对美好保持开放的态度。只管接受而不用分析美好是怎么来的，把随缘而至的美好当作令人惊喜的馈赠来接受即可。

（二）减少消极情绪

当消极情绪出现时，我们可以用下面 7 种方法来应对。

1. 反驳

当消极情绪还处于萌芽阶段时就去质疑它、反驳它。例如，当因为某次考试不理想或一项工作没有做好而产生“我很无能”的想法时，就要不断反驳自己：“一次失败绝对不能代表我是无能的。”

2. 分心

当消极情绪出现时，可以去做一些能让自己分心的事，打破恶性循环。当然这些事必须是健康的，不能以诸如饮酒、暴饮暴食、疯狂购物等方式来逃避痛苦，因为这些事只能让人上瘾，而不能使人感到真正的快乐。

3. 保持觉知力

当感觉到消极情绪出现时，保持开放的心态，不去评价也不过度反应，让它自然消散。

4. 拆除情绪地雷

改变触发消极情绪事件的意义。例如，当我们不喜欢却又不得不去拔牙时，就可以将拔牙当作一次挑战或是保持健康的必要手段。

5. 限制媒体信息摄入

媒体常常告诉我们什么是“正确的”，什么是“流行的”，请注意自己收到媒体信息后的感受，从今以后只选择积极和有益的媒体信息。

6. 找替代品

当我们想去谈论别人时，请多强调他们的积极品质而不是缺点。

7. 应对周围的消极源

可以问一下自己，身边是不是总有负能量的家人、同学或同事，或是动不动就发火的朋友？如果是的话，那我们可以尝试下面三种方法来积极应对周围的消极源。

（1）改变情境。想一想自己有没有无意中助长了对方的消极情绪，可以尝试给予对方更多的关注，以开放的态度与对方合作。

（2）改变视角。事实上每个人都有别人不喜欢的一面，而所谓的不喜欢往往只是我们主观上选择了自己所想看到的，可以尝试改变视角，去关注对方的积极品质。

（3）改变意义。完全没有必要把别人的情绪转嫁到自己身上，我们需要保持觉知力，由自己去赋予事情的意义。

（三）建立积极情绪的档案

建立积极情绪档案，实际上是在做一种深层次的自我探索。我们可以为喜悦、感激、宁静、兴趣、希望、自豪、逗趣、激励、敬佩、爱这10种积极情绪分别建立档案，并贴上标签。把每一次自己与某种积极情绪有紧密联系的事物作为纪念品整理到一起，装进与之相应的档案袋。放进档案袋的可以是任何东西，如写下一段感恩文字或记录心得、名言的纸张、照片、信件等。需要说明的是，档案袋可以是任何形式，既可以是剪贴簿、日记本等有形文本，也可以是网页、PPT等电子文本。

当我们被消极情绪所影响的时候，不妨打开这些档案袋，重新审视里面的每一样事物——照片、信件、留言、礼物，或者是对自己有深刻意义的纪念品等，通过这些提醒处于低谷中的自己：生活总有好的、温暖的一面。这个简单的做法，常常能为自己再次注入活力，激励我们找回通向积极情绪的良性循环之路。

为了把这个过程结构化，弗雷德里克森还给出了一些具体实用的指导。例如，在建立一种情绪档案时，我们可以先问自己几个问题。以“喜悦”情绪档案为例，我们不妨想一想，我们上一次觉得安全、轻松和喜悦，感受到真实的快乐，是在什么时候？事情完全按照自己的心意发展，甚至比所期待的还要好，是在什么时候？自己觉得好玩，想要一跃而入并参与其中，是在什么时候？等等。

思考完这些问题，当我们再去着手建立积极情绪的档案时，往往很快就会发现，其实我们一直生活在积极情绪的宝库之中，那里的资源是如此丰富。这种感觉，又会成为促使我们创造更多积极情绪的灵感源泉。

在使用档案的过程中，我们要把它们看作生活的文献，要不断地发展它们、更新它们，使之成为不断成长的档案，并且将之放在自己容易拿到或打开的地方；同时，我们要带着觉知力和开放互动的心态来对待这些档案，保持一种放松的、心理上的接触，不要刻意去分析它们。

当我们建立了积极情绪档案后，请记得一定要时常更新，当感到自己陷入某种情绪漩涡时，就可以选择并打开一个档案袋，唤醒那段记忆，重温并享受那些让自己感觉温馨、快乐的人和事。请记住，当一个档案袋失去功效时，一定要换另一个。

只要坚持去做，我们一定会感到源源不断的能量流入心中，能更轻松地呼吸并体会生活中的美好。事实上，我们越是注意训练自己的眼睛、思维、心灵来面对积极情绪，就越容易发现它们。

第三节　情绪与身体

在我们的学习、工作和生活中，有没有什么人曾做过令自己不舒服的事情？如果有，当我们见到他们或在微信等媒介上看到他们的消息时，会不会有屏住呼吸等反应？这就是情绪发生时的身体反应，情绪与我们的身体是紧密联系在一起的。

一、情绪和身体是朋友

情绪和身体有关，对此我们都深有体会。例如，气得肝颤，就是说人在生气时身体器官会有反应。《黄帝内经》中讲“喜伤心、怒伤肝、忧伤肺、思伤脾、恐伤肾”，这是老祖宗对情绪和身体关系的智慧总结。情绪会影响各种生理机能，情绪活动还会影响整个神经系统、内分泌系统、机体器官组织等。如果情绪平稳、快活、舒畅，则呼吸平稳、心搏适中、代谢正常；如果情绪处于高亢兴奋状态，则心搏与呼吸加快、代谢增强、体温升高、血管紧张度增加、血压上升、肌肉紧张度增加；如果情绪低沉愁楚，则心搏减慢、呼吸低弱、代谢下降、血压与体温下降、肌肉松弛无力等。

现代心理学研究通过一系列实验，也充分证明了情绪与身体有关，图 2-1 就是由实验参与者绘制的一份形象的“情绪地图”。

图 2-1 中有两种明显的互补色：红色和蓝色。它们是什么意思呢？红色表示身体的某些部位被激活了，感觉更加灵敏。比如幸福，由图 2-1 可知，当人沉浸在幸福中时全身几乎都是红色，这说明全身都被激活了。蓝色则代表人的情绪被抑制，感觉变得迟钝，由图 2-1 可知，处于抑郁状态

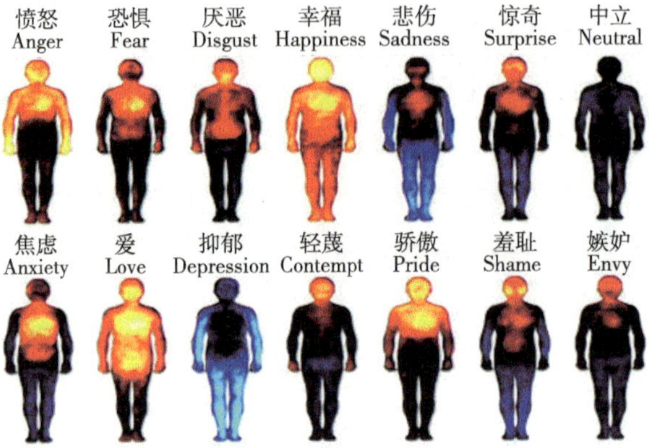

图 2-1 实验参与者绘制的“情绪地图”汇总

资料来源：Lauri Nummenmaa, et al.（2013）PNAS。

者几乎全身都是蓝色，说明全身都被抑制了。

这个实验是怎么做的呢？

首先，研究人员要求参与者想象当自己有某种情绪时的身体反应，并把想象得出的身体状态用相应的颜色标示在空白人体模型图中。其次，由另一组参与者做进一步研究，他们通过“唤醒”情绪的方法重复了这一实验：此时的参与者不用进行想象，而是需要通过阅读一段故事，观看一段影片或是观察一张面部表情图片等方式让自己“进入”某种情绪中，然后根据这种情绪下自己身体真实的反应绘制图像。对比发现，由前后两组参与者绘制的两份“情绪地图”，基本是一样的。实验过程如图 2-2 所示。

二、情绪和身体的双向作用

如前所述，我们已经知道情绪和身体有关，那么这究竟是一种怎样的关系？

（一）情绪由身体产生

人脑中有一个区域被称为边缘系统，它负责情绪的产生、控制和调节，如边缘系统中的杏仁核，就被认为是产生愤怒的关键部位。边缘系统的工作原理和人的本能有关，很多情绪的产生也是本能的。设想一下，假

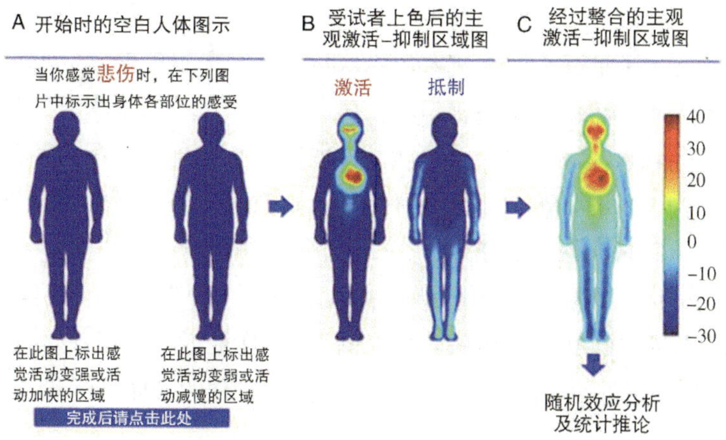

图 2–2　“情绪地图”绘制实验过程

资料来源：Lauri Nummenmaa，et al.（2013）PNAS。

如我们在野外突然遇到蛇，是不是会不假思索拔腿就跑？这时的恐惧就是一种本能。

但是，如果只有本能，那么人之所以为人的价值何在？人类的大脑当然不会这么简单，人脑中还有一个区域叫作前额叶，主要负责对事情进行分析、判断，以及调节情绪。有了前额叶，边缘系统就有了领导。例如，当我们准备上台演讲时，或许原本会很紧张（来自边缘系统），不愿意上台，但经过分析（由前额叶完成）后发现上台演讲的好处很多，于是调整了自己的紧张情绪，鼓起勇气上台演讲。

可见，边缘系统就像个孩子，自然天真，会随着外界的变化而自然产生各种情绪；前额叶则像理性的成人，沉着冷静，会“哄着”边缘系统放松，让人超越本能去做更有益的事情。

不过，二者一开始并不同步：边缘系统很早就开始工作了，从孩童阶段起它就很敏感；而前额叶自青春期开始才逐步成熟起来。这就意味着，青春期之前，人的情绪感知能力强，但处理情绪的能力弱。这就是为什么孩子比较冲动、情绪化。不是他们不愿意控制自己的情绪，实在是做不到。

（二）情绪也影响着身体

一方面，良好的情绪能对治疾病，促进健康。一个23岁的年轻人得了淋巴癌，每天郁郁寡欢。有一天，他听到父亲同医生的交流。原来，他的父亲异想天开，想和儿子换血，以为这样就能让儿子活下来。这显然无法实现，但年轻人却被父亲的爱感动了，他决定积极乐观，配合治疗，让家人安心。接下来的日子，他努力治疗，认真锻炼，还用漫画记录自己的抗癌生活……后来，他真的痊愈了。

另一方面，不良情绪也会摧毁身体。一个人脾胃不好，去医院看病，遇到一位知名老中医，老中医一见他就说："你最近心情不好。"这人很惊讶，忙问："你怎么看出来的？"老中医说："是你的身体告诉我的。"

三、情绪通过身体来改变

接下来，我们再谈谈如何"控制"情绪。情绪无形无色，来无影去无踪，要"控制"它似乎很难。但万事万物皆有其源，从源头入手，或许事情就简单了。

情绪的源头是什么？身体。

所以，通过身体，"控制"情绪就变得很轻松。

那如何通过身体"控制"情绪？

方法很多，其中比较有效和简单的方法就是：关注、调节呼吸。

呼吸每时每刻都在发生，但我们的呼吸是深还是浅？呼吸时身体是紧张还是放松？

如果我们从没有关注过呼吸，也就无法收到它给你的信号。

当我们开始关注呼吸并善于调节它时，就会发现无论处于情绪的哪个阶段，呼吸都能给我们带来价值。

首先，长时间的呼吸练习，会让人变得敏锐，当一种情绪冒头时，便能清晰地感知它并加以预防。例如，当我们同孩子商量要不要报某个兴趣班时，因为意见不一而起了争执。这时我们如果感到自己的呼吸开始急促，身体也逐渐有"着火"的感觉，就可以告诉孩子："我马上要发火了，这个问题先放一放，等我冷静了再聊。"

其次，呼吸可以按停"坏"情绪。如果没能控制好，已经对孩子发了火，这时的几个深呼吸，能让我们从失控中清醒过来。因为呼吸唤醒了前额叶，当这个“总司令”接管大脑后，我们就能逐渐从边缘系统掌控的本能中清醒过来，理性地去处理问题。

甚至当一段情绪过去之后，呼吸也能帮助我们真正了解情绪的价值。感受自己的一呼一吸，仅仅让每个念头如此这般地来了又走，而不去评价这个念头，当我们这样做时，很可能会猛地闪过一个念头，如同黑夜突然被闪电划破，这个念头能告诉我们情绪背后的故事。例如，有时候我们只要大声说话就会不舒服，但可能并不知道这是因为什么。当我们在练习呼吸时，可能会突然想起，原来小时候只要自己大声说话，就会被家长呵斥，于是我们的内心深处就有了一个念头——“大声说话是不好的”。当我们确切地有了这个念头时，就可以用很多方式来安抚它，或许“大声说话”就不会成为一种限制了。研究显示，只要愿意去尝试，通常坚持一个月之后，这种令人惊喜的变化就会出现在我们身上。

那怎么开始呢？

很简单，每天花 5~10 分钟，找一个安静的角落待着，将专注力放在自己的呼吸上，体验一呼一吸带来的感受。完成一次呼吸就数一个数字，持续下去，数乱了就从 1 重新开始。过程中有任何念头，就想象把它放在传送带上带走。

图 2-3 中的颜色表示温度，颜色越偏亮黄表示温度越高，越偏蓝紫表示温度越低。当我们的情绪低落时，往往会感觉浑身发冷，从这张图中也能明显看出，处于抑郁情绪的人体，四肢的温度明显偏低；当处于焦虑状态时，人的五脏六腑，尤其是心脏部位最亮，表示这一块的温度最高；当处于骄傲和愤怒状态时，整个人的上半部分温度明显偏高，这就是俗话说的“被感情冲昏了头脑”；而当我们处于爱和快乐的状态时，人体能量则均匀分布于全身。

尽管爱和快乐、骄傲和焦虑都能带来能量，并改变人体的能量分布，但是不同情绪的能量层级是不一样的。能量有正有负，例如：喜悦、爱、勇气等，带给我们的是正能量；骄傲、愤怒、羞愧等，则更多是负向的能量。有人说，人类意识金字塔的顶端是开悟，这也是意识进化的顶峰。历史上获得开悟体验的，大都是先哲圣贤。比开悟逊色一些的，是平和，这

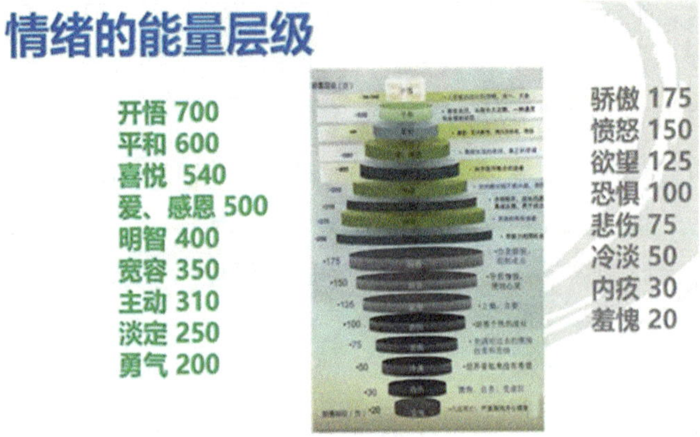

图 2-3　情绪能量层级

资料来源：知乎。

是一种感官关闭，即头脑长久沉默，处于安详而灵动的状态，正如禅者打坐静思的状态，又如瑜伽修习中的调息。接下来是喜悦、爱、感恩，这些情绪可以让我们聚焦生活的美好，从中感受幸福。

第四节　如何培养积极健康的情绪

一、为何会产生情绪

图 2-4 表现的是著名的冰山理论。从图中可知，浮现于水面上的是我们的行为，而行为是由我们的内在感受所驱动的。感受深受我们的观点（或心态）的影响，所谓“见山是山，见水是水”，其实山和水并没有变，变的是观点。我们的观点，则受我们的期待、渴望影响而成。处于水下最深处的是我们的自我，也就是人们常说的本心。以上这种环环相扣的影响，可以用下面这个例子来说明。假设生活中只要别人说我们不好，哪怕只有一点点，我们也会立刻还击，找出对方做得不好的事情顶回去，这就是如图中所示我们在水面上的行为。往下探究，我们之所以会有这样的行为，往往是因为感受到别人的批评表明对自己的不认可，而我们隐含的心态是自己的价值需要得到别人的认可，我们的期待是被爱，被认可，被接

纳，有价值。理解了冰山理论，我们可以倒推回去，从心态上而言，难道别人不认可自己就没有价值、没有优点吗？从感受上而言，难道批评就一定是不认可吗？也有可能正是因为对方认可，所以才希望我们能做得更好。此外还可以换个角度来看，这些批评是客观的吗？我需要在意吗？

和情绪友好相处的第一步，就是觉知情绪。只有当我们意识到这个问题时，才有可能真正做出改变。

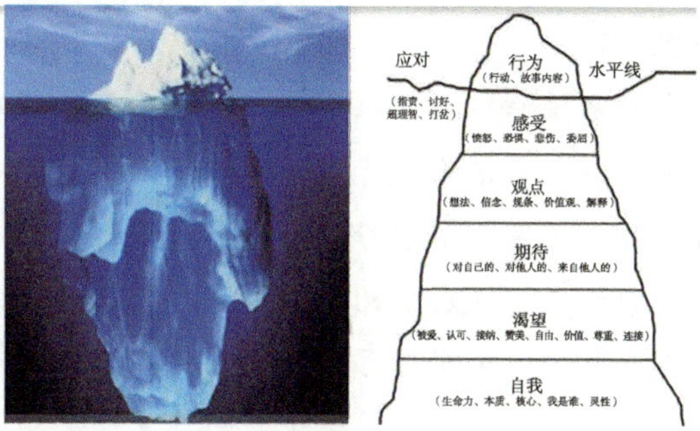

图 2-4　冰山理论

二、如何培养积极健康的情绪

首先，要明白情绪健康的标准：如前所述，当我们的积极情绪和消极情绪之比大于等于 3 时，这就是健康的状态。人们常说人生不如意事十之八九，话虽如此，我们还是应当常常提起那如意的“一二”，同时平和地处理余下的“八九”。其次，就是调整自己的心态。我们所看到的世界并不仅仅由我们的眼睛决定，我们的心像是一个带颜色的镜片，会影响我们对事物的认知。就好像《头脑特工队》里悲伤小人摸过的记忆球被代表悲伤的蓝色浸透那样，当我们的心态受影响时，原本快乐的记忆也随之带上了忧愁。下面是一些调整心态的具体建议。

第一，每天记下 5 件值得感谢或感到快乐的事情。

第二，替换那些悲观的口头禅，把总是/从来/永远，改成目前/暂时/有时候；把所有的/全都/一点都不，改成有些/特定的/这件事。例如，当我们想说“你永远都不理解我，你总是这么暴躁”时，不妨换个说法，如“我们在这件事情上分歧很大，你有时候情绪不太好”，这样就能让自己的情绪平复下来。

美国汽车大亨福特（Ford）有一句名言，“无论你认为你能做到，还是认为你不能，你都是对的”。我们的生活都来自我们的认知和选择。不论是工作、家庭，还是情绪、健康，是积极或是消极，全在一念之间。

专栏 2-1　积极情绪的秘密

积极情绪的秘密

我们都知道积极情绪很好，但是或许我们并不能很具体地说出来它究竟有多么好。甚至我们都很难说清楚，究竟哪些才算是积极情绪。

我十多年前刚出国时，出于好奇，看了一些自助励志书，其中很多书告诉人要保持积极心态，我看了也认同，但总觉得它们还是属于心灵鸡汤一类的。我这人太理性，似乎对有真凭实据的东西更感兴趣……

这几年，我注意到了心理学的一个新的分支——积极心理学。作为一门新兴的正式学科，积极心理学开始于1998年左右，到现在也才有二十几年的历史。看研究成果，似乎科学家们只不过是证明了一些大家都早有共识的东西而已。但不管怎样，这样的研究让我感觉很踏实，我也对它充满希望。这里跟大家分享我看到的一些有趣的东西和学习心理学的感受。

积极情绪既是果，也是因

通常我们都觉得，有好事发生，所以我才会高兴。这样想，是严重忽视了积极心理的巨大作用。根据心理学家的研究，积极的心态有着能彻底改变我们生活的强大力量。

首先，积极的心态可以让我们的思维更开阔、记忆力更好、语言表达更流畅、更善于接受、更富创造性、有更好的解决问题的能力。其次，积极的心态能给我们带来更多的资源，比如，会有更多的办法、有更好的人际关系、有更多的心理资源（即我们会更乐观，更不轻言放弃）。

此外，积极心理的作用是非线性的，类似蝴蝶效应。这就是说，如果我们能随时把握零散的、微小的积极心态，那么这些点滴的积极情绪累积起来，就会让自己的生活有巨大的改变。所以，很重要的一点，是改变“等×××了，我就可以好好享受生活”的想法，而是转为“随时保持积极心态，这样我就可以更健康、更成功、更幸福”的想法。总之，要更多地把积极心理当作因，用它去塑造我们的生活。

让古老的身体适应现代生活

积极情绪为什么好，为什么需要重视它？这似乎是不言而喻的，但是对于科学家们来说，这其实是个挺难的课题。他们从遗传学、生物学、心理学等多个角度，做了大量的实验，来探讨这个话题。

比如说，心理学上有个概念叫“负面偏好”，是指我们通常对坏事情关注更多、印象更深。一句坏话，需要五句好话才能抵消。科学地说，我们的积极情绪和消极情绪之比至少要不低于3∶1，我们才会感觉正常。这些也都证明了负面偏好的存在。为什么会这样呢？因为在我们祖先（指原始人类）的那个时代，生存环境更恶劣，而消极情绪可以促使人产生对抗、躲避、逃跑等行为，有利于求生，所以它得到了更多的重视。

积极情绪的作用，是帮助我们去扩展、构建，使我们不断在探索中成长和发展。但是对于我们的祖先来说，保命比探索、成长和发展更紧迫。这些与外界相处的模式通过遗传保留了下来，所以现在的我们也往往对坏事更警觉，更关注。毕竟环境已经变了，虽然也有种种不如意乃至坏事发生，但毕竟不像过去那么恶劣了，所以我们的心理也要跟上变化，要有意识地多发展积极情绪。这就好比我们对甜食和肉食的喜好，其实这也源自原始人类的生活习惯，而在现代生活中，我们却需要适当克制这些喜好，这样才能更健康。

所以，下次当我们再有一些莫名的恐惧、惆怅、空虚、失落和不安时，或许可以安慰一下自己身体里的那个“原始人”：没事，不必担心，一切都很好……同时把注意力多转向好事情上来（话说这样我们就可以促进人类下一步的进化，进化成有向光性的“向日葵新人类”）。

积极的心理扩大了“我”的范围

心理学家发现，积极心态可以让自己更多地看到“我”和“他人”之间的联系和共同点，从而更多地以“我们”的眼光去看待事情，而消极心理会让自己把“我”和“他人”对立起来，认为二者是孤立、隔绝的。

这种扩大了的“我们”的眼光被称为“自我延伸”，这不仅能帮助我们提高人际交往的质量，而且能使我们善于整合他人的资源，为己所用。

当然，或许更大的好处是，我们会因此而感觉更好。

再进一步，积极的心理不仅能让我们同他人有更多认同感，而且同各种环境、同大自然也会建立认同感，处于积极心理中的人有时会感觉自己是一个庞大整体的一小部分。我们是不是也有这样的体会呢——当心情好时，会觉得自己与周围融为一体？积极的态度，会令我们敞开心扉，用开放、接纳的姿态去面对这个世界。

西方心理学家的这些体悟，同我们东方传统文化中的天人合一，以及佛教中的缘起、空性等理念不谋而合。

现在常常能看到网上动辄就分成两派并对骂，这其实也往往是消极情绪在背后起作用——有的网友正处于消极情绪中，时时戒备，准备战斗，“自我”的范围很狭小，自然有点火星则一触即发。于我自己而言，当看到网友发来的评论时，通常先假定对方是我的朋友，并付诸信任和友好；即便有什么不友好的感觉，也姑且认为那只是交流方式所限造成的。事实证明，这样去聊，不存戒心和敌意，很容易建立友好的互动。

虚假的积极情绪只是伪装了的消极情绪

虚假的积极情绪对于身心健康和成功没有好处，甚至有副作用。我在国外影视里常常看到表现虚假积极情绪的桥段，因为他们有太多的自助励志书，太渴望达到完美心理状态。我接触的多数外国人对于“你好吗？”的问候，都会回答“好极了！”哪怕实际上糟透了。

当然，上面这种“表演”除了自尊的需要外，有时也是情势所迫，但毕竟我们最终要追求的还是由衷的积极心态。所以，培养积极心理，并不是喊喊“我最棒”“我很开心”之类的口号那么简单。

发挥品格优势

2000年，积极心理学家彼得森和塞利格曼组织了一个小组，主要由社会学家组成，制定了VIA（行动价值协会）性格力量分类手册，旨在为发展青年的积极性格提供有效途径。在该手册里，他们列出了20余种积极的性格和品格力量。简单列举如下，供大家参考。

第一类：智慧和知识的力量——创造性、好奇心、热爱学习、思想开放（能全面透彻地思考问题，不急于下结论，公平，能根据事实调整自己的思想）、洞察力。

第二类：意志力量——诚实、负责、勇敢、坚持、热情。

第三类：人道主义的力量——善良、爱、社会智慧。

第四类：公正的力量——正直、领导力、团队合作精神。

第五类：节制的力量——原谅、同情、谦逊、审慎、自我调节（如自律、控制欲望和情绪）。

第六类：卓越的力量——对美和优点的欣赏、感激、希望、幽默、虔诚及灵性。

研究表明，相比那些关乎头脑的力量，如热爱学习等，那些关乎心灵的力量，如热情、感激、希望和爱，同生活满意度之间的关系更为强烈和稳定。这也说明，不论对孩子还是成人而言，心灵上的成长比知识的收获更能带来幸福。

列出这些积极的性格和品格力量之意义在于，对于家长来说，我们可以去参考借鉴，帮助孩子全面发展；对于成年人自己而言，我们每个人都会在这些性格中有所偏重，如果能找到属于自己的标志性性格特征，找到自己的优势并着重发挥之，去做与之相关的事情，我们就可以感觉更好，更积极，更充实，更快乐。

积极情绪的来源

什么事会让我们心情好呢？除了友好的人际交往、逗孩子乐、各种琐碎的乐趣和愉悦之外，我想或许有一个最重要的来源，就是自己的能力得以发挥，包括：学到新东西，有成效地教育了孩子，看到学生的进步，写文章顺手，说句聪明话或开个好玩笑，看到自己写的东西对别人有帮助，炒菜发挥好了……

在这一点上，我很同意心理学家罗杰斯的充分发挥个人潜能的理论，以及马斯洛的自我实现、不同层次需求的理论。其实这样的理论并非现代心理学家所独创，如亚里士多德（Aristotle）在关于幸福的话题中就有类似的论述。

只有享乐，远不足以让人满足。如果有人要把我们放到一台机器上，给我们各种虚拟的感官愉悦，估计我们都不会同意，我们希望的是通过自己的努力去挣得这些愉悦。所以，那些被父母安排好谋生路径的孩子往往会感到痛苦和失落。

孔子说："君子食无求饱，居无求安，敏于事而慎于言，就有道而正焉，可谓好学也已。"这话倒是很符合我学习积极心理学的收获：认识到物质享受的局限，认真努力去做事，不断提高完善自己，这样就会感受到幸福和快乐了。

最后补充一点：心理学家发现，良好的人际关系是通往幸福的必备条件。他们认为，并不存在"快乐的隐士"。正如积极心理学家彼得森所说，如果用最少几个词来概括积极心理学，那就是——OTHER PEOPLE MATTER（他人很重要）。

毕竟，我们的价值和意义，往往是在与他人的互动、合作中得以体现的；我们的种种积极情感，也是在与他人的交流中方能感受到的。

达成良好人际关系的秘诀，我想并不复杂，就是前面说过的那个"自我延伸"、那个"我们"的眼光。我猜，如果此刻有外星人来袭击，那么全人类就会变成"我们"，而不是对立的你我他。如果能时常这样想，恐怕很多国际争端也都比较容易解决了。

——摘自《心理学与读心术》（有改动）

概念术语

积极情绪　积极率

复习思考

1. 10种积极情绪各自具有哪些发生条件？
2. 从进化论的角度来看，积极情绪和消极情绪各有什么功能？
3. 论述身体和情绪的关系。
4. 什么是积极率？如何提高积极率？
5. 有哪些获得积极情绪的好建议？
6. 有哪些减少消极情绪的有效方法？

拓展阅读

弗雷德里克森．积极情绪的力量［M］．王珺，译．北京：中国人民大学出版社，2010.

本章精彩内容，请扫二维码

第三章 幸福

学习目标

- ▶掌握主观幸福感和心理幸福感的含义和具体结构
- ▶辨别主观幸福感和心理幸福感的差异
- ▶了解主观幸福感和心理幸福感的测量
- ▶掌握主观幸福感的影响因素
- ▶掌握提高幸福感的方法

“你幸福吗?”这是前几年大众媒体上的热门话题，但今天它的热度似乎有所减退，特别是在一些年轻人中。虽然幸福仍是人们追求的目标，但表达消极情绪的“丧”却成为很多人尤其是年轻人的流行语。

“丧”是什么?网上对“丧”的解释是：在现实生活中，失去目标和希望，陷入颓废和绝望的泥沼而难以自拔地活着；漫无目的，蹒跚而行，没有情感，没有意识，只能像行尸走肉一样麻木地生存下去。可见，“丧”既是一种生活状态，也是一种心理状态。

这一解释尽管有些夸张，却很形象。“丧”其实就是丧失目标，丧失追求美好生活的动力，丧失本该拥有的幸福感。

为什么有人会觉得“丧”呢?如何才能变得不“丧”呢?要回答这些问题，还要从“幸福”这个关键词谈起。因为在很大程度上，“丧”即意味着不幸福，如果一个人处于幸福之中，那是不会感到“丧”的。

何谓幸福?很多人可能都思考过这个问题，却发现很难得到一个精准、统一的答案。不过对于政治学家和社会学家来说，幸福的概念却是简洁明了的。

在《人类幸福的政治经济学》一书中，政治学家雷德克利夫（Radcliff）指出：幸福，简单来说就是人们享受生活的程度。

如果我们采用这个定义，那么人们享受生活的程度，也就是幸福，是受什么因素影响的呢？为什么有的人感到很幸福，有的人却不幸福呢？为什么有的人感到越来越“丧”，越来越感觉不到幸福了呢？

第一节　幸福感概述

一、什么是幸福感（主观幸福感和心理幸福感）

幸福感是人们在实现人生意义并体味这一点时的积极心理感受，是人类一种普遍性的追求。在现代心理学当中，有关幸福感的研究大致可以分为两个方向，一是主观幸福感（subjective well-being，SWB），二是心理幸福感（psychological well-being，PWB）。主观幸福感的研究者认为，主观幸福感从快乐论的哲学理念出发，将幸福与快乐对等起来，认为更多的积极情绪、更少的消极情绪以及对生活更高的满意程度是衡量幸福的指标（Diener，1999）。心理幸福感的研究者则认为，幸福并非完全主观，不能完全采用唯心论和唯结果论，一个人在一生中收获了多少真诚的关系，实现了多少抱负和自我提升，能否接纳自己，能否在一定程度上获得自由和自主……同样是非常重要的标准。

（一）主观幸福感

1. 定义

对于主观幸福感的定义，不同的心理学家有不同的见解，但是大多数心理学家倾向使用美国心理学家迪纳的定义，即个体依据自定的标准对其生活质量所进行的整体评价。由此定义来看，主观幸福感是一种主观的、整体的概念，同时也是一个相对稳定的值，它用来评估人在相当长一段时期内的情感反应和生活满意度。

2. 构成

通过上述定义可知，主观幸福感由两个部分构成：情感平衡和生活满意度。情感平衡，是指与不愉快的情感体验相比较时占相对优势的愉快体验，是个体对生活之总体、概括的评价。情感平衡包含积极情感和消极情感两个维度，但这两个维度并不具有必然的相关性，而是两个相对独立的变量。生活满意度是个体对生活的综合判断，作为认知因素，它独立于积极情感和消极情感，是衡量主观幸福感更有效的指标。

3. 特点

作为心理学的冷门术语，主观幸福感专指评价者根据自定的标准对其生活质量所进行的整体性评估。主观幸福感的基本特点如下。

（1）主观性。以评价者内定的标准而非他人标准来评估。

（2）稳定性。主要测量长期而非短期情感反应和生活满意度，这是一个相对稳定的值。

（3）整体性。主观幸福感是一项综合评价，包括对情感反应的评估和认知判断。

（二）心理幸福感

1. 定义

心理幸福感，是个体根据自定的标准，通过对自我生存质量进行综合评价而产生的一种比较稳定的认知和情感体验。其评价指标包括自我接受、个人成长、生活目标、良好关系、环境控制、独立自主、自我实现、生命活力等一系列维度。

2. 特点

心理幸福感以亚里士多德的实现论为哲学基础，即“至善就是幸福”。心理学家来福（Ryff）认为幸福不等同于快乐，由此批评了主观幸福感研究对情感的过度关注，并认为心理幸福感应该定义为“努力表现完美的、真实的潜力”。在此基础上，来福提出了六维心理幸福感模型，该六维分别如下。

（1）自主性（autonomy）。自主性即自我决定与独立，高自主性意味着我们能够有效控制自己的行为，并且在这种行为中获得一种相对自由的感觉。充分发挥自主性能够帮助个体在一定程度上克服社会压力去思考和行动，对事物掌握一定的主动权，能够自己判断、计划和行动，掌控自己就是掌控人生。

（2）环境控制（environment mastery）。加拿大心理学家彼得森在其著作《生活 12 法则》中曾提道，当你觉得自己身处混乱之中时，在抱怨之前不妨先把自己的房间收拾干净。这一理念与中国的古老哲学遥相呼应，环境控制意味着我们对自身以外事物的控制与驾驭能力，如个人财务及工作事务、个人时间、大大小小的生活需求等，掌握自身周边环境是通往个人幸福的一把关键钥匙。

（3）个人成长（personal growth）。个人成长维度代表了我们对于自身心理成长的关心程度，比如是否掌握了新的技能，对自身是否有了新的洞察，是否处在不断成长与提高的过程中，等等。在这一维度上得分较高者，喜欢尝试新鲜事物，并且有相对更高的自我实现追求，注重对自身潜能的开发，希望自己不断进步。

（4）积极的人际关系（positive relationship with others）。归根结底，人是具有社会性的动物，我们天生渴望与他人发生连接，与他人拥有一段真诚、互相关注、欣赏和接纳的关系是幸福的重要基础之一。在这一维度上的高分者，通常有着比较融洽的人际关系，愿意为他人付出，能与人缔结比较深刻的连接，不论是亲情、友情还是爱情，只要是建立在真诚的基础上，就会对人产生积极的作用。

（5）生活目的（purpose in life）。现代社会中，随着传统价值观的逐渐消解，社会复杂性的与日俱增，凭着一两条朴素的信念就可以适应人生的时代已经彻底远去，要寻找生活的意义也变得更加困难，这也是造成现代社会带有普遍性的消费主义思潮、内心空虚等问题的原因之一。存在主义哲学告诉我们，生活自身并没有任何意义，所有的意义都是人为赋予的，所以目标对于我们而言才显得非常重要。尼采（Nietzsche）曾说：如果一个人知道自己为何而活，那他就能忍受任何一种生活。可见，想变得幸福，非常重要的一点就是要找到生活的目的并为之努力，由此变得坚强而有智慧。

（6）自我接纳（self-acceptance）。在这一维度上的高分者，通常对自我持有一个比较积极且全面的认识，在自恋与自卑中能够找到一个平衡点，平静地接纳不完美且不可能完美的自己，对自己过去的生活亦持肯定的态度。

二、主观幸福感和心理幸福感比较

基于快乐论与实现论这两种不同的哲学观点，现代幸福感研究在概念与定义上出现了主观幸福感与心理幸福感这两种不同的走向，并由此造成幸福感的概念模型、研究思想、技术体系、关注内容等方面之众多差异与冲突，主要表现如下。

（一）哲学背景

现代幸福感研究的概念体系隐含着不同的哲学观点。主观幸福感的哲学基础是快乐论，心理幸福感的哲学背景则是实现论。二者对幸福感的理解存在分歧，在持快乐论者看来，快乐就是幸福，持实现论者则更为关注自我实现与人生意义。

（二）概念差异

如前所述，主观幸福感将快乐定义为幸福，具体来说就是拥有较多的积极情绪、较少的消极情绪和更高的生活满意度（Diener，1999）。心理幸福感研究者则认为，幸福不能等同于快乐，应该从人的发展、自我实现与人生意义的角度进行理解，幸福感是人们与真实的自我谐调一致（Waterman，1993），是努力表现完美的真实的潜力（Ryff and Singer，1998，2000），是自主、能力、关系需要的满足（Deci and Ryan，1985，2001）。

（三）指标体系

从定义出发，在主观幸福感与心理幸福感研究中又发展出了各自的测评指标。主观幸福感主要包括 3 项经典的测评指标——生活满意、正性情感、负性情感，心理幸福感的测评指标则涉及自我接受、个人成长、生活目的、良好关系、情境把握、独立自主、自我实现、生命活力等一整套变量。

（四）测量工具

与主观幸福感测评指标相配套的代表性测量工具有迪纳（Diener，1985）编制的《生活满意量表》（SWLS），布拉德伯恩（Bradburn，1969）编制的《情感平衡量表》（ABS）以及沃森、克拉克和特勒根（Watson，Clark and Tellegen，1988）编制的《积极与消极情感量表》（PANAS）。心理幸福感方面的测量工具，主要有来福基于人类发展观而编制的《多维幸福感量表》，契克森米哈赖等人根据“心流理论”（theory of flow）而发展出的一套能够在实际情境中测量活动经验品质的经验取样法（The Experience Sampling Method，ESM）。沃特曼（Waterman，1993）通过对幸福感之快乐与显现的区分而开发了“人格展现问卷”（Personally Exprssive Activity Questionnaire），自我决定理论则开发了“主观活力量表”、“人格抱负指标”和“基本需要”（关系、能力、自主）等问卷。

（五）评价角度

幸福感可以从以下几个方面进行界定：

• 以外界标准界定的幸福。认为幸福是基于观察者的价值体系和标准，而不是基于行动者的主观判断。

• 以情绪体验界定的幸福。认为幸福就是愉快的情绪体验，可以通过比较积极情感和消极情感何者占优势来判断。

• 个体自我评价的幸福。认为幸福是评价者个人对其生活质量的整体评估。

在上述评价方面中，后两者即构成主观幸福感。如前所述，所谓主观，就是个人的主观体验，完全由行动者自己评价，重视个体自我评价，认为幸福是评价者个人对真实生活质量的整体评估；心理幸福感则是观察者（心理学专家）对行动者的描述，心理幸福感理论认为幸福感有其客观的心理标准，而不仅仅基于个人的主观判断，这个客观标准就是人的潜能实现程度。

（六）理论取向

典型的持主观幸福感论者回避理论，重视实证和操作研究，支持采取彻底的经验主义方法和可操作的定义，其心理学背景是行为主义。例如，主观幸福感的代表人物迪纳（Diener，1998）就认为在大型理论模型建构之前，需要知道更多的基本事实。更早时期，布拉德伯恩在关于情绪的经典研究中也很少留意幸福感的理论内涵。同样，生活满意研究产生于社会实践的应用，也没有详细阐述幸福感的理论实质（Sauer and Warland，1982），生活满意的研究被认为是数据导向而不是基于明确的理论框架（Headey，Kely and Wearing，1993）。与之相反，心理幸福感更重视理论建设与理论建构，更关注幸福感的本质和内涵，认为理论研究能够抓住幸福感的本质与核心问题，从而产生有意义、有价值的研究结果，揭示其内在意义（Calsyn and Davidson，1978），并促进研究结果的广泛应用（Benbenishty，1989），这与人本主义有着共同之处。

（七）结果与过程

主观幸福感重视结果，认为幸福就是欲望的满足，体现了典型的实用主义精神；心理幸福感则更注重过程，认为幸福是活动的副产品，具有较多的理想主义色彩。因此，通过以上分析，可以清晰地看到快乐（happiness）、享乐（hedonic）、幸福（Well-being）、幸福感（eudemonia）、心理幸福感或心理良好状态（psychological well-being）、主观幸福感或主观良好状态（subjective well-being）这些概念的异同。在我国的幸福感研究中，通常对此不加区分，都将之译为“幸福感”或“主观幸福感”等。但从幸福感研究的哲学与心理学传统来看，happiness 和 subjective well-being 等是主观幸福感研究中所使用的术语，而 eudemonia 和 psychological well-being 是心理幸福感研究中所使用的术语，二者的哲学背景与心理学含义是不同的，表达着不同的研究范式、取向或视角。

我国幸福感研究的概念模型基本上采用主观幸福感的定义体系。例如，程灶火等（1998）认为，主观生活质量或主观幸福感包括两类主要成分：情感成分为个体在实际生活中感受到的情绪体验，认知成分为个体按自己独特的标准而对客观生活状况进行的总体认知评价。

另有研究者认为，主观幸福感是人的一种重要态度，它反映了人对其个人生活的总体评价和满意程度；主观幸福感也是反映个体生活质量的重要心理参数，它标志着个体心理生活的质量；和来自其他人的态度一样，主观幸福感也对人的行为有着十分重要的影响（景淑华、张积家，1997）。

还有学者认为，主观幸福感是评价者根据自定标准对其生活质量所做的整体性评估，是衡量个人生活质量的重要综合性心理指标（郑雪、严标宾、邱林，2001）；幸福感是人们根据个人标准对自己生活质量所做的整体性的、肯定的评估，它包括认知和情感成分（黄希庭、郑涌等，1999）。

此外有学者提出以下观点：幸福是一种主观感受，是一种主观的心理体验，是基于感受主体的价值体系和标准，而不是基于他人的标准（刘次林，1999）；幸福感是主体与现实生活中的情境及自我达到完满统一，并对这种完满统一之自我认同及欣赏的感觉（杜小陆，2000）；主观幸福感是对生活满意度和个体情绪状态的一种综合评价，它不仅敏感地反映了人对自身生存质量的关注和感受，而且与许多重要的心理健康指标，如乐观、适应性、焦虑、抑郁以及自杀行为有密切关系（李靖、赵郁金，2000）。

可见，在我国目前研究使用的概念中，主观幸福感、幸福感、幸福度、主观生活质量、心理福利等含义基本接近，大都基于主观幸福感的概念模式。与此同时，我国目前在幸福感研究中所使用的测量工具也多是基于主观幸福感概念的模型与指标体系，如李靖、赵郁金（2000）修订的“Campbell 幸福感量表”，刘仁刚、龚耀先（1999）修订的“纽芬兰大学幸福度量表”，程灶火（1998）等编制的“少儿主观生活质量问卷”，以及在此类研究中常用的“情感量表 2”（Affectometer 2）（Kamman and Flett，1983），等等。

第二节　主观幸福感的影响因素

一、环境因素

（一）社会环境对主观幸福感的影响

根据人们体验幸福感的信息来源不同，可将社会文化分为个人取向的文化和集体取向的文化。就生活满意度和情感平衡的关联性而言，前者比后者更明显。在个人取向的文化（如欧美国家文化）中，个人较注重自身的主观体验，倾向于区分自己与他人，直接表达个人态度和内心感受的行为受到鼓励，与自我相关的情感（如自尊）同主观幸福感的关系尤其紧密。反观集体取向的文化（如中国的传统文化）中，个体必须和外界社会规则保持一致，个人的主要目的不是区分自己与他人，而是与他人保持和谐一致，个人理想往往是所属群体的理想，个人的感觉、情绪、思想不被视为行为的决定因素，因而在集体取向的文化中，有关自我的情感取向对生活满意度的影响显得不那么重要。

（二）工作、学习对主观幸福感的影响

在人生的不同阶段，工作、学习对主观幸福感的影响不同。卡贾（Katja）等对芬兰中学生的调查显示，在学校中获得的满足和愉快是影响中学生主观幸福感的重要因素之一；同时，在学校中的挫折失意是引起中学生（尤其是女中学生）不幸福感觉的重要因素之一。对于青年人而言，工作、学习的负荷量和从中获得的满意情绪，都与主观幸福感呈正相关关系。中年人在工作、学习上的负荷量依然与主观幸福感呈正相关关系，但他们从中获得的满意情绪不再是影响其主观幸福感的重要因素。对于临近退休或已经退休的老年人来说，则工作和学习不再对他们的主观幸福感产生重要影响 。

（三）家庭环境对主观幸福感的影响

一些对青少年的研究发现，他们的满意、幸福或不满意、不幸福的感觉与所体会到的家庭气氛相关。家庭的稳定、成员间的相互关怀、没有明显的家庭矛盾是青少年总体满意、幸福度的预期因素。与之相反，家庭结构松散、父母关系欠佳和严重的家庭矛盾，则是青少年产生不满意、不幸福感觉的预期因素。

（四）社会关系及社会支持对主观幸福感的影响

埃莫斯（Amos）和迪勒尔（Diller）曾对美国大学生进行调查，以研究外向性和快乐的关系。结果发现，个性外向也就是好交际、合群、活跃的人，都说自己十分快乐并对生活很满意。可见，良好的人际关系会增进积极情感，进而使个体获得高幸福感。

二、遗传因素

幸福，源于外在，亦起于内心。它不仅取决于环境，而且取决于内在的自我。有这样一句法国名言：“气质对幸福的影响不亚于财富。”所谓气质，实质上又是遗传与教养方式的共同产物。

遗传基因不是一个指定我们必然成为什么样子的模板，而是引导我们在特定环境中如何发展。例如，老鼠体内控制眼睛发育的基因可以引导老鼠在适宜的环境中发育出视力正常的眼睛，但是如果一只幼鼠刚出生时眼睛就被蒙上，6 个月后再打开，它就再也不能获得正常的视力了。

基因会影响我们的幸福，这个说法的证据从何而来呢？关键性的证据来自双生子研究。同卵双胞胎的基因是完全一样的，而异卵双胞胎同平常的兄弟姐妹一样，只有一半的基因相同。据此可以推测，同卵双胞胎在幸福感上的相似性要比异卵双胞胎高。

布兰纳甘（Braungan）等运用收养和双生子研究发现，1 岁左右婴儿的积极情感具有遗传特性。著名心理学家莱肯（Lykken）和特勒根（Tellegen）等所做的著名的双生子研究发现：在不同家庭环境中成长起来的同卵双生子，其主观幸福感水平的接近程度，比在同一个家庭中长大的异卵双生子要高得多。有学者认为，人具有快乐或不快乐的基因素质，气质的差异造成个人体验主观幸福感的水平不同。因此，遗传因素影响着主观幸福感的各个方面，是预期主观幸福感的重要因素，但个人所体验到的主观幸福感是随着时间和情境的变化而变化的。因而主观幸福感不仅仅是某种特质，它也具有类似情境的特性，是多因素交互作用的结果。在个人的发展过程中，遗传与环境因素都会对主观幸福感水平产生影响，其中外界环境中的各方面因素是通过个性影响主观幸福感的。

三、交互作用

(一) 人格对主观幸福感的影响

迪纳认为，人格因素是预测主观幸福感最可靠、最有力的指标之一。他在交互作用模型中提出，人格影响着人们处世的行为和态度，也增加了经历某种情境的可能性，不同的情境又会引起主观幸福感的增加或减少。外倾者倾向于经历和体验积极生活事件，神经质者倾向于经历消极生活事件，这些生活事件反过来又对他们的主观幸福感产生影响，这些影响不能单独由人格来解释。因此，人格对主观幸福感的影响超出了以积极或消极方式对生活事件做出反应的心理素质倾向，人格的影响也涉及人的行为，它可以增加或减少奖励生活事件发生的可能性。例如，外倾者对奖励信号敏感，其敏感性以积极情感的形式表达出来，促使外倾者接近奖励刺激，由于社会情境相比非社会情境更具有奖赏性，外倾者的积极情感增加，并促使其社会活动的增加。

(二) 年龄对主观幸福感的影响

奥卡马（Okma）等对国外 18~90 岁年龄段个体的研究发现，他们的主观幸福感随年龄呈逐渐下降的趋势。有研究发现，大学生的主观幸福感体验处于中等偏上水平，他们有比较积极的情感体验和较高的生活满意度。在我国，对不同年龄段人群的主观幸福感测查发现，青年人群在评估主观幸福感的多个维度上，均不同程度地高于老年人群。

（三）性别对主观幸福感的影响

研究发现，在主观幸福感的总体水平上，男女差异并不显著。但在主观幸福感的不同维度上，两性的差异还是存在的。有研究发现，女性的积极情感水平较男性为高。藤田（Fujita）等认为，如果女性遇到不好或难以控制的事件，她们可能难以抵制消极影响；但是如果她们生活美好，则女性往往比男性能更强烈地感受到幸福。所以，女性在积极情感和消极情感的体验上都较男性强烈，但在总体的主观幸福感水平上又与男性相当。

第三节　主观幸福感的测量

一、总体幸福感量表

总体幸福感量表（GWB）源自美国，最初是为美国国立卫生统计中心制定的一种定式型测查工具，用来评价被试对幸福的陈述。1996 年，我国学者段建华对该量表进行了相关修订，形成了适用于中国被试的版本。

该量表共有 33 项，采用的是选择方式，积分方法不唯一，总分相加为个体的主观幸福感程度，得分越高，表明主观幸福感越高。

本量表前 18 项的平均得分常模为：男性被试 75 分、女性被试 71 分。本量表单个项目得分与总分的相关在 0.48 和 0.78 之间，分量表与总表的相关为 0.56~0.88，内部一致性系数在男性为 0.91，在女性为 0.95。间隔 3 个月后重新测查了其中的 41 名学生，发现重测一致性为 0.85；专家评估一致性在 0.27~0.47。本量表与 3 种焦虑量表（PEI、PPS、CHQ）的一致性分别为 0.41、0.40、0.10，与 3 种抑郁量表（HQ、Zung、MMPI）的一致性分别为 0.35、0.28、0.21。同时，本量表与 PFI 抑郁量表的一致性更高些（0.50）。

除了评定总幸福感，本量表还通过将其内容组成 6 个分量表，从而对幸福感的6个因子进行评分，这6个因子是：对健康的担心、精力、对生活的满足和兴趣、忧郁或愉快的心境、对情感和行为的控制以及松弛与紧张（焦虑）。

题目列举：

1. 你的总体感觉怎样（在过去的一个月里）？

A. 好极了 B. 精神很好 C. 精神不错 D. 精神时好时坏 E. 精神不好 F. 精神很不好

2. 你是否为自己的神经质或"神经病"感到烦恼（在过去的一个月里）？

A. 极端烦恼 B. 相当烦恼 C. 有些烦恼 D. 很少烦恼 E. 一点也不烦

3. 你是否一直牢牢地控制着自己的行为、思维、情感或感觉（在过去的一个月里）？

A. 绝对的 B. 大部分是的 C. 一般来说是的 D. 控制得不太好 E. 有些混乱 F. 非常混乱

4. 你是否由于悲哀、失去信心、失望或有许多麻烦而怀疑还有任何事情值得去做（在过去的一月里）？

A. 极端怀疑 B. 非常怀疑 C. 相当怀疑 D. 有些怀疑 E. 略微怀疑 F. 一点也不怀疑

5. 你是否正在受到或曾经受到任何约束、刺激或压力（在过去的一个月里）？

A. 相当多 B. 不少 C. 有些 D. 不多 E. 没有

二、主观幸福感测量的发展方向

（一）主观幸福感评估指标趋于整合

有一项研究，采用几种常用的主观幸福感自陈量表，在我国城市居民中进行试用。这几种量表尽管存在这样那样的缺憾，但还是具有相当稳定性的，特别表现在内在一致性信度和构想效度方面。这表明，作为一种积极的情感体验，人类的主观幸福感可能也存在着诸多相似之处。当然，这几种量表往往只是从认知或情感等孤立的角度出发对主观幸福感加以测量，很难揭示主观幸福感的全貌。因而这种评估手段尽管可以在一定程度上衡量社会发展水平，但对个体诊断则需要参照多种评估指标。有研究者指出，主观幸福感的测量指标应当包括力量感、自主意识、愉悦感、自信心等，这反映了主观幸福感测量中的一个现实问题，即主观幸福感的指标整合问题。

（二）主观幸福感评估方法走向多样

自 20 世纪 50 年代以来，对主观幸福感的测量主要采用的是自陈量表法。用自陈量表测量主观幸福感时，其得分会随所使用量表、项目顺序、时间坐标、当时心境、被试反应倾向以及其他一些因素的变化而变化。因此，多种测量方法的运用是主观幸福感测量的趋势之一。近年来，较为引人注目的是经验样本测量方法，该方法通过搜集被试在日常生活中随机出现的心境、情感以及其他感受的样本，来评价被试的主观幸福感状况。由于这种方法可以减少记忆偏差对经验报告的影响，因而被认为可以提供比自陈量表更为精确的测量结果。另外，对生活状况的定性描述打分、模糊情感刺激反应测量、微笑率测量、对生活事件回忆的记录等方法，以及一些生理反应测量方法（如唾液中的皮质醇水平测试），也陆续被用于对主观幸福感状况的评定。

主观幸福感是积极组织行为学一个子概念，属于目前心理学中一个比较冷门和前沿的类别，所以有些问题，如远程办公、虚拟团队、数字鸿沟和全球竞争环境等工作领域变迁与主观幸福感的相互影响等还有待进一步研究和探讨。

第四节　提高幸福感的方法

耶鲁大学开设了一门“心理学和美好生活”的课程，曾创下 1 200 名学生同时选修这门课的纪录，它也成为耶鲁大学建校 300 多年历史上最受欢迎的课程。正所谓“变得幸福不是自然而然发生的，科学证明，幸福需要有意识地努力。但这可不容易，需要时间。就像音乐家和运动员一样，人可以通过不断训练和学习，变得更幸福”。练习幸福的方法有很多，在此列举 13 种提高幸福感的方法。

一、去习惯化

这是发生在认知层面的，易知难行。这一方法要求：不对身边的一切产生习惯化，不将事物视为理所当然，看待事物应时常换个角度，寻找新想法，重新“品尝”那些早已习惯的恩惠……当然，要从认知角度将所有原来的事物“以旧换新”还是颇有困难的。因此，更加可行的建议是多接触新事物，做自己觉得陌生甚至有些害怕的事（当然是在保证安全的前提下），比如走不同的小路（关乎对安全的认知），尝试不同味道的茶点，坐坐过山车，进进鬼屋（关乎对害怕/恐惧的认知），听听音乐会等，即不用固化的思维，舍弃旧思维的所谓“高效益”，重获幸福感。

二、品味

品味生活，隔绝过去与未来，只享受当下。建议：多用右脑艺术型思维或锻炼不利手，下厨房学做美味料理，多憧憬/梦想（大脑是较难分清现实与梦想的，因此多憧憬自己是钢铁侠不仅不会妨碍正常的学习与生活，而且可能会促进梦想的实现），学习摄影以更多留意生活细节，等等。

三、设立目标

《哈佛幸福课》一书提道，现实中如果没有被提示去关注一下公交车上的小孩，我们甚至都不会察觉车上有小孩的存在；如果把心爱的东西丢到悬崖对面，那么接下来我们要做的就是好好思考怎么去拾获它；我们可以用20%的时间来完成80%的事情，从而节省更多的时间来陪伴亲人，享受生命。这些都说明设立目标的作用和价值。建议：根据目标管理原则（SMART原则）设立每月目标，具体可以是创作一本小说，或是每天拍一秒钟的视频并进行剪辑，也可以是改正一个坏习惯，等等。这些目标最好能脱离日常的工作、学习，而是用另类方式感受生活。行动初期，为战胜“拖延症”可采用“5分钟起步法”，正所谓行动产生惯性，所以可以尝试先调动行为适应然后再调整认知。例如，当我们“用脚决定”——离开宿舍去到图书馆，往往就有心情看书了。

四、避免 3M

所谓 3M，是指 magnifying（扩大化）、minimizing（缩小化）、making up（虚构捏造）。我们应当实事求是，既不扩大自己的弱势或错误，也不缩小自己的优势和贡献，坚持证据的客观性，凡事用证据说话。古人说“己所不欲，勿施于人”，我们也应当“人所不欲，勿施于己”，用众人都能接受的方式对待自己，宽容自己，同情自己。建议：每当发生消极事件时都先用这一条省视自己，到底状况是真的如此糟糕，还是因为我落入了 3M 的陷阱，从而让事情看上去一发不可收拾？

五、重获控制权

基于进化论的原则，人在自然界长期处于主动地位，然而许多人在社会中却常常处于被动之中。被动的生活导致无能感，处于这种状态中的人往往感觉自己什么目标也无法达到，只能眼睁睁看着身边恶行的发生，看着别人遭遇不幸却无能为力。建议：减少看影视的频率、频次，同时可以适当玩一些有益的游戏。玩游戏的好处在于能参与其中，掌控局面，甚至通过努力创造故事结局。在《改变心理学的 40 项研究》一书中，第 20 项研究表明，住在养老院的老人在获得生活的控制权（而非全部都帮他们安排妥当）后，幸福感有显著提高。

六、善用“灵药”

此处所谓的灵药，包括四种：锻炼、意念、睡眠和拥抱。

锻炼。《精力管理》一书指出，适当的运动能帮助提高精力下限，帮助睡眠、减压，这就是运动减压。除简单动作（普通伸展运动）外，社交运动亦有许多好处，如打咏春拳、游泳、踢球、打羽毛球等。频次方面，通常每周 4 次，每次半小时，过犹不及（研究表示运动后没有得到恢复的人，其焦虑程度和没有运动的人往往是一样的）。

意念。每次至少 15 分钟的意念锻炼，每周 6~7 次。

睡眠。每天睡 8 小时。

拥抱。每天有 12 个真诚的拥抱。

七、写日记

坚持每天都写日记，整理生活，思考生活，不虚度人生。日记要体现关联性，即将做过的事进行总结，探寻看似寻常一天中的奥秘。在日记结尾处插入“感恩三件事”，即写下今天值得感恩的三件事，形成“发现美”的条件反射。需要指出的是，我们对自己所提的问题，往往是已经有答案的，因此应该多问一些积极的问题，如“到底我有什么优点，会让别人对我印象很好很深刻?”以此挖掘自己的积极面并强化之。

八、每周约会

这个方法主要面向相互深爱的伴侣，并且他们对于约会有着共同的理解，即约会是必要、甜蜜的。可以每周抽出一些时间，去品尝不同的美食，给对方带去一些小惊喜、小礼物等。如果钱不多，那么躺在草坪上看月光、数星星、聊童年等，也是加深了解对方的好方法。

健康的恋情有三个条件：一是经营爱情要先付出努力，寻找合适的伴侣反而在其次；二是要主动让对方了解自己，打开心扉，让对方了解自己的缺点、优点、热情、恐惧与不安；三是有效解决冲突，这一点详见下文中的“十一”。

默里（Murray）的研究发现，那些对另一半的评价远高于亲戚朋友对其评价的情侣，感情都特别坚固，幸福感都特别高，并且这能反作用于对方，从而发掘他/她的优点。现实中有这样一个例子：泰勒（Taylor）和塔米（Tammy）是一对情侣，泰勒原本并不那么细心体贴，然而当塔米三番五次地告诉他，他的体贴让她十分安心后，渐渐地，泰勒确实细心体贴起来了。

九、发挥优势

可以做一下人格测试，以更好地了解自己。在学习、生活、工作中，要注意发挥自己的优势，主动在“最近发展区”内感受适当的压力，偶尔要给自己来点挑战，以免“躺平”。可以写下自己的极限值，然后不断超越之。以游泳为例，假如原来游 1 000 米要花 25 分钟，下次就争取游进

20分钟。人生就是一段不断超越自己的过程，正所谓没有压力就没有动力，而没有了动力，人既不能进步也不能幸福。自我觉知理论表明，人会根据自己的所作所为判定自己的能力。比如，当我们去攀登过一次十分险峻的雪山后，潜意识里会认为自己是个很厉害的人。

十、良好的人际关系

想建立良好的人际关系，当然需要积极了解对方，但毫无疑问先应该了解清楚自己的性格和优缺点，以便让对方深入了解自己。同时要指出的是，无论何种性格，实际上都需要也可以建立良好的人际关系。

不同性格（如外向和内向）的人，其活动偏好是不一致的。例如，外向的人常常约朋友相聚，去听音乐会，去集体旅游，等等。内向的人则喜欢独处或做那些让自己内心平静的事，如阅读、自省等。在《哈佛幸福公开课》中提道，这两类人可以互相扮演对方的角色，尝试做对方的事。当然，因为这样做与各自性情很不相同，所以要注意给自己留出恢复的时间。以外向者为例，可以尝试静下心来看一段时间书，然后出去“疯”一下，踢踢球、游游泳，或者找朋友聚一下，否则一直逼着自己看下去，不仅效率低，而且人会很难受。

良好的人际关系也包括参加慈善活动，帮助有困难的人。在帮助人的过程中不要多说，而是要多做，因为别人往往不会听你说的，而是会看你做的。

此外，要多使用积极、主动的沟通方式。在沟通中，通常有积极-消极、主动-被动两个维度，这两个维度的不同组合会产生不同的结果。例如，女朋友回家后告诉你她升职了，消极被动的说法是“噢，今天该你煮晚饭了”，消极主动的说法是“你是被老板潜规则了吗?!”积极被动的说法是“噢噢，挺好的，不错，继续努力”，积极主动的说法是“哇哦!! 太棒了亲爱的，我们去庆祝一下吧！我爱死你了，快告诉我你是怎么做到的”。上述沟通方式分别会产生怎样的结果？大家不妨思考一下。

十一、解决冲突

谢里夫（Sheriff）的研究显示，在没有提供共同目标的前提下，试图让冲突双方平静地聚集在一起探讨解决方案，是不可能奏效的。但是一旦给予他们共同的目标，如应对即将到来的巨大挑战或危机，就能大大加深彼此的关系。同时，若冲突无可避免，请遵循以下原则：对事不对人。例如，“你不体谅人”与“下次用完厕所请记得冲水好吗?”可能说的是同一件事，但不同的表达效果却大不一样。此外，要允许冲突的存在。戈特曼的研究表明，积极交往和冲突的发生比为 11∶1 的伴侣，幸福感是最高的，这就好比产生了免疫抗体；而放在无菌室内的初生婴儿的体质是最差的。同样，没有经过冲突的人际关系也不可能经得起风雨。

十二、控制生活节奏

适宜的生活节奏是人性与高效的最佳结合。在这种节奏中，我们既不会因为繁忙而错过精彩的人生，也不会人到老时空悲切。建议工作 90 分钟后休息 15 分钟，在休息期间做任何令人放松的事，如听听音乐，和朋友聊聊，等等。

十三、转变观念

《为什么担心失败就越容易失败?》中说，一个错误的所谓现代观念严重导致了幸福感的缺失，即“我不能快乐，愉快的感觉说明我没有专心，没有认真在干现在的事，在虚度光阴!”现实中，人的自我概念都是经过长时间而形成的，非常稳固。所以，我们在接受外界信息的时候往往都倾向于接受那些能够保持和强化自我概念的信息，以此来增强确定性，并且消除不确定性所带来的心理不安。

如图 3-1 所示，根据斯旺（Swann）的理论，那些有诸如“感觉愉快即虚度光阴”等错误自我概念的人认为自己不应该享受幸福，并会选择、营造验证这种自我概念的社会环境。一方面，他们会选择和不幸福的人交往；另一方面，他们会在别人面前抱怨自己的不幸福，同时对现实信息进行主观歪曲，错误地解释事情发生的经过，如对于偶然性犯错，他们会说这是因为自己光顾着玩而没有认真对待所导致的。

其实，关于幸福的方法没有最好，只有最合适。与此同时，我们应该记住：对于幸福，无论贫富贵贱，每个人都应当花心思来经营它，因为幸

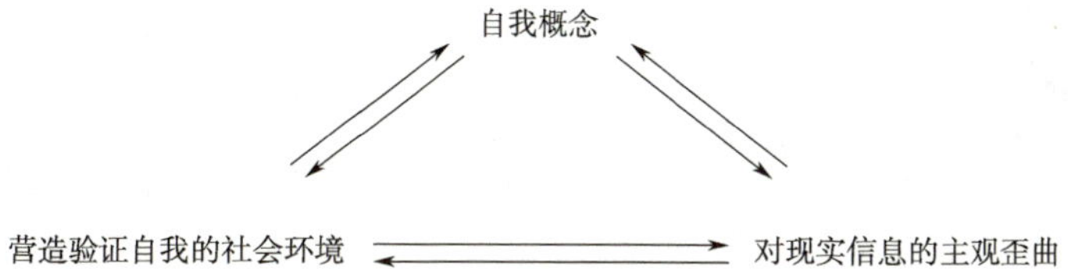

图 3-1 自我验证过程模型

福值得我们用一生来追寻。同时，幸福存在于生活的每个细节中，我们需要用心去发现，去体验。此外，追寻幸福的过程，除了要有计划性，更重要的是坚持不懈。祝每位有心人都能获得稳稳的幸福。

概念术语

幸福感　主观幸福感　心理幸福感

复习思考

1. 主观幸福感的含义、结构和特点分别是什么？
2. 心理幸福感的含义、结构和特点分别是什么？
3. 主观幸福感和心理幸福感有哪些异同？
4. 主观幸福感的评估方法有哪些？
5. 主观幸福感的影响因素有哪些？
6. 提高幸福感的方法有哪些？

拓展阅读

[1] 沙哈尔．幸福的方法［M］．汪冰，刘骏杰，译．北京：中信出版社，2013.

[2] 塞利格曼，持续的幸福［M］．赵昱鲲，译．杭州：浙江人民出版社，2012.

[3] 迪纳，罗伯特［M］．改变人生的快乐实验［M］．江舒，译．北京：中国人民大学出版社，2010.

本章精彩内容，请扫二维码

第四章 福流

学习目标

- ▶掌握福流的定义与特征
- ▶了解福流产生的条件
- ▶了解如何在不同活动中获取福流
- ▶了解福流的应用

美国芝加哥大学心理学家契克森米哈赖毕生致力于研究成功人士的高峰体验和巅峰表现。他在 20 世纪 70 年代中期提出了 flow（或 mental flow）这个概念。flow 曾有很多种中文译法，比如福乐、沉浸、心流、流畅、神迷、流动、意识流、行云流水等。加州大学伯克利分校教授、清华大学心理学系主任彭凯平则把它翻译成“福流”，从翻译的角度来看，无论是音形意，还是信达雅，都很贴切。

第一节　什么是福流

一、福流的概念

在心理学中，福流是指一种当人们专注于某种行为时的心理状态，是一种将个人精神力完全投入某种活动时的感觉，如艺术家沉浸于创作时的状态。通常，人处于此状态时不愿被打扰，也称抗拒中断。福流产生的同时，会有高度的兴奋及充实感。契克森米哈赖认为，能引起福流的活动并不限于几种，而是具有多样性。

福流是一种感觉、状态和体验，是指人在自觉、自发的前提下，对某一活动或事物表现出浓厚而强烈的兴趣，并能推动自己沉浸其中，把自己的优势发挥到极致。福流包含愉快、好奇、忘我等情绪，同时伴有高度的兴奋感和充实感。在这种状态下，人完全意识不到时间的流逝和周围环境的变化。在这种情绪体验中，人不光期待结果的出现，更重要的是过程中的每一步都是对参与者的奖赏和鼓励。

研究显示，最容易产生福流状态的活动有运动、音乐演奏和欣赏、写作、绘画、摄影、下棋等。喜爱篮球的朋友都记得“麦迪时刻”，当年球星麦迪在美国男子职业篮球联赛（NBA）的一场比赛中，展现了35秒内连拿13分从而绝杀对手的神勇状态，这就是标准的福流的体现。电影《肖申克的救赎》中，男主角在监狱长的房间听歌剧，无视狱卒疯狂砸门的那一刻，也体现了典型的福流。

二、精神熵

为了更好地理解福流及其由来，我们需要先了解一个概念——精神熵（psychic entropy）。精神熵借鉴了物理学中熵的概念，是用于衡量意识的无序程度的。每当信息对意识本身构成威胁时，就会发生内在失序的现象，这种失序会造成意识的混乱和无序。为了衡量这种意识的混乱程度，契克森米哈赖提出了精神熵的概念。

对于人而言，如果长期处于意识混乱和精力不集中之中，并且没有对此进行有效的自我管理，那么随着这种情况的不断持续，意识会越来越无序，人也会越来越无法集中注意力，势必会对工作与生活产生负面影响。

精神熵的反面则是有序的意识，契克森米哈赖把这种有序的意识称为“最优体验”，目前这一概念也被应用于用户体验和交互设计领域。在最优体验中，人的意识形成良性循环，注意力集中，工作效率提升，对外界干扰事物的感知降低，甚至达到忘我的境界。

既然精神熵代表意识的混乱程度，而心流则表示意识的有序，那么我们追寻心流的过程可以被视为“管理意识”的过程，也是“降熵”的过程。

熵的概念可以理解为，如果不施加外力影响，（在封闭系统内的）事物会不断向越来越混乱的状态发展。就好像一间屋子，如果长久不去打扫，就会越来越乱，越来越脏。所以不难理解，要想意识变得有序，就需要注入源源不断的能量来进行清扫和管理。这些被管理得井然有序的意识，又会反过来帮助我们管理其他各种意识。就这样，经过管理的意识与其他意识相互融合，意识既塑造了经过管理的意识，又被其进一步塑造。写作就是一种降熵的行为，作者沉醉于自己的创作世界之中，通过意识塑造文章（即经过管理的意识），文章又反过来进一步塑造了作者的意识。

专栏 4-1　物理学中的“熵”

19 世纪，物理学家已经认识到能量是守恒的，并提出了能量守恒定律。但是在能量之间的转换中，有一个现象非常令人困惑：能量无法百分之百地转换，即能量在转换的过程中，总有一部分会耗散掉。例如，太阳能无法完全转化为生物能，蒸汽能无法完全转化为机械能，等等。一开始，物理学家以为这是因为科技水平不高而导致的，但后来发现，无论科技如何进步，也无法避免能量损耗。于是，他们就将那些在能量转换过程中被浪费掉的、无法再利用的能量称为熵（entropy）。

一个系统内的熵值越高，就意味着这个系统中无法再利用的能量就越多，因此这个系统内部就越混乱。如果该系统封闭，那么该系统内的所有能量必然都会变为熵，这就是“热力学第二定律”。所以，熵也被用于计算一个系统中的失序现象，也就是计算该系统混乱的程度。

第二节　福流的特点

事实上，福流体验自有人类起便存在，契克森米哈赖则创造性地把它当作一种体验的标志，用来解释一种现象，并研究能够达到这种状态的条件以及结果。现在，福流这一概念在积极心理学领域已经相当出名了。

通过大量研究，心理学家普遍认为，在技术和挑战达到最佳平衡的时候，福流体验最有可能出现。人们并不需要在某个领域成为专家才能体验福流，起决定作用的是行动所展现的挑战性以及行动主体的能力。压力过大或技术不够，都有可能影响这种体验的产生。

有趣的是，尽管身处各种文化之中，但几乎所有人对福流体验的描述都很相似。于是，在分析了上千人对最满足和最愉快时刻的描述之后，契克森米哈赖归纳了福流体验的 8 个特征，以概括大部分的福流体验。

一、活动具有挑战性，且需要一定技能

流畅经验产生于更具挑战性的活动中，且人的能力应与这一活动的难度大致相当。这就是“棋逢对手”总是令人乐而忘返的原因所在。需要指出的是，要完成的任务应具有相当的挑战性，需要全身心投入，但并不是非常困难以致无法完成。只有当个人能力与挑战难度之间达到平衡时，才有可能产生流畅的体验。

当个人能力与挑战不平衡时，会出现以下三种情况：

• 如果挑战难度过高，人容易感到挫折，总是担心不能完成任务，最后会产生自我怀疑，从而产生焦虑情绪；

• 如果挑战太过容易，那么人在轻而易举地完成任务之后，轻松之余只会觉得十分无趣；

• 如果挑战难度低，同时个人能力也不足，则会对此挑战的态度趋于淡漠，甚至对该活动不闻不问。

二、行为和意识的平衡

儿童在玩的过程中只是心无旁骛地融入玩耍之中，对下一步要做什么毫无设计，只是在一种顺乎自然的状态下行动，却始终保持盎然的兴致与纯粹的快乐，像被魔力推动一般。

这种知行合一的状态促进了流畅经验的产生，人们在行为与意识的完美融合中感受到了前所未有的专注与满足。

三、活动有明确目标

确切地知道自己所进行的活动，并明确其意义和结果。

四、有清晰的反馈

知道自己是否已经达到了目的，哪怕只是一种自我认定。人们在确立了清晰的目标之后，总是需要即时而明确的反馈来印证目标的执行情况。

对于一个不善于自我激励的人来说，不论是学习还是工作的过程一定会有这样那样的苦闷，这是因为其在实现目标过程中的行为没有得到强化，因此缺乏进一步行动的激情与动力。

真正自我实现的人，更依赖经由自身所构建的强大内在系统，这才是他们获得回馈的不竭之源。

五、只注意正在干的事

在福流体验中，人往往会忘记生活中的不愉快。

人们在从事简单的活动或是无事可做的时候，不需要集中注意力，因此意识的闸门是打开的，任何信息都可能乘虚而入，破坏意识的内在秩序，使人很容易受到“精神能趋疲”的干扰，导致情绪低迷、心绪不佳。

反之，当一个人全神贯注投入某件事的时候，正是他/她最幸福的时刻。当然，只有不受任何外在因素干扰，百分之百投入其中才能称得上是真正的全神贯注。

六、获得“一切尽在掌握”之感

个体得以享受在活动或事务中“一切尽在掌握”的愉悦。俗话说“尽人事，听天命”，生活中有太多的事情是我们无法预料和掌控的，因此，人们很享受那种自主掌控、轻松自在的感觉。

七、失去了自我意识

当我们将注意力集中于活动和目标时，就顾不上想别的事。意识是有限的，当一个人将有限的意识投入自我太多时，自然就削弱了其对当下正在进行的活动和目标的关注。

生活中，有些人总是能够保持快乐的状态，做任何事情都显得非常投入、充满激情。他们的秘诀恰恰在于能像孩童般忘记自我，将对自我的关注统统转移到当下，与正在进行的活动融为一体。

八、失去时间感

当人全神贯注之时，往往几小时就像几分钟一样飞逝而去，或者正相反。换言之，当人失去时间感，即感到时间要么过快，要么过慢甚至停滞，这样的情况常常发生在流畅状态中，是反映流畅性的一个重要特征。此外，美国明尼苏达州圣托马斯大学的研究人员指出，如果人们觉得时间过得越快，那么就会在这段时间内感觉越快乐。

九、自成性经验（autotelic experience）

自成性经验又被称为“享受的体验”。在这一过程中，个体不计较是否能获得外在物质性的奖励，活动本身成为促进活动进行的最大奖励。换言之，在活动过程中，个体感到自己的身心得到了充分的满足。

生活中，那些能够时常保持快乐的人大多拥有一套强大的内在评价系统，即活动过程本身已经带给他们足够的享受和乐趣。

第三节　不同活动之间的福流体验

有意思的是，福流体验更多发生在工作而不是娱乐中。

人们什么时候才可能有福流体验，在工作中还是在娱乐中？可能对此许多人都会不假思索地回答，不工作的时候就是幸福的。然而，研究者发现事实并非如此。契克森米哈赖指出，福流体验更多地发生在工作而不是娱乐中。其原因之一就是：工作可以为我们提供有能力、有成就和充实的感觉。

著名电影制片人兼喜剧演员艾伦（Allen）的朋友和同事都惊讶于他对电影的精力和痴情。他说：“我喜欢工作，我每周工作 7 天，我不介意时间，当要解决问题的时候，不论是早上 5 点，还是晚上 10 点，我都会工作，之后，我才会去注意其他的事情，时间不代表任何东西。”这说明，艾伦在他工作的时候清晰地感受到了福流体验，于是电影为其带来的金钱和名望就退居其后了。

有人问："做家务能不能获得福流体验呢?"对此，契克森米哈赖认为，只要方法得当，任何工作都能给你带来福流体验。如果我们认为所做的工作是具有挑战性的，可以为之骄傲并能够从中得到满足，那么即便是除草或者做晚饭这样似乎不值一提的小事都可以成为快乐的源泉。反之，如果认为这些工作是我们不得不做的，或者只是因为别人要求而做的，那我们就会想办法去逃避。

对中国人而言，如果要形容工作中的福流状态，或许最令人熟悉的就是"庖丁解牛"。血淋淋、脏兮兮、臭烘烘的屠宰工作，被一个屠夫演绎成了酣畅淋漓的个人演奏会，正所谓"手之所触，肩之所倚，足之所履，膝之所踦，砉然向然，奏刀騞然，莫不中音。合于《桑林》之舞，乃中《经首》之会"。此刻在他眼中，没有骨头、没有肉、没有内脏……有的只是音乐和节奏、幸福和快感。用今天的流行语来说，就是一个字："爽!"

由此不难想象，当年诺贝尔（Nobel）在研制炸药的时候，应该也是处于一种福流状态，所以一次次被炸得血肉横飞也无法阻挡他再次回到实验室；爱迪生发明灯泡的过程也是如此，否则他不会在13个月的时间里连续试验了6 000多种材料后，依然乐此不疲。

第四节　进入福流体验的方法

一、在工作中得到美好的"沉浸式体验"

无论做什么事，若既能乐在其中，又不断成长，就是最理想的状态。

所有的沉浸式体验都有一个共同点：它能带来一种新发现，一种创造感，把人带入新的现实，即它能把自我变得更复杂，自我也因此而获得成长。

处于沉浸式体验中的人，常常能发挥巨大的潜能。当人们在从事有利于锻炼自身技能，有利于个人成长及发挥潜能的工作时会感到由衷的快乐。想在工作中获得沉浸式体验，主要有以下两种方法。

（一）培养自得其乐的性格

尽管工作中有重重困难，但是有的人仍然能把困难和限制转化为展现个人自由与创造力的良机，使工作充实且富有乐趣。所以，重要的是我们如何看待工作中的问题。只要积极乐观地对待工作，就容易得到福流。

（二）改变工作本身，使工作条件更适合获得沉浸式体验

让工作变得像游戏一样：目标明确，既有适度的挑战，又有即时的回馈。这样，我们所能体验到的乐趣就会越来越多。

需要指出的是，以上两种方法如果单独使用，则不太容易使工作兴趣大大增加，只有双管齐下方能产生意想不到的最佳体验。

二、在家庭生活中获得美好的“沉浸式体验”

除了工作之外，我们也应关注并享受由家庭生活所带来的沉浸式体验。若夫妻能相互关心或有共同的兴趣，就容易产生共同语言，而共同的语言会使人产生沉浸式体验，家庭也会因此而更加温馨、稳定。

养儿育女的过程中也能产生沉浸式体验。当家长了解了孩子的兴趣所在，亲子间的目标一致并将精力投其中，同时花时间参与孩子的活动时，亲子间的互动便会产生更多的沉浸式体验。

哪怕在日常生活最基本的活动中，我们也能感受到沉浸式体验。当我们专注于当下的行走，并为自己的行走提出一些要求的时候，那么即便是最普通的走路也会产生沉浸式体验。

此外，诸如做饭、洗碗等日常活动，只要我们能用积极的心态去看待它并足够专注，也一样会产生沉浸式体验。

三、在休闲活动中感受“沉浸式体验”

通常人们认为，休闲活动不需要动用任何技能，人人皆可为之。但有研究显示，休闲并不能比工作更令人快乐；拥有自由时间也不见得能提升生活品质，除非知道如何有效运用休闲时间。

一般来说，休闲活动可分为主动式休闲与被动式休闲两类。主动式休闲的内容主要包括游戏与运动、兴趣爱好和社交等，研究显示参与这类活动的青少年比较容易获得更多的沉浸式体验；被动式休闲主要指比较松散、个人性的活动，包括听音乐、看电视等，参与这类活动的青少年拥有较少的沉浸式体验。

主动式休闲有助于个人成长，但常常需要调动人的专注力，运用各种技能；被动式休闲往往不会让人感到有太多焦虑或压力，但充分启用大脑、运用技能的机会相对也少。要想让休闲时光发挥最大效用，从中获得沉浸式体验，则必须多动脑，付出如工作时一般的专注和才智。

第五节　福流的应用

如今，许多人已经并不满足于仅仅知道和懂得福流，而是更迫切地关心一个实际问题：福流究竟有何用？这大概是被问及最多的一个问题。具体而言，就是这个理论要如何才能落地，如何达到这种理想状态？有没有实践标准、成功案例？

一、获得福流体验和拥有福流能力是两回事

如果你只想体验福流的“爽”，我会建议你去巨幕影院看场 3D 电影，或者打开手机玩玩手游，你会立刻福流如注，如痴如醉。但你别指望只要看 3D 电影就能实现美好人生，那只能说是一个美好的幻想。

如果你想拥有获得福流的能力，特别是想在有意义的事情（如学习、工作、社交等）上有更多福流体验，那确实没那么简单，建议你去练习瑜伽、冥想、跑步，或者重新规划自己的生活。

显然，上述两种福流的应用，即获得福流体验和拥有福流能力所采用的方式截然不同——活动的意义不同，自我成长的程度不同，掌控意识的主人也不同。契克森米哈赖在《福流》一书中曾反复强调一个理念，“对于意识的掌控决定了生命的品质”。请记住，那个掌控者说的是我们自己，而不是我们所参与的活动。

二、福流应用的重点更应该放在如何提升福流能力上面

福流可以用来自得其乐，也可以用来为人造福。这里并不是说看巨幕电影和玩手游不好，而是说相较而言，未来福流应用的重点更应该放在如何提升福流能力上面，这看似不是一个太商业的选择，却是一个更有格局和智慧的选择。可以说，福流的出现很有可能会给我们这个时代带来不小

的冲击和改变，包括企业家、投资人、研发人员、学者以及心理工作者在内的许多人都要重新思考他们对未来的决策。

三、福流的管理价值

契克森米哈赖在另一本书中曾说过这样一段话："对于'福流能带来最优主观体验'这一事实，大多数人都不屑一顾，可是一旦说到福流可能会提升表现，他们马上就兴奋起来。如果能证明足球后卫在福流里会更卖力地踢球，或是工程师在福流里设计出了更好的产品，他们就会立刻追捧这个概念，靠它来赚很多钱。"

但是他紧接着说："毫无疑问，这样的做法成功地毁掉了福流体验的本质——乐在其中。"

这是值得深思的。事实上，当《福流》一书在国际上声名大噪时，有许多人出于商业目的而邀请契克森米哈赖，对此他都置之不理，因为他早已预见到这样做一定会是南辕北辙的——一个真正认同和活出福流的人，怎会借福流的名义来炒作所谓的商业价值呢？他知道如何从自己所做的事情中获得内在奖赏，而经济利益只是随之而来的副产品。

多年前，韩国 LG 公司总裁曾多次邀请契克森米哈赖去韩国给他的管理者讲福流，但每次都遭到了契克森米哈赖的拒绝。后来有一次，这位总裁派了两名下属直接登门造访契克森米哈赖，他们把《福流》这本书放在契克森米哈赖面前。契克森米哈赖翻开书后，发现里面贴满了各种笔记便签，写满了备注。总裁让下属向契克森米哈赖转达道，他只看过两遍《圣经》，但是这本《福流》他却看了不下四遍。契克森米哈赖这才答应去往韩国。几年后，这位总裁向契克森米哈赖展示了一幅图表，显示其在管理体系中应用福流之后的业绩变化，他们比预期多挣了 65 亿美元。同样的事情还发生在瑞典的一家大型企业中，这家企业曾在 125 年里持续亏损，却在推行福流三年后即首次扭亏为盈。

对此，契克森米哈赖却说，这些事情并没有令他多兴奋，因为他这么做的初衷不是为公司赚钱，而是为员工造福。

专栏 4-2　赵煜坤谈福流

读了三遍，十年后，我终于懂了什么是福流

到底什么是福流？看上去这是一个流行且容易理解的概念。然而事实上，福流并没那么简单。听听首届开智大会演讲者、清华大学赵昱鲲老师与福流的故事吧——十余年时间，三次阅读《福流》一书的体验。复杂世界如何保持简单？如何持续获取福流？如何构建人生意义？相信读了赵老师的文章，你将大有收获。

赵昱鲲

清华大学心理学系
幸福科学实验室副主任
社科学院积极心理学研究中心办公室主任

第一遍：评价不高

第一次读《福流》这本书的时候，我对它的印象并不好。那还是我在宾夕法尼亚大学读积极心理学研究生的时候，作者契克森米哈赖也是我们的授课老师，他要求我们在上课前先把这本书的前三章读了。当时学业很重，时间很紧，我读得很快。由于我对人生意义这个问题特别感兴趣，于是顺便把最后一章也读了。后来在契克森米哈赖给我们上课的时候，我把中间的部分也都跳着读了一些。

这样读下来，当然收获不大。加之，一来此前我通过积极心理学的一些入门书，如塞利格曼的《真实的幸福》（*Authentic Happiness*），已经读到了对福流的介绍，因此在真正读到《福流》这本书时，反而失去了那种惊艳的感觉。二来我是理科出身，一直对文科学者借用量子力学、相对论等理科概念来为他们的理论背书颇为反感，如《福流》里关于精神熵的这个概念，就让我觉得有些不伦不类。三来我在学习心理学之后，就比较警惕把在特定条件下做出的科研结果无限扩大为普适规律。契克森米哈赖把福流应用于娱乐、人际关系乃至人生意义中去，在我看来就有“手里有把锤

子，看见什么都是钉子”的嫌疑。

当然，对于福流的核心概念我是认同的，因为我自己在写作、读书、踢球、玩游戏时就经常经历福流体验，我完全认同契克森米哈赖对它的描述和研究，那确实是一种很美好的感觉。在现实生活中，我也采用契克森米哈赖的建议，用“明确目标”“即时反馈”“匹配难度”三个原则来改造一些任务，使自己能在其中产生更多的福流体验。

实事求是地说，在上完契克森米哈赖的课后，我就成了他的忠实粉丝——这个不修边幅、带着浓重中欧口音的白胡子老爷爷，在讲堂上活跃得像个20来岁的年轻人；他思维深邃、学识渊博，开着各种冷幽默的玩笑，对人却极为和蔼可亲。我曾有幸在课间和他一起吃饭，当时他主动提起自己有个儿子是学东方哲学的，于是又同我聊起了中国传统文化，一下子拉近了彼此的距离。事实上，在上完契克森米哈赖的课后还不喜欢他这个人的，我还没见到过。

但是，对于《福流》这本书，那时我的评价仍然不高，只是把它当成一本较为普通的普及读本。当我在给别人推荐积极心理学读物的时候，这本书的排名总是比较靠后，只是因为福流实在是积极心理学里太重要的概念，所以不得不推荐，但我总会加一句：“读前三章就行了。”

第二遍：领略“精神熵”

四年后，我回国了，要给学生上积极心理学这门课，而福流自然是绕不过去的内容，于是我就把这本书重读了一遍。原本，我只是想从此书的前三章里择一部分出来教。但又想到“输出是最好的输入”，为了教人，我逼着自己必须要耐心、认真一点来读，以真正理解契克森米哈赖在说什么，而不是像上一次那样，能交出作业来就行。

这一遍让我领略到了这本书的惊艳！是的，惊艳不一定只发生在一见钟情之中，也可能是在蓦然回首之时。本来我只想读前三章，但是越读越投入，一口气就把整本书都读完了。

这一次，我对这本书的观感彻底改变了。我发现，“精神熵”其实是个绝妙的比喻。契克森米哈赖没有具体解释这个比喻，可能让部分对热力学不熟悉的读者有点困惑，我在这里斗胆越俎代庖，替他略微铺垫一下。

简单地讲，熵是指一个系统的混乱程度。越混乱，熵值越高。比如在冰里面，水分子相对固定在一个位置附近振动，系统比较稳定，熵值就比较低。变成液态水后，分子开始流动，熵值变大。成为水蒸气后，分子四处乱窜，熵值就更大了。反过来，一个系统内部越有规律，结构越清晰，熵值就越低。

人大脑里的念头就跟这些分子一样，时刻万马奔腾。佛家打比方说，一个人从外表看是在静坐，但内心却如同瀑布一般，无数念头蜂拥而来。如果没有节制、训练，我们的心就会经常处在这样的混乱状态之中。虽然我们能意识到的或许只是少数几个念头，但在潜意识里，却有多得多的念头在相互冲突，在争夺我们的注意力，在抢夺对大脑的控制权，在试图引导、影响我们的目标和方向。这个时候，我们的大脑就像热锅里的气体一样，各个念头之间没有什么束缚和联系，各自撒开腿欢快地狂奔，我们的内心则一片混乱，熵值非常高。

但是，如果我们进入了福流的状态，那就不一样了。我们所有的注意力都集中在当前的任务上，所有的心理能量都在往同一个地方使，那些与任务无关的念头都被完全屏蔽，甚至包括我们对世界的认识、对自我的感知，更不用说对别人评价的耿耿于怀、对物质得失的纠结计算，此时此刻都消失得无影无踪。当然，这并不是说我们此时只有一个念头，事实上我们的大脑仍然在高速运转，但是所有这些念头都是非常有规律、有秩序的，就像一支被井井有条地组织起来的军队，有高度的纪律性，正在高效率地完成一项重要任务。

这时候，我们的感觉就同“福流”这个词的英文 flow 的原意一样，心里的念头就像一条洪流，既浩浩荡荡又井然有序，既势不可当又能从我心之所欲；这条洪流喷涌而出，但又不会四处洒落，而是汇聚成一条巨大的水龙，荡涤一切泥石沙砾，创造、奋斗、整合，我们不需要特意去控制这个过程，但一切又都在我们的控制之中。正如契克森米哈赖所总结的，这就是最优体验。

这时，我们的心熵非常低。契克森米哈赖是用液体的水流来比喻这个过程的，但我觉得这时我们的大脑更像熵值最低的晶体，结构井然而又充满能量。当我们自省内心时，发现自己的心像冰一样晶莹剔透，一切都处在最佳、最合理的位置上，所有念头都相互支持、相互关联，齐心协力、步调一致地向同一个方向前进。这是一个混乱程度最低、秩序最高的心理状态。

对熵的另一个定义，是指一个系统内不能做功的能量的总数。换句话说，熵值越高，能做的功就越少。因为在做功的过程中，总有一部分能量会耗散掉，这就导致系统的秩序性降低，也就是熵值升高。这就是热力学第二定律：任何孤立系统，都会自发地朝熵值最大的方向演化。也就是说，任何孤立系统，都会变得越来越混乱，直至我们所知的最大孤立系统——宇宙，待到它处处都达到了熵值最大的状态，一切活动便都会停止，那也就是热力学第二定律预言的宇宙终点——热寂。

好在我们所生活的这个世界，除了宇宙之外，没有什么系统是真正孤立的。所以，熵减少的过程处处皆是，这也就是契克森米哈赖在《福流》中所引用的物理学概念“负熵”（他又是不加说明就直接引用了）。最典型、最壮丽也最奇妙的负熵过程就是这个宇宙的最大奇迹——生命。

一颗种子，从土壤中汲取养分，从空气中获取养料，从阳光里得到动力，把本来七零八落的碳原子、氢原子、氧原子和其他元素组合起来，变成一棵大树或一株小草。我们大概也惊叹过柳树的婆娑多姿、松树的庄严肃穆，或是花瓣的艳美，甚至是小草边缘那整齐的锯齿。如果我们切一片树皮或者取一些花粉拿到显微镜下观察，就会发现它们的分子结构排列整齐，那些几何图形美得令人窒息、令人敬畏。这就是一个降熵的过程，即把原来混乱的原子重新组合成为有规律的集体。当然，这并不违反热力学第二定律，因为植物并不是孤立的系统，而是与外界持续不断地交换物质和能量。之所以能够形成上述秩序，很大程度是因为太阳慷慨地释放了惊人的能量来支撑这一反熵过程，代价则是太阳内部的熵增更加快速。

还有动物，它们吃草、叶、花、果，形成更高级的动物蛋白，从而能够做更多的功，能够自由地奔跑、飞翔、厮杀和交配。文化也可以被视为更高形式的生命（基因-文化共同演化理论已被广为接受）。人类开山采矿，烧土为砖，伐木为林，造出高楼大厦、高速公路，乃至用风力、水力、火力发电，发明互联网、人工智能，这些都以消耗大量能量为代价，从而形成了一个更精巧的结构，并由此降低了自己系统的熵。

从这个角度来说，福流就是大脑的生命。当心熵比较高的时候，在一片混乱的情况下，大脑做功的能力很低，很多心理能量都浪费在内耗上了。但一旦进入福流状态，心理能量就围绕着同一个主题组织起来，向同一个方向高效率地输出。这也就是契克森米哈赖反复强调的，人在福流状态下的表现最好。并且，如果一个人经常经历福流，那么他的心理就会被训练得越来越有秩序，此后进入福流也就越来越容易；哪怕平时不在福流状态中，也不会像一般人那样总是心猿意马。

冥想就是一种典型的福流状态。佛家经常用冥想来降伏内心那有如瀑布一般奔涌的念头。在冥想中，我们摒除杂念，心灵澄净，恰如一股清澈的福流。经过长期练习之后，哪怕我们不在冥想之中，心灵也会比常人更平静，遇到意外变故时也能更快地集中注意力。换句话说，我们的心熵整体降低了。

当然，福流这一负熵过程也需要来自外界的支持。正如得道高僧冥想多年方能达到波澜不惊的境界，我们也需要反复练习才能更容易地进入福流。但是，这一切都是值得的，当我们心里的熵值降到最低，一切纷扰念头都销声匿迹，只剩下自己和当前的事物时，那种心灵如冰晶般通透、念头如雪水般畅流的感觉，就是我们心里所能达到的最优体验，也是我们大脑所创造的奇迹。

所以，在第二遍读《福流》的时候，我完全接受了契克森米哈赖关于“精神熵”的这个比喻。由此，书中很多我原本觉得牵强之处也就顺理成章了，真是不亦快哉！

以书中第八章的“人际之乐”为例，作为一名前理工男，我过去常常视人际关系为畏途，并且也不认为人际关系有多重要。积极心理学改变了我的看法，让我知道情感、身体、关系至少和理智、思想、个人同样重要。“人际之乐”这一章教给我更多方法，比如与别人构建同样的目标，给别人以有效、即时的反馈，调整挑战模式与提高学习技能，这样就可以从人际交往中得到更多福流，并且也能更加享受人际交往之乐。

不过最有意思的还是最后一章，即第十章“追寻生命的意义”。我到美国后，曾遇到一些非常虔诚的基督徒。他们一方面积极生活，努力工作，勤俭持家，乐于助人，热心公益；另一方面，在遇到生活的苦难时，如车祸、失业或亲人去世，尽管他们也会悲伤难过，但在祷告和与神父、亲友交流后，他们会坦然接受这个苦难，他们坚信“上帝爱我，他的安排一定自有深意”。

这次，当我读到这一章的时候，一下子就想起了他们。是啊，他们的人生有一个明确的目标：皈依上帝，彰显神的荣耀，通过祷告和教会活动能得到即时反馈，并且能在一次次苦难中不断经历信念“动摇—重固”的挑战，最终形成更加坚定的信仰，从而更好地指导自己人生的方方面面，这不就是一种极高的人生秩序感和极低的心熵吗。这样的人生，能让人全神贯注而又平安喜乐，这不就是把整个人生过成了一场大福流（universal flow）吗。

这样的大福流，比仅仅在一场活动中所能达到的福流要高级得多。就像历代高僧，修炼多年以后，哪怕不打坐，心灵也和冥想时一样专注而又平静，吃饭是吃饭禅，睡觉是睡觉禅。这就是找到人生意义后的自得之乐，用契克森米哈赖的话说就是，“创造意义就是把自己的行动整合为一个福流体验，由此建立心灵的秩序”。他对此的描述是：

当我们痛下决心追求一个重要的目标，各式各样的活动都能汇集成统一的福流体验时，意识就呈现出一片祥和。知道自己要什么并朝这个方向努力的人，感觉、思想、行动都能配合无间，内心的和谐自然涌现。生活在和谐之中的人，不论做什么、遭遇什么，都不会把精神能量浪费在怀疑、后悔、罪恶感以及恐惧之上，而是把精力永远用在有益的方面。对生命胸有成竹的人，内心的力量与宁静，就是内在一致的最高境界。方向、决心加上和谐，就能把生命转化成天衣无缝的福流体验，并赋予人生以真正的意义。达到这种境界的人再也不会觉得匮乏。意识井然有序的人不会也不需要害怕出乎意料的事，甚至不惧怕死亡，他们活着的每一刻都饶富意义，大多数时候都感到乐趣无穷。

当然，对于中国人来说，经由宗教信仰而找到人生意义的毕竟还是少数。那么，对于我们这些缺乏宗教情怀的人，怎样才能把自己一生的行动、思想都整合成一个福流体验呢？

对此，契克森米哈赖的建议是，首先要找到一个毕生的目标，其次不要害怕过程的复杂性，这就是对我们人生意义的挑战，而我们所应对的技能与方法是“行动式生活”与“反省式生活”的结合。最终，我们会既具有独特的个性，又能与周围世界、人们所整合，“只要个人目标与宇宙福流汇合，那么意义的问题也就迎刃而解了”。

当然，此时我对大福流的认识还很有限，对契克森米哈赖这个建议的理解也很肤浅。

第三遍：感悟“大福流”

回国以后，我开始经历人生中一段有些闹心的新旅程：挨骗，被算计，不得不面对复杂的人事关系和利益纠纷……此前我的人生，要么是在校园的象牙塔内，要么是过一种玻璃天花板之下中产阶级式的安逸生活——在美国的中国人，大多从事专业工作，由于文化背景的差异和沟通障碍，很难升到高级管理层，但也因此避开了许多人事纷争和利益斗争。因此初回国时我感觉很不适应，也有了不少焦虑和愤懑。此时，我也在智识上从古典自由主义转为达尔文-马尔萨斯主义，对世界的看法不再像以前那么乐观了，心情也落到了一个低潮。

这时，我又想起了《福流》这本书。我感觉自己的人生的混乱度显著上升，福流明显减少。我想：“是时候去向契克森米哈赖老爷爷寻求智慧了。”

我把“追寻生命的意义”这一章又重读了一遍。这一次，契克森米哈赖对人生意义复杂性的论述令我茅塞顿开。在书中，他讲的是意义的内容升级：从简单舒适到社会价值，再到个人的自主发展，及至个人与社会的重新整合。我由此想到的是自己的心灵成长。

我非常幸运地生在一个秉承中国传统价值观的家庭，有一个非常幸福的童年。这让我从本能上认为“人性本善”，认为应该以最大的善意去对待这个世界和他人，哪怕遇到挫折，我也会认为“这只是暂时的，未来会更好”。哪怕遇到伤害，我也会想：“对方可能也有不得已的苦衷，还是原谅吧。”

这样的天真乐观主义当然经不起生活的检验，更不用说随着经验的增长，我也知道世界并不遵循这样的运行法则。但是，如果变得“厚黑”起来，又和我从小的情感训练相悖，让我做起事来觉得很不舒服。这样的内心冲突发生在自己身上，让我内心的熵值不断升高。

契克森米哈赖的论述让我恍然大悟：其实我并不需要在这两者之中做

什么取舍，而是应该把它们整合，整合成一个更复杂的人生意义。简单的人生意义更有优势，但是复杂的人生意义更有价值。

同样是降熵过程，把一个碳原子和两个氧原子合成为一个二氧化碳分子，比不上把 12 个水分子和 6 个二氧化碳分子合成为一个葡萄糖分子，前者只要一把山火就能做到，后者却需要植物来进行。水蒸气凝结成水，这个降熵过程，云彩就能做到，金刚石则一定要在地下 100 多公里处的高温高压中方可形成。崔健说："石头虽然坚硬，可蛋才是生命。"是的，只有足够复杂的生命才能创造生命的惊喜。

复杂度越高的过程，越有意思。为什么人们推崇围棋超过五子棋，不都是在棋盘上一颗黑子一颗白子地下吗？那是因为围棋更复杂，能够掌握如此复杂的技艺、产生稳定输出的棋手，让我们更佩服。为什么油画比素描更美？那是因为它动用了更复杂的色彩和技艺，最终将这些无比复杂的元素都统一在一幅画里，令我们的大脑由衷地觉得它更美。

福流也是如此。一个小孩子兴趣盎然地算着简单的数学题，一位大科学家沉浸于复杂物理问题的思索之中，他们的福流体验可能是相似的，但是从旁观者看来，无疑是科学家的福流更宏大、更壮丽，因为它要复杂得多。我当然不是要去贬低孩子的福流，但是正如契克森米哈赖所说："伟大的音乐、建筑、艺术、诗歌、戏剧、舞蹈、哲学、宗教，都是以和谐克服混沌的好榜样。"降熵过程有高下，美有高下，技艺有高下，福流也有高下。原本的混沌越多，整合进去的元素越复杂，这个福流就越伟大。

由此可见，人生意义也有高下。那些通过整合无比复杂的人生从而找到人生意义，通过整合无比复杂的世界从而形成世界观，通过整合无比复杂且常常是矛盾的价值观从而形成价值观的人，往往有着最伟大的"大福流"。

所以，我可以选择退回到玻璃天花板之下的温室中，也可以在屡经挫折之后保持所谓的"单纯"（或者干脆彻底转为"厚黑"），但那样的人生观太简单，也太没有美感，因为它能整合的复杂事物太少，能降低的熵也太少。那样的人生就像一块冰，尽管它也晶莹剔透，也结构稳定，但经不起考验。当火热的浪潮来临时，它的熵值会飙升，变成水，甚至变成水蒸气，随风飘荡，分崩离析。

我希望我的人生意义能像金刚石一样，在烈火的反复淬炼中脱胎换骨，变成这个世界上最硬的结构。火对于熵减来说是个坏消息，因为它会使熵值升高。但是，火也能带来能量。因此我们需要选择：是任由外界那纷杂的人或事扰乱自己的内心，使之越来越烦躁，还是吸取火的能量，改变自身的结构，升级为一颗金刚石？

这就是我第三遍读《福流》时所得到的最大启示。

小结

说到这里，我希望您能把这本书读两遍。第一遍是学习福流的概念、技巧，第二遍则是用心与契克森米哈赖对话，体验他的这一曲冰与火之歌：外界的纷纷扰扰并不可怕，它们完全可以成为我们铸成更大福流的能量来源。

最后我想说的是，福流的境界远远地超过了通常的快乐和幸福。它所推崇的人生最优体验，不是那些肤浅的感受，而是经过奋斗、挣扎、咬牙坚持并最终整合内外能量之后的巅峰体验，而这才是福流的真意。

——摘自赵昱鲲为《福流：最优体验心理学》所写的推荐序（有改动）

专栏 4-3　晏卿谈福流

五年前，我来到美国克莱蒙特研究大学攻读积极心理学博士，因为契克森米哈赖教授而邂逅福流这个概念，从此一发而不可收。这位已经耄耋之年的老学者是众所周知的积极心理学泰斗和“福流”理念的开创者。我非常有幸修过他的三门课，分别是积极心理学基础、福流以及经验采样法（一种常用于研究福流的方法），因此也得以时常与他在学术上交流探讨，这让我感到很幸运，很神圣。

契克森米哈赖是位无比接地气、可敬又可爱的白胡子老爷爷。他可以在课堂上滔滔不绝地把人类文明史从几百万年前的石器时代一直说到今天，也可以在办公室里歪戴着鸭舌帽酷酷地跳一支自由式（freestyle）“嘻哈舞”。他是个完全活在当下、自由自在的人。上课、开会也依然是一袭朴素的日常装扮，标志性的白 T 恤、休闲裤、露趾凉鞋。有时，当你看到他独自在校园里安静地漫步，不禁会猜想他此时的脑海里究竟装着什么，是琐碎的待办事项，还是人生的幸与不幸？不，兴许更可能是人类社会的沧海桑田，还有浩瀚的宇宙星辰。这里的学生们都知道，即便是写信预约见面，他也未必会记得，要找到他的最好方式就是径直走进他的办公室。如果你幸运地赶在他刚好空闲的时候去，他就会和你大聊特聊，聊的都是你从书里读不到的有趣事情。

现在，说说《福流》这本书吧！谢天谢地，它终于在国内再版了。这本书曾在《新闻周刊》中受到美国前总统克林顿的盛赞，曾被列入美国政坛高级官员的必读书目，还被如韩国 LG 公司、奥地利政界等许多机构及其领导者奉为“圣经”。如此一部心理学经典，中国读者又怎能错过。

这本书值得细品，历久弥新。作为学生，我的学识远不足以尽述契克森米哈赖的才华与此书的深意，但作为《福流》的忠实读者和立志终身研修福流的人，我愿谈一谈自己品读《福流》的三重境界，其中结合了我自己的学习、感悟和实践。

品读《福流》的三重境界

读一本好书就像剥洋葱，你越是层层地剥下去，就越会因新的领悟而流下热泪。对于《福流》这样一本精湛之作，我们去读它的方式也最好遵循它的基本原则：设定恰到好处的挑战，从而修得更高的鉴赏力。个人建议至少读三遍，以品味其中的三重境界。

境界一：读体验——看山是山

第一重境界是读体验，也就是去理解福流究竟是何种心理状态、心理体验；去学习它的构成元素，它的客观规律，它对于自我成长、人生品质、社会和谐所带来的价值。就像是高兴、惊喜、忧郁、焦虑等心理状态一样，福流亦是一种我们可以经验、可以描述、可以寻觅的心理状态。书中提供了丰富的案例，也基于科学实证总结了找寻福流的原则，从中我们可以充分去辨识、捕捉、理解身处福流“化境”、内心澄莹如练是一种什么样的感觉。

这些案例中的人物形形色色，有艺术家、企业家、科学家，有外科医生、国际象棋手、攀岩运动员，也有多米尼加的僧人、生产线上的蓝领工人、阿尔卑斯山村的老妇；书中所展现的情境、活动也千差万别，包括工作、游戏、体育、艺术、日常琐事……但是这些人和事都具有一些共通之处，也正是所有这些人和事方才有机地构成了这幅“福流”全景图。也许此前我们从未发觉，但在某一刻会突然意识到，福流不在他处，而是就在我们自己的心间，在我们每天坐立起卧的日常之中，找到它、经验它的起承转合，只需一瞬间。

境界二：读理念——看山不是山

第二重境界是读理念，也就是去读懂福流里所蕴含的价值观和哲学思想。福流是一种现实论的幸福观（eudaimonia），也就是说，和开心、快乐、愉悦享受等不同，福流关注的是人生意义、成长和自我实现——唯有在全情投入地学习、创造、发挥自我价值的过程中，人生才可能真正幸福。这其中有一个重要的心理机制，就是内在动力（intrinsic motivation），也就是说，我们做一件事不是为了在未来某个时刻得到一个外在的、物质上的奖励，而是在此刻当下就得到某种无形的、精神上的回报，如自信、满足感、成就感、活力、成长等。因此，福流注重活在当下，鼓励我们去享受挑战和创造所带来的乐趣。

福流强调万物之间的和谐与合一，包括自我内在的知行合一，亦包括在自我与社会、与自然环境之间建立密切的关联。福流还强调“最优”，比如在内在状态、外在表现、资源利用、人与环境互动等方面找到一个理想的“黄金分割点”，从而达到四两拨千斤的效果。

最重要的是，福流代表了负精神熵——一种精神高度有秩序的现象，它也因此而变得无处不在：如果在无聊时用以打发时间，提升体验的品质，就是微福流；如果毕生倾注于一个使命而活得淋漓酣畅，就是大福流；如果一群人全情投入地参与同一个活动，就是集体福流；如果整个社会在同一愿景的指引下和谐运转，则会呈现社会福流……如此高效的能量利用，加之积极的体验、内在的回报，足以使人相信，若能反复参与福流活动，必能带来最大化的自我发展、人类心理进化、社会文化演进，而这一切都得益于福流的驱动。

读到这里，你可能已经开始怀疑，福流到底是不是自己原本所认识和理解的那回事？因为它不再仅仅是一种体验那么简单。

还有更让人凌乱的，《福流》里有太多似非而是的说辞。例如，在福流中明明感受不到任何情绪，甚至可能要忍受痛苦，为什么它又是“幸福”的？明明行动起来毫不费力、自动发生像是随水而流一般，为什么又会有控制感？明明是陶醉其中物我两忘，为什么又能产生更清晰的自我概念？为什么长跑运动员在田径场上挥洒汗水、咬牙坚持是福流，而牧羊人在草原上优哉游哉地欣赏蓝天白云也是福流？更令人匪夷所思的是，既然玩游戏能带来福流，福流又能带来健康、幸福和成长，为什么玩游戏又会让人上瘾和堕落？……

福流到底是什么？它究竟是幸福还是意义？是乐趣还是拼搏？是创造力还是专注力？是健康还是成就？它究竟是体验，还是负熵？是科学，还是哲学？……

所有这一连串的困惑就像宇宙大爆炸一样，从“福流”这两个字里迸发出来，让人一下子晕头转向。这时候，我们往往会产生两种偏见：一是局限地认定福流是我们早已知晓的某种知识（如专注力）或理念（如道家思想），不过是旧酒换新瓶罢了，甚至还有些人将福流等同于某种操练技术（如冥想、气功等）；二是认为福流既然可以这样也可以那样，那它肯定就不是一个靠谱的、稳定的概念。即便是许多专家学者也无法跳脱这两种偏见，要么对福流这一话题敬而远之，要么只选取其中某个较狭隘的定义来做研究。

实在讲，任何一种想法，都可能让人把这本书束之高阁，就此止步不前。然而，我们还有第三种可能，也就是升华至第三重境界。

境界三：品深意——看山又是山

关于福流的论述看似散乱，但妙就妙在它既源于一个客观存在的心理现象，又在一个完整的哲学理念统领之下，由此将一切有关幸福的真相凝练于福流这一个概念之中，从而形成了一门自成一体的幸福心理学。它从人本主义心理学走来，进入积极心理学的科学领地，以其独特的方式，为我们诠释了一个现实论的幸福全貌，并且为我们指引了福流人生所特有的生活方式。

当然，若想品出其中的深意，我们需要开发出一种与之相匹配的“复杂度”（这个词也在《福流》中经常出现），将每一个相关的知识或理念与福流产生微妙的连接。我们需要越过所有字面意思所设置的障碍，让福流的精髓直抵心灵深处。

契克森米哈赖是匈牙利裔人，有时我在想，是不是正因为他的文化背景既非东方也非完全西方，而是处于两者之间，所以才会脑洞大开，用西方的科学工具将东方的一元论幸福智慧诠释得如此精妙。在书中，你会看到他与东方道家思想之间超越时空的心灵对话，庄子《南华经》中“庖丁解牛”的故事与更为现代的福流案例遥相呼应。

或许两者原本就是殊途同归的：道家对福流的发现是由内而外延展的过程，是自己先体验到福流酣畅，然后再试图去言说这种体验，又因为明明知道却实在难以表达，于是便感慨道“道可道，非常道”；契克森米哈赖对福流的发现则是由外向内渗透的过程，先是有一个追问，接着去广泛地采访和调查，运用科学工具和大量的案例论述，这才全面立体地呈现出“福流”现象，并最终悟出其中的“道”。如果道家思想是只可意会不可言传，那么福流思想就是大可言传，但需要一层一层地意会。当然无论如何，借助现代心理科学的力量，福流已经开始发挥更广泛、更适应时代的影响力。

关于应用

如何应用福流？这大概是我被问及最多的一个问题。如果要全面回答这个问题，可能需要另写一本书。在这里我想重点说的一点是，不要让福流的应用陷入误区。

有一次，我向契克森米哈赖提出研究福流能力这个想法，他却提了一个让我深感意外的问题。他说：“这个想法固然很好，但是如果企业只雇用那些有福流能力的人，那些没有这个能力的人不就失业了吗?”我理解他的担忧，现实世界中这样的情况的确比比皆是。我解释道，我研究的福流能力是可塑的，不是为了选拔，而是为了让更多人得到提升。他这才表示认同。这件事也让我再一次领略了他作为一位学者的质朴情怀与责任担当。

在有关福流的文献里，我曾读到两句很有意思的话，用在这里再恰当不过。一句是“带着不感兴趣的兴趣”（disinterested interest），另一句是“努力地不去努力”（trying not to try）。

啊，原来你是这样的福流！

——资料来源：知乎（有改动）

概念术语

福流　精神熵

复习思考

1. 福流是如何产生的？
2. 福流产生的条件是什么？
3. 福流的重要作用是什么？
4. 如何在工作中获得福流？
5. 如何在家庭生活中获得福流？
6. 尝试在日常生活中激发自己的福流

拓展阅读

[1] 契克森米哈赖. 专注的快乐：我们如何投入地活［M］. 陈秀娟，译. 北京：中信出版社，2011.

[2] 契克森米哈赖. 当下的幸福：我们并非不快乐［M］. 张定绮，译. 北京：中信出版社，2011.

本章精彩内容，请扫二维码

第五章
品格优势与美德

学习目标

- ▶掌握品格优势、美德的核心概念
- ▶理解品格优势的 10 个特点
- ▶了解 6 大美德与 24 种品格优势
- ▶了解品格优势的测量工具
- ▶了解如何运用品格优势

第一节　品格优势概述

哈佛大学心理学家范伦特（Vaillant）曾进行过一项堪称心理学史上最为完整的追踪调查，他跨越半个世纪，调查了 268 名哈佛学生和 456 名波士顿当地的同龄人。结果发现，那些在各个生命阶段中经常表现出利他、乐观、幽默、延迟满足等特质的人，年老时生活更幸福，身体更健康，寿命也更长。范伦特将这些具有积极适应功能的特质称为“成熟的防御机制”，而积极心理学家则赋予其另外一个名称——品格优势（character strength）。

一、什么是品格优势

（一）品格优势的定义

品格优势是积极心理学的核心研究领域之一，它被定义为反映在个体的认知、情绪以及行为等各个心理层面的积极特质。

积极心理学创造了品格优势这样一个整合概念，使心理学家得以在一个系统框架内重新理解这些优秀的人格特质。品格优势是通过个体的思想、感情和行为表现出来的一组积极品质，是积极人格特质研究的主要内容。不同的品格优势可以组成更高一级的长处或美德（virtues），而长处或美德是人类获得幸福和健康的核心要素。

（二）美德、品格优势和情境主题

积极心理学家探讨品格优势和美德等心理学内容时，在协调不同品格优势之间的冲突（由于特质与行为之间的关系而产生的冲突）以及将不相干的特质整合到自我等方面进行了大量的研究工作。下面介绍几个相关的基本概念。

1. 美德

古往今来的哲学家们曾对美德进行过大量的论述，并试图列出优先于其他品质的核心美德（如智慧、勇气、爱等），但这些论述并没有得到广泛的认可，毕竟对核心美德的理解和认知可能因不同的文化和个体而不同。

那么什么是美德呢？美德是从更加概括和宏观的角度，如从文化、宗教及进化的角度，对人类美好的性格特质所进行的概括。美德也是性格的核心，受到道德伦理学家和宗教人士的广泛重视。

积极心理学综合了东西方对宗教、哲学和历史等多领域的各种调查，最后概括出 6 大美德，它们是智慧、勇气、正义、仁爱、节制、升华。积极心理学认为这 6 大美德在人类社会中是普遍存在的，甚至可能通过进化过程刻录于我们的基因中。进化的自然选择性决定了这 6 大美德成为解决人类种族生存和繁衍中重大问题的必要手段，而是否具备这 6 大美德又决定了一个人是否具有良好的性格基础。

2. 品格优势

品格优势这个概念是从心理学的角度对美德的定义，是有关美德的具体心理内容，是定义美德的过程或机制，是区分一种美德与另一种美德的途径。例如，智慧这一美德可以通过创造力、好奇心、好学、开放性思维、洞察力等品格优势来获得。这些品格优势的共同之处在于它们都与获得、利用知识有关，但同时它们之间又是有区别的。

各种品格优势在生活中非常重要并且无处不在。然而具体到个体层面，现实中几乎不可能出现一个具备全部品格优势的人。但只要一个人呈现出某一美德中的一到两个品格优势，我们就可以说他具有较好的个性。

3. 情境主题

情境主题（situational themes）是个人在特定的情境下表现出某种品格优势的行为习惯。它比品格优势更加具体，是受环境影响的行为表现。全球知名的民意测验和商业调查/咨询机构盖洛普公司调查发现，在工作情境下最需要企业管理者或员工表现出的品格优势主要有同理心（有效预期并很好地满足顾客或员工的需求）、包容心（让员工感觉自己是组织中的一员）和积极力（善于发现他人和情境中的积极面）。虽然创设这一主题的最初目的是指导职场人士在工作场合中如何与人相处，但是从稍微抽象点的层面来看，同理心、包容心和积极力都体现了"友善"的品格优势。从更加抽象的层面来看，友善这一品格优势，与爱和社交智慧一起，都体现了更大范围的美德——仁爱。

二、品格优势的特点

（一）品格优势有利于自我实现

品格优势不仅可以帮助个人克服逆境和修正心理功能紊乱，而且能够促进个人朝自我实现的方向发展，追求有品质的生活。积极心理学家认为，运用品格优势的过程本身就是自我实现的过程。

（二）品格优势由其道德价值所决定

尽管品格优势常常给个人带来满意的结果，但并不是说必须要带来这些满意结果的才是品格优势。仅仅由外部因素决定的行为不能被称为德行。德行和优势必须是有道德价值的，这是判断品格优势的一个重要标准。

（三）一个人发挥品格优势不影响他人发挥同样的优势

品格优势并非零和博弈，每个人都可以表现出与品格优势和美德一致的行为，所有人都可以是赢家。人们感到羞愧之后的行为表现到底是畏首畏尾于实施好的行为还是被激发出好的行为呢？积极心理学家更倾向于认为，人们会因为对道德行为的所见所闻而受到激励从而提升自我。

（四）检验品格优势的反义词

几乎所有的品格优势都能在词典里找到其反义词。但通常来说，人们从大脑中提取某种品格反义词的难易程度，决定了该品格是否具有符合要求的优势。即对某种品格而言，当人们考虑其反面时如果通常只能想到贬义词，那么这就是符合要求的品格优势。

（五）品格优势是类特质的

品格优势经由一系列认知、情感和行为而表现出来，并且可测量。因此，它必须是类特质的，在一定程度上具有跨情境的一致性和跨时间的稳定性。所谓类特质，是指某种优势既可能是恒定的，也可能根据需要和用处而增加或减弱。

（六）每种品格优势各不相同，不可拆分或组合

每种品格优势都是与其他优势不同的，并且不能被拆分为其他几种优势，即它也不能由其他几种优势组合形成。以“宽容”为例，它并没有被纳入本章的24种品格优势之中，因为它虽然符合品格优势的大多数标准，但它其实是“开放性思维”和“公平”这两个优势混合的产物。

（七）具有某种品格优势的典范帮助我们更好地理解品格优势

每种文化都有其重视的品格优势和美德，它们通过故事、传说、寓言、教义、格言、诗词、歌曲等形式得到传播和传承，塑造典型的具有某种品格优势和美德的人物，使得品格优势和美德更加充实、生动、具体，便于理解和模仿。每种文化都有自己的偏好，得到该文化认可和重视的品格优势和美德能够在典范身上得到很好的体现，并被给予很高的赞美，同时也总有一部分品格优势可能会被忽视。

（八）品格优势某种程度上是可以天生的

加德纳（Gardner，2013）的多元智力理论关注了一些具有某些天赋的儿童，他们在童年早期就在音乐、数学、运动等领域中表现出特殊的能力。加德纳认为这种天赋是人类所固有的。对于品格优势，研究者认为，对某方面的敏感性可能就是具有该品格优势之“天分”的证据，当然这并不适用于所有品格优势。

（九）某些人可能完全缺少某种品格优势

某一种智力或技能的缺失可能是神经病学上的损伤。一种更普遍的观

点是：是否拥有某种能力，恰到好处地将人与人区分开来。在品格优势领域，我们常用“性格缺陷”这个词来代表完全缺乏某一种或几种品格优势的人。需要指出的是，在这里用到的“性格缺陷”这个词只是代表缺乏某一种或几种品格优势，并不带有人们在日常生活中使用这个词时的道德评价色彩。

（十）品格优势是可以培养和发展的

心理学家相信，品格优势和美德确实是可以从小培养的，但是培养的方法要在充分了解孩子的基础上因人而异。学校、家长可以针对孩子某些品格优势上的“天分”，通过一些仪式或训练来培养或加强其在这方面的优势。

第二节　6 大美德与 24 种品格优势

自有人类文明以来，不同文化所推崇的价值观其实都有其相似之处。著名的轴心时代思想家，如西方的苏格拉底、柏拉图、亚里士多德等，东方的老子、孔子、释迦牟尼等，以及东西方文化中的许多经典，如《道德经》《论语》《圣经》以及佛教经典等均向我们呈现了这样一个事实：虽然不同思想家和不同经典的理解与表述有其不同之处，但又具有一些普适性的美德。

积极心理学家通过研究这些横跨数千年历史的各种不同文化思想及其著述，共找出了 200 多种美德，进而总结出 6 种具有普适性的美德；同时，把实现这些美德的途径称为品格优势并以此划分出了 24 种优秀的品格优势。这些美德不但是繁荣年代的行为标准，更是危难时期帮助我们渡过难关的有效工具。

品格优势是可以测量、培养的，即使没有很好的基础也可以构建。并且，一个人所展现的品格优势并不会影响其他人的展现机会，也不会对不具备这些优秀品质的人造成贬低。事实上，人们反而会被这种高尚行为所激励，心中会充满敬仰而非嫉妒。因此，品格优势与美德通常会以双赢的局面出现，当我们的行为遵循品格优势与美德时，所有人都可以从中获益。

以下，我们分别来了解智慧、勇气、仁爱、正义、节制、升华这 6 大美德，以及与之相关的 24 种品格优势。

一、智慧

此处的智慧，是指获取知识和应用知识的智慧以及认知优势，它包含智力，但并不等同于智商（IQ）或一个人所获得的学术荣誉；它也包含知识，但并不简单等同于读过多少本书，听过多少次讲座或掌握了多少道理。克雷默（Kramer，2000）曾说，智慧就是对生活情境、人事等具有深入而广泛的知识，并对如何运用这些知识有发人深省的辨别力之优势。智慧这一美德，包括帮助人们在生活中获得和运用知识的各种品格优势——创造力、好奇心、开放性思维、好学和洞察力。

（一）创造力

所谓创造力，指具有独创性且心灵手巧。判断某种想法或者行为是否具有创造力的表现，要看是否同时满足原创性和适应性这两个必要条件。具备创造力的人，不满足于常规的做事方法，喜欢用非传统而富有创意的方式思考问题和行动。

（二）好奇心

好奇心的特点，包括对新事物的兴趣和经验开放性的渴求等。一个有好奇心的人，对于新知识、新经验有发自内心的渴望，认为生活也因此而更加充实多彩。好奇心促使人主动追随新事物而非被动吸收信息，并对世界上所有正在进行的体验感兴趣。好奇心是一种积极的情绪，具有动机的作用，能激发人们去探索和接近目标。好奇心的出现，与人们认为该新事物是否有价值，以及接受新事物的开放程度有关。

积极心理学认为，好奇心会诱发积极的情绪感受，从而激励人们去尝试新的活动，探索新环境。同时，应对和整合新的经验又会使人产生胜任感和掌控感，进而产生更多的积极情绪。

（三）开放性思维

开放性思维具有思想开明，具备判断力、批判性思维等特点。对人对事，每个人都有自己支持的观点或偏好，大多数情况下，人们会不自觉地以支持、有利于自己当前观点的方式去思考问题。与之相反，少数人（也就是具备开放性思维者）会积极地为自己所偏好的信念、计划、目标等搜集反面证据，并正视和重视这些证据的价值。他们坚信，抛弃旧有的信念是一种坚强的品质，任何信念、观念都应该不断得到新证据的修正。他们能够客观、理性地过滤信息，不会草率地下结论，不会将自己的需要和诉求与事实相混淆；他们可以周详地考虑事情，根据真凭实据来得出利人利己的判断并愿意为之做出改变。

（四）好学

此处所说的好学，并不特指诸如学生热爱上学之类的学习，而是指所有人都可能具备的一种对未知感兴趣、渴望学到新知识的品格优势。

因此，这里所说的好学，纯粹是指对学习的喜爱，与通常所说在学校里刻苦学习时相伴相随的痛苦和坚持是不同的概念，而更加注重享受学习本身。好学者的学习场所可以是任何能学到新东西的地方，学习内容可以是任何新知识、新技能，学习的发生也可以是在没有任何外在诱因的情况下。

好学是一个全心投入某项活动的过程。这项活动并不一定会带来直接的成果或者通向外部标准定义下的成功（如发表学术论文等），而是随着时间的推移，个人会从中学到更深、更广的知识，并且对他人理解相关知识做出大量的创造性贡献。正所谓，学习过程本身比得到好的评价更重要。

好学的人之所以好学，是因为他们在获得知识和技能的过程中充分体验了积极的情绪，好奇心也得到了满足，因而这一过程本身就让他感到十分愉快。

（五）洞察力

什么是洞察力？洞察力与智力并不完全相同，它使人得以展现出众的学识、判断力以及给予别人建议的能力；它使人能在重要和困难的问题（比如生命的意义）上发表独特的见解；它能为自己或他人带来利益（或者福利），能够为他人提供忠告，并能够借助具有这种优势的人的经验来为自己或他人提供指引、解决问题。他们看问题的方式往往使这些问题迎刃而解，堪称生活中解决问题的专家。

哈特曼（Hartman，2001）的研究发现，人格对个体中年期的智慧发展起着重要的预测作用，创造力和繁殖动机同样能有效预测中年期的智慧和洞察力的发展。此外她还发现，成年人生活阅历的积累也有助于洞察力的发展。

二、勇气

即使在很不利的条件下，也能为达成理想目标而克服恐惧、勇往前进。在这里，克服恐惧的能力就是可贵的美德之一——勇气。

我们定义的勇气不仅仅局限在惊心动魄的勇敢行为上，细水长流的勇敢无畏同样重要。

勇气不仅仅包含外在的行为表现，也包括我们内在使这些勇敢行为得以发生的认知、情绪、动机和决策等；勇气不仅仅需要身体的勇猛，更需要正直和毅力——以坚忍不拔的意志拒绝沉湎于安全、舒适和自鸣得意之中。

（一）勇敢

尽管不同情境中的勇敢常常有着不同的含义，但它们具有相同的本质。谢尔普（Shelp，1983）把勇敢定义为：在危险的情境中理性地评估风险，即使有恐惧，仍然自发努力地去争取或保持对自己和他人有利的结果。

勇敢能唤起一个人的社会道德和社会良知。因为要勇敢必须先要有判断力，这是评价一个人的行为是勇敢还是鲁莽的重要标准。换言之，勇敢被认为是做正确的事情，包括直面现状或者反对有害的思想等，它需要发挥人的道德品质。

勇敢的人不是无所畏惧，而是成功掌控了畏惧。他们能够将恐惧情绪与自己的行为分开，直面风险和危险而绝对不会在威胁、挑战、困难或痛苦面前畏惧退缩，明知站出来会带来不利却仍会挺身而出。他们能够泰然面对逆境，并且不会因此而丧失尊严。他们会根据自己的信念而行动，即使面对强烈的反抗仍会将信念坚持到底。

（二）毅力

所谓毅力，是指人们克服障碍和困难，消除疑虑，自觉自发为达到预定目标而不懈努力的一种意志品质。有毅力的人从不虎头蛇尾，做事有始有终，能承担困难的工作并将它完成，并且任劳任怨。这样的人无疑值得信赖，他们不仅能完成所承诺的责任，而且常常还能完成更多。

做事时所能持续时间的长短，并非是否有毅力的唯一标准。因为，当一个人持续做一件对其而言有趣且回报丰厚的事时，根本不需要忍受或者不需要克服挫折，如那些网络成瘾、没日没夜地玩游戏的少年，是谈不上有毅力的。

（三）正直

正直是指一个人始终表里如一。正直的人不论是在公共场合还是在私底下，都能真实地面对自己，准确地表达自己的内心状态、信念和承诺。他们诚实、正直、不虚伪，能够真实地面对现实生活，真诚对待自己与他人，不论说话办事都能诚诚恳恳、实事求是。我们从行为标准上将其定义如下：

- 日常行为模式与个人信奉的价值观相一致；
- 公开为自己的道德信念辩护，即使这些信念并非主流；
- 关爱他人，帮助有需要的人，能觉知别人所处的境地和需要。

（四）活力

活力（即生命力）是对生命和能量的主观体验，是幸福感的一个能动的方面。活力是一种动态的、有动力的现象，作为衡量机体健康的重要指标，它与许多生理、心理因素有着直接和交互的作用，具有生理和心理的双重本质。有活力的人总是充满能量、功能完备的。在躯体水平上，活力代表了身体健康，机体功能正常，没有疲劳和疾病；在心理层面，活力反映了个人较高的意志力水平和自我效能感，以及良好的自我整合水平。他们从身心深处感到鲜活、有生气；他们常常是活泼的，朝气蓬勃的；他们常常感觉精力充沛，备受鼓励；他们几乎时刻都保持清醒和机警，很少有筋疲力尽之感；他们无论做什么都能全心全意、竭尽全力，对生活总是充满激情，每天早上睁开眼睛时就迫不及待地想开始新的一天工作。

当然，尽管活力与能量有关，但是活力并不等同于能量，只有当能量是积极的、可被正当使用的，才可被称为活力。

三、仁爱

仁爱能在与朋友（包括点头之交），甚至是陌生人的人际交往之中发挥积极的作用。

（一）爱

拥有爱与被爱之人，非常重视与他人的亲密关系，同时也重视别人是否也一样珍惜这种关系。

（二）仁慈

仁慈、慷慨、抚育、关怀、同情、无私的爱是一组密切相关的概念，它们都包含了一个共同基础，那就是对他人的善意——与人为善、慷慨，乐于助人，即使对不太熟的朋友也会尽全力提供帮助。仁慈的人还总是能够看到别人的价值，凡事先替别人着想，甚至会将自己的利益放在一边，并经常从帮助别人中收获快乐。

（三）情商

所谓情商，包括情绪的知觉鉴赏和表达能力，思维过程中的情绪促进能力，理解与分析情绪并获得情绪知识的能力，以及对情绪进行成熟调节的能力。这些都是识别、调控自己和他人情绪的能力。拥有高情商的人能够敏锐地察觉人与人的不同点，能很容易地识别他人心情与环境气氛的变化。他们能清楚意识到自己的动机及感觉，并能针对这些不同特点做出恰当的反应；他们还能准确地找到自己的位置和用武之地，并把自己的优势和兴趣充分加以利用，以最大程度地发挥个人潜能。

四、正义

正义超越了一对一的关系，是我们与集体的关系，如我们与家庭、与社区、与国家乃至与世界的关系。正义这一美德，通常代表的是公平。但要做到绝对的公平是不可能的，所以我们需要一种更务实的方式来践行正义。

勒纳（Lerner，1980）认为，在西方奉行个人主义的国家，正义就是公平——资源应该按照贡献和价值合理分配，每个人最终都该得到他们应得的部分。反观集体主义国家，公平更倾向于资源的平均分配或者按需分配。当然，不论对正义持什么样的观点，都需要一个共同的前提，即建立公平的标准。

蕴含于正义这一美德中的品格优势，除了公平，还包括社会责任感和领导力。

（一）公平

公平属于规范范畴，是关于社会现象的评价性概念，是道德判断的产物。持有这种品格优势者能按照公平正义的理念对待所有人，而不会让自己的感情和偏见影响任何决定；他们会给任何人以同样的机会，能推己及人，视人若己，哪怕对方是个陌生人。

现实中，我们总是不自觉地根据自己的价值观、处世准则、社会习俗对事件中的道德情境、人际关系等进行道德推理，进而进行道德判断：什么是对的，什么是错的；什么是道德所倡导的，什么又是道德所禁止的。道德判断一旦形成，每个人的心中也就有了对公平的清晰图景。

（二）社会责任感

所谓社会责任感，是指一个人认为自己对公共利益负有义务，并在情感上认同这种义务。具有社会责任感的人通常是集体中的优秀分子，他们往往很忠诚，具有凝聚力和团队精神，能努力做好本职工作，并致力于使团队获取成功。需要指出的是，这种责任感不是愚昧盲从，而是对权威的尊重。

社会责任感体现在人际交往和社会关系中，它促使一个人看重自己与他人、与群体的关系纽带，并努力保持和增强这种关系；它让个人不会局限于一己的得失，而是会更多地关注他人福祉、集体和社会利益。

社会责任感还具备跨时间和跨情境的稳定性，即不管在什么时间、什么环境下，高社会责任感的人都会尽力维护集体的利益。

（三）领导力

领导行为主要包括两方面的内容：一为跟随者界定、树立和澄清一个共同的目标，也就是为大家指引方向；二是带领大家成功实现目标的过程。所谓领导力，是指能够引导追随者朝向一个共同的目标并激励他们努力实现这一愿景的个人品质。具备领导力的人不仅拥有很好的组织才能，而且能与团队成员保持良好的关系，并能带领大家如期实现工作目标。他们除了做事富有效率之外，还对团体中的所有人都怀有爱心，对所有正确的事都能坚持，并勇于认错，主动承担犯错的责任与后果。

五、节制

节制是一种学会控制、避免过度的美德，常常体现为饮食、喝酒、抽烟、性等行为上的自制。节制的人能恰当、适度地控制自己的需求和想法的表达，而非压抑自己的动机，他们往往会等待最佳时机，在最少伤害自己或他人的同时满足自己的需求。

用心理学术语来表达节制，就是自我效能感或自我调控。班杜拉（Bandura，1997）认为，自我调控是指人在没有外界帮助的情况下监督和管理自己的情绪、动机和行为的能力。

节制是自我克制的一种形式，它将给自己和他人带来丰厚的回报。宽恕、谦逊、谨慎和自我管理也是节制这一美德中极具代表性的品格优势。

（一）宽恕

所谓宽恕，是指那些被侵犯和被伤害之人的一系列亲社会行为。懂得宽恕，会宽容他人，能原谅那些曾对不起他们的人，永远会给别人第二次机会，他们处世的原则是慈悲而不是复仇。

当人们选择宽恕时，往往会更积极、正面地看待伤害自己的人和行为，并报之以仁慈、善良和慷慨，而不是仇恨或逃避。

世界上的大部分宗教都重视宽恕的价值，尽管它们对于宽恕的定义不尽相同，但都表达了这样一个重要的观点：宽恕意味着对伤害和背叛的赦免。

（二）谦逊

谦逊的人能客观评估自己的贡献，并将其延伸到如注意着装等一些社会行为方面。他们往往很低调，不张扬，不装腔作势，不喜欢出风头，宁愿让成绩自己说话。他们觉得自己的成败并不很重要，也不认为自己很了不起，别人也同样对他们的品格表示敬重。谦虚的主要特征包括：

- 能正确地评估自己的能力和贡献。
- 能承认自己学识的不足和缺陷。
- 能接受新的言论甚至与自己相反的观点并合理采纳之。
- 能正视别人的能力和贡献，也就是说能暂时放下自我中心。

- 能欣赏与自己的观念截然不同的人和事。

（三）谨慎

谨慎是一种对未来的认知能力，它秉持实用理性等理念来实现个人的长远目标。谨慎不是胆小、懦弱或自我压抑，而是对将来未雨绸缪的一种态度。谨慎者能细心思考并小心地做出选择，不说、不做可能会令人后悔之事。谨慎者会在反复确认正确之后再发布行动命令，他们能够为了长远的目标和将来的成功而抵御眼前的诱惑与暂时的冲动。

（四）自我管理

所谓自我管理，是指个人为追求既定目标，达到特定标准而对自己的反应进行控制和调节的过程，这些反应包括思想、情绪、冲动、表现等。善于自我管理者能合理控制自己的情绪、欲望、需求和冲动，耐心等待适当时机的到来。自我管理中最重要的一点，是控制和改变自己的反应，善于自我管理的人知道什么是对的、什么是错的并能依此行事。

自制是自我管理的同义词，但它通常仅用于表达控制自己的冲动以按照道德规范行事这种情况。自律同样与自我管理相关，但它的含义也要窄一些，是指抵住诱惑，去做自己并不愿意做的事情。

六、升华

升华这一美德也可被理解为超越，主要包括与更高的事物——对高于我们自身的意义和目标之信念的联系。升华是信仰上的一种情感力量，它使可以个体感受到比自己要大、比自己要持久的东西；它超越了自身，而将自身与更宏大、更永久的东西相连接。

宗教和信仰是对于神圣对象而言的，而升华并不局限于此，它可以是世俗中的人或事。升华激发敬畏、乐观乃至感恩，令我们日常中的碌碌所为显得微不足道，使个人显得渺小，并促使我们在意识到自身渺小的同时提升自我，从无意义感中获得拯救。

升华这一美德包括美感（对美的领悟）、感恩、乐观、幽默和信仰5种品格优势。

（一）美感

怀揣美感的人会去欣赏各个领域和情境中的美和卓越的事物。他们对美好的东西充满了敬畏与惊喜，不论是自然的还是人为的，不论是艺术的还是科学的，都会激荡起他们的灵魂并使之奋发。

对美和卓越的欣赏，是指在心理世界和现实社会中发现、识别、欣赏真善美的能力。

在我们的生活中，存在着这样三种最重要的美：

- 物理的美（主要指视觉上的美景，以及听觉上的美，如美妙的音乐等）。
- 本领和才能（如精湛的技巧和不凡的才能）。
- 美德（如本书所介绍的智慧、勇气、仁爱等各种美德）。

这三种美都能引起令观察者敬畏的相关情绪，不凡的美景常常令人产生敬畏（如敬畏大自然的鬼斧神工，并感到自身的渺小），高超的本领令人钦佩，美德善行则令人崇敬。所有这些情绪反应都是一种自我超越的情绪。敬畏正是这种情绪的核心，为了语言的简练，我们将这种能对任何形式的美和卓越产生情感回应的特质称为美感，即美的领悟。可以说，此处的美感其实是在过去审美（对物理美的欣赏）的基础上，又加入了高超的本领和美德善行这两种美。

（二）感恩

感恩的人会随时表达他们的谢意，能意识到并感激所发生的好事。他们不会把好事当成理所应当，而是会对生命本身表达珍惜和感恩。

感恩可以是一种感激的情绪或者收到礼物时快乐的反应，不管这是一份豪华大礼还是一份小小的心意。

通常情况下，感恩也可以理解为一个人因另一个人的行为而获益后的感觉。例如，一个人收到礼物时会感恩，而送礼物的人因为礼物的价值得到赞同和欣赏时也会感恩。

（三）乐观

乐观和希望、未来意识、未来取向等一样，代表一种指向未来的认知、情绪和动机。乐观者乐于思考未来，对自己所渴求的事件及其结果的出现充满了期待，这促进他们去积极行动，并坚信只要自己付出相应的努力，保持此时此刻的激情，想要的结果就一定会出现。

尽管这一组特质之间有一些细微的差异，比如希望[①]包含更多的情绪因素，乐观更强调对未来的期待，未来意识和未来取向则注重指导个人从现在走向未来……但实际上它们常常是同时存在的，与许多因素和结果的相关程度也极其类似。因此，我们在此处更强调它们的共同点，并将其放在一起作为一种品格优势——乐观。

（四）幽默

目前普遍认为，幽默是指：

- 一种诙谐愉快的认知。
- 一种复合的、乐观的态度，持有此态度的人在逆境中也能看到光明，保持良好的心境。
- 使别人发笑的能力。

可见，幽默的人喜欢笑和逗笑，富有幽默感。他们总是看到事情光明的一面，并能经常给别人带来欢笑。对他们来说，为别人带来欢笑很重要。

（五）信仰

所谓信仰，是指知道自己在大千世界中的明确位置，相信每个人、每件事都有更高、更深奥的意义。有信仰的人对人生有更高的目标和一致的信念，他们的信仰会塑造他们的行为，信仰也是他们获得慰藉的源泉。

以宗教为例，信仰和灵性代表了一系列有说服力、无处不在、稳定的信念及与之相应的行为，其本质是相信生命中存在超越（非物质）的维度，这种生命的超越性引导着人们构建自身存在的意义及其自身与外界的关系。

尽管不同的信仰各有其具体的内容，但所有文化中都存在一个终极的、超然的、庄严的、神圣的力量。例如，所有的宗教都致力于帮助人解决存在的问题（如对个体存在的目的和意义的探询）；面对生活的苦难，设置规条和价值体系指引人的各种关系（与自己、他人、社会、自然甚至与神的关系等）。

---

① 所谓希望，是指认为好事总会发生，对未来持有积极的观点，相信只要努力便会有好运的一种心理。怀揣希望的人期待未来会更好，会为自己的目标做好计划并努力去实现。他们对未来有憧憬，对生活有目标，总能在此时此刻感到快乐，并能高兴地生活在现实环境中。

第三节　天赋与优势的关系

天赋与优势不同。天赋可能是有良好的乐感、运动天赋、绘画天赋等，不具有道德属性，而优势则往往被赋予某种道德上的特性。天赋一般是天生的。即使我们再刻苦练习，可能也永远成为不了奥运会马拉松选手，也成为不了贝多芬。如果我们具有某些天赋，加上后天的努力，往往能取得很好的成就。优势则是可以被培养的，只要我们有足够的练习，持之以恒，那么许多人都能在特定方面拥有良好的优势。

一、关于优势的两个核心理念

说到天赋，应该说我们每个人都有各自擅长的领域，我们需要聪明地使用自己的天赋，并将其用到合适的地方。关于优势，有两个核心理念：一是每个人都拥有与众不同的天赋和才干，二是每个人最大的成长空间往往在于其最强的优势领域。

为什么需要知道我们自己的天赋和优势？简单说，就是用自己擅长的方式做最爱的事。就像我们开车出远门，搜索导航时往往会给出几条路线建议，有躲避拥堵的，有时间最短的，有不上高速的……这时我们可能会这样评估：开的是辆什么车，越野车还是小轿车？油车还是电车？这决定我们最后是选择高速路还是普通路，是该走容易加油的路线还是容易充电的路线。

二、天赋与优势的关系

天赋与优势的关系可以用以下公式来表示，如图 5-1 所示。

由图 5-1 中所示关系可知：天赋是种子，优势是结果，我们需要不断投入，精耕细作，才能开花结果。换句话说，始于天赋，终于优势。

换一个角度说：优势是由知识、技能和天赋组成的。如果说优势是一座冰山，那么天赋就好像是冰山的海平面以下部分，知识、技能是冰山海平面以上部分。当我们每一次知识和技能的展现都是基于天赋的时候，就形成了我们的优势。例如，我的天赋是统筹强，那我的优势就是所组织的

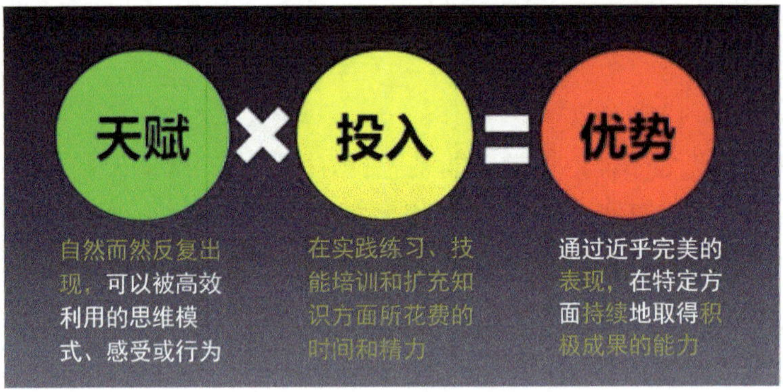

图 5-1　天赋与优势的关系

资料来源：知乎。

每次活动都能获得客户或老板的赞许，里面的知识可能包括组织活动的步骤，技能则是我的组织能力。当这样的优势形成后，其实就可以成为我们的背书，可以帮助我打造下一个优势。例如，当我接下来的目标是成为一名项目经理时，那么此前我的优势就可以在争取新的目标时用上。

三、天赋、优势公式的延伸

基于优势与天赋、投入的关系，我们更容易跨界或者成为“斜杠青年”。因为我们在原有公式的基础上发展出了它的升级版（如图 5-2 所示）：

优势（此处指新的优势）= 优势（此处指此前优势）× 天赋 ×投入

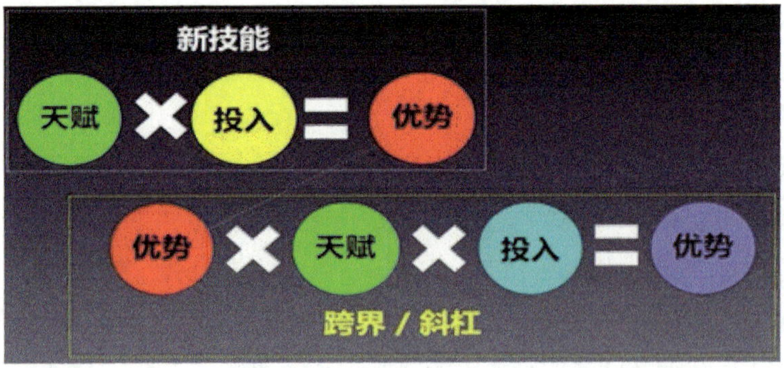

图 5-2

资料来源：知乎。

四、总结

本节主要介绍了基于优势的两个核心理念和两个反映天赋和优势关系的公式。概言之：一是每个人都拥有与众不同的天赋和才干；二是每个人最大的成长空间在于其最强的优势领域；三是在开发天赋与优势的人生之路上，我们需要聪明地使用它们，找到合适的领域并不断投入，从而形成我们一个接一个的优势。

第四节　品格优势的测量

特森（Tersen）与塞利格曼曾开发出了一套品格优势的评估工具——优势行动价值实践调查问卷（Values in Action Classification of Strength，VIA-IS）。VIA-IS 可以评定个体在 24 种优势上的得分高低，位列前五的品格优势被界定为显著优势（signature strength），并被视为代表了个体性格中最为突出的积极品质。

一、品格优势测量工具

（一）VIA-IS-240 及相关工具

为了测量特森与塞利格曼所提出的品格优势与美德，帕克（Park）等编制了优势行动价值问卷（Values in Action Inventory of Strengths，VIA-IS-240）。VIA-IS-240 是用于成人的自我报告式问卷，其中的 240 个题目分为 24 个分量表，以对应 24 种品格优势，每个分量表有 10 个题项。每个题项均采用李克特 5 点计分法，某项品格优势得分越高，说明被试所具有的此项优势越突出。后来，帕克等人又开发了适用于 10～17 岁青少年的问卷（Values in Action Inventory of Strengths for Youth，VIA-Youth）。该问卷同样有 24 个分量表，共 198 个题项，采用李克特 5 点计分法并有若干反向计分题项。另外一个运用较少的版本是彼得森等人开发的阶段优势行为的测量问卷（Values in Action Rising to the Occasion Inventory，VIA-RTO），是这一种结构式访谈问卷。

（二）中文长处问卷（CVQ-96）

中文长处问卷（Chinese Virtues Questionnaire，CVQ-96）为简体中文

版，所有题目均从原版的 VIA-IS 的题库中取得，保留了 24 个品格优势的分类。

那么，中文长处问卷的由来是怎样的呢？2012 年，香港城市大学健康心理学博士段文杰、临床健康心理学教授何敏贤和西南大学张永红教授合作，基于中国传统文化背景下优势行动价值问卷的因子不变性（factorial invariance）和功能等价性（functional equivalence）进行了验证。通过定性和定量相结合的研究方法，对 839 名中国大学生进行了定量测试，对 40 名中国大学生进行了定性访谈，以了解原始问卷中每一道题目的含义和功能。经过 2 年研究，他们开发出了 VIA-IS 的中文版，命名为中文长处问卷。此问卷大幅缩减了题量，形成了含有 96 个题目、测量 24 种品格优势和 3 大长处的问卷①。

2013 年，上述学者又对中文长处问卷的心理测量学特征进行了全面检验，包括信度、因素结构、建构效度和跨时间稳定性等。878 名大学生和 153 名普通工人参与了“品格优势与长处调查研究”，完成了包括中文长处问卷在内的一系列问卷，以测量积极和消极的心理状态。测量结果支持了原先的三因素结构，在不同的子样本（学生 VS. 工人；男 VS. 女）之间具有因子不变性。每个因素（亲和力、意志力和生命力）都具有较好的内部一致性（0.87~0.92）、重测信度（0.70~0.76）、聚合效度、区分效度、增量效度、时间稳定性和理论意义。该结果为此问卷的心理测量学特征提供了坚实的科学证据和文化基础，并能够促进积极社会工作的测量与干预研究②。

2014 年，张永红和段文杰等对中文长处问卷在中国青少年人群中的适用性进行了心理测量学特征的评估，试图为进一步拓展该问卷的适用群体及开展积极特质研究提供依据。他们通过方便取样对 1 120 名青少年进行了测试，选取希望量表、感恩问卷和医院焦虑抑郁量表作为效度指标；6 周后对其中的 337 人进行重测。结果发现，该问卷总体内部一致性系数

---

① 相关成果“Factor Structure of the Chinese Virtues Questionnaire”发表在 *Research on Social Work Practice*（SSCI，Q1，Rank 5/41）上。

② 该文成果“Psychometric Evaluation of the Chinese Virtues Questionnaire”发表于 *Research on Social Work Practice*（SSCI，Q1，Rank 5/41），百度文库同时上传该文献。

为 0. 945，分量表内部一致性系数为 0. 878 到 0. 923；重测信度为 0. 738 到 0. 826；三个长处分量表验证性因素分析拟合指标均可接受；三个长处与积极心理变量（希望和感恩）呈显著正相关，与消极心理变量（焦虑和抑郁）呈显著负相关，效标效度良好。由此，最终认为中文长处问卷具有良好的心理测量学特征，可以在中国青少年中投入应用。

二、品格优势测量所存在的争议

对品格优势的测量曾经受到一些社会学家的质疑，如自我报告法陷阱重重，其效度将严重受到社会赞许性的影响等。对此塞利格曼回应道：“确实，自我报告法或多或少会受到社会赞许性的影响。但是，如果从积极心理学的角度来看待这个问题，则不管作为研究者还是实践者都倾向于相信，每个人自己才是自身问题的专家。”

自身的美德本来就不能完全脱离自我的解读，品格优势也不会轻易受社会期待之反应定式的影响。因为，所有的美德都是为社会所赞许的，而受测者诚实地报告自己的美德正是最值得社会赞许的行为之一，他们完全没有必要伪装自己是否具有某种美德。

最后需要指出的是，尽管目前已经开发了一些比较有效的测量品格优势个体差异的工具，但到目前为止，针对谦虚和勇气等品格优势尚没有有效的测量工具。同时，目前多数对品格优势的测量都是采用自我报告问卷的形式，但其问题的格式和长度不尽相同，妨碍了同时测查 24 种品格优势之统一问卷的形成。此外，目前绝大多数的测量工具都只适用于成年人。就同一品格优势而言，针对未成年人的测量往往与针对成年人的测量结果大相径庭，这极大地阻碍了对生命发展不同阶段品格优势发展变化的纵向研究。

概念术语

品格优势　美德　智慧　创造力　好奇心　开放性思维　好学　洞察力　勇气　勇敢　毅力　正直　活力　仁爱　仁慈　社会责任感　领导力　社交智慧　情绪智力　节制　宽恕　谦虚　谨慎　自我管理　升华　感恩　乐观　希望

复习思考

1. 什么是美德和品格优势？
2. 美德和品格优势有什么区别和联系？
3. 6大美德都包括哪些？
4. 品格优势的特点有哪些？
5. 24种品格优势分别从属于哪一类美德？
6. 目前有哪些关于品格优势的测量工具？
7. 如何培养品格优势？
8. 关于品格优势的测量存在哪些争议？
9. 天赋与优势有什么区别和联系？
10. 你的显著优势是什么？

拓展阅读

[1] 郭雯．性格优势与美德［M］．南京：江苏教育出版社，2013.

[2] 洛佩斯．积极心理学：探索人类优势的科学与实践［M］．王彦，席居哲，王艳梅，译．北京：人民邮电出版社，2013.

本章精彩内容，请扫二维码

第六章
乐 观

学习目标

▶掌握乐观的定义和测量
▶理解什么是负面偏差
▶掌握乐观的影响因素
▶了解提升乐观的作用
▶掌握提升乐观的方法
▶掌握习得性乐观的原理和方法

第一节　乐观概述

一、乐观的定义

早期研究对乐观的定义不够清晰，如基于期望-价值论而提出的气质乐观理论，认为乐观是一种人格特质。气质乐观是一个重要的人格维度，拥有这种人格倾向的个体对于未来有积极的期望，并认为其所期望的结果是可以经过坚持不懈的努力而达到的。现实中，人们对积极或消极结果的期望具有跨时间和跨情境的一致性，这促使个体形成积极或消极的情感状态，并最终造成积极或消极的行为结果。

积极心理学家塞利格曼则基于习得无助和归因理论提出了归因乐观理论，认为乐观是一种解释风格。通常而言，解释风格分为两种：乐观解释风格和悲观解释风格。乐观解释风格倾向于将坏事件归因于外部的、不稳定的、具体的原因，将好事件归因于内部的、稳定的、普遍的原因；悲观解释风格则倾向于将好事件归因于外部的、不稳定的、具体的原因，将坏事件归因于内部的、稳定的、普遍的原因。

二、乐观测量

（一）生活倾向问卷

沙伊尔（Scheier）和卡弗（Carver）编制了生活倾向测验（LOT），随后又进行了修订并形成生活倾向测验修订版（LOT-R）。LOT-R 是一个简单的自我报告问卷，总问卷的分数越高代表越乐观。该问卷的内部一致性系数为 0.76，4 周后的重测信度是 0.79。后续研究显示，该问卷具有较好的信度、结构效度、聚合效度和区分度。曹新美（2008）修订完成了 LOT-R 中文版。LOT-R 中文版采用李克特 9 点评分法，共计 7 道题目，其中 4 道题目用来测乐观，3 道题目用来测悲观，见表 6-1。

表 6-1　LOT-R 中文版（选项略）

1. 我总看到事情好的一面
2. 我几乎不指望好的事情会发生在我身上
3. 总之，我认为发生在我身上的好事会比坏事多
4. 如果某些不好的事情会发生在我身上，那么它就会发生
5. 在某些不确定的时候，我总是认为最好的会发生
6. 我从不期望事情会朝我希望的方向发展
7. 我对我的未来一直很乐观

由表 6-1 可知，该问卷中 1、3、5、7 是测乐观的题目，2、4、6 是测悲观的题目。有研究以 497 名大学生为被试，结果显示乐观的平均分为 6.13，悲观的平均分为 3.33。

根据在两种倾向上的得分高于或低于平均数，可对被试进行归类。如果个体在乐观倾向上的得分大于平均分，同时在悲观倾向上的得分也大于平均分，则为高乐高悲组，又称双重倾向组；如果个体在乐观倾向上的得分大于平均分，同时在悲观倾向上的得分小于平均分，则为高乐低悲组，又称真乐观组；如果个体在乐观倾向上的得分小于平均分，同时在悲观倾向上的得分大于平均分，则为低乐高悲组，又称真悲观组；如果个体在乐观倾向上的得分小于平均分，同时在悲观倾向上的得分也小于平均分，则为低乐低悲组，又称倾向不明组。

对上述 497 名被试进行分组后的结果显示，高乐高悲者占 21.9%（109 人），高乐低悲者占 34.0%（169 人），低乐高悲者占 24.1%（120 人），低乐低悲者占 20.0%（99 人）。可见高乐低悲（真乐观）者最多，其次是低乐高悲（真悲观）者。

（二）归因风格问卷

到底是什么决定了人的乐观和悲观？对此塞利格曼提出了一个概念，即解释风格，也称归因风格。所谓归因风格，是指个体在长期的归因过程中形成的比较稳定的归因倾向。这种风格会对人的情绪、情感、期望、动机等产生重要的影响。解释风格有三个衡量维度：永久性、普遍性和人格化。

如前所述，解释风格可分为两类：乐观解释风格和悲观解释风格。乐观解释风格是将坏事件归因于外部的、不稳定的、具体的原因，将好事件归因于内部的、稳定的、普遍的原因；悲观解释风格是将好事件归因于外部的、不稳定的、具体的原因，将坏事件归因于内部的、稳定的、普遍的原因。解释风格是人长期形成的、面对事情的自然反应，其中悲观的解释风格一般是永久性、普遍性和人格化的。这种解释风格造成了悲观的人格特质，并且悲观的人会反复咀嚼不如意的事情，形成“反刍”。例如，一个人的成绩不理想，如果他认为这是因为自己笨而造成的，这就是永久性、普遍性和人格化的解释风格；如果他认为这只是因为自己这一阶段不够努力，就是暂时性、非普遍性和非人格化的解释风格。

彼得森和他的同事编制了归因风格问卷（ASQ）。ASQ 一共包含 36 道题目，采用李克特 7 点评分法，一共包含 6 个维度，每个维度包含 6 道题目。受测者在维度一、二、三的得分越高，表示其越悲观；在维度四、五、六的得分越高，则表示其乐观水平越高。王纯和张宁（2006）研究发现，该问卷的中文版具有良好的信度和效度。ASQ 的 6 个维度具体为：

- 消极事件归因，即内部-外部（IN）。
- 消极事件归因，即普遍-特定（GN）。

- 消极事件归因，即稳定-不稳定（SN）。
- 积极事件归因，即内部-外部（IP）。
- 积极事件归因，即普遍-特定（GP）。
- 积极事件归因，即稳定-不稳定（SP）。

（三）言语解释的内容分析

所谓内容分析法，是对各种材料、记录的内容、形式、心理含义及其重要性进行客观、系统和数量化描述的一种研究方法。它通常是先抽取有代表性的资料样本，然后将资料内容分解为一系列的分析单元，按预先制定好的分析类别与维度系统、严格地进行评判记录，并在此基础上对结果进行统计分析。有人曾对《红楼梦》前80回和后40回平均每千字所用的虚词数量进行了分析并得出结论：后40回不是曹雪芹写的。这样的研究就是运用了内容分析法。

言语解释的内容分析（CAVE）是内容分析法的一种，也是一种用来评估乐观解释风格的方法。塞利格曼等利用此分析技术对1900年到1984年以来22次美国总统选举中的竞选演讲词进行了分析，发现在演讲中更多表现出乐观的候选人更容易在竞选中获胜。

CAVE评估过程可分为以下四个步骤。

1. 选取事件

从个体平常的各种言语材料中选取一些有关“积极和消极事件及其因果关系”的解释的片段，个体的言语材料主要包括日记、信件、作文、平时所做的演讲、与人会谈时的谈话记录以及接受心理治疗时的病历等。要注意的是，事件必须真实、有意义，而且应为正向或负向两种类型。

2. 选取事件解释单位

在事件中必须包含个体自己对事件所做的因果解释。如果个体对许多事件的因果解释基本上具有一致性的解释维度，这应该就是该个体的解释风格。例如，老板对一位员工的工作有意见，于是该员工就与老板争吵了起来。为什么他要与老板争吵呢？可能有许多原因造成了这次争吵。个人在做因果解释时，可能无法考虑全部的因素。大部分人往往可能只会提到一两个其特别留意、关心的理由，而这一两个理由就可能构成了其解释风格。彼得森和塞利格曼认为，解释风格是一种认知特质（cognitive trait），每个人的解释风格基本是稳定的。但也应当看到，个体的解释风格不可能无时无刻保持一致性，变动会随时间以及情境的变化而发生。因此，在使用 CAVE 时必须选择一些不同类型的事件，如同时包含成就取向与关系取向的不同事件。

选取事件解释单位（event-explanation unit）时应注意：此处关于事件的定义，是指个体所处环境中发生的刺激，而且对个体而言是正向或负向的。事件可能是心理的（mental）、社会的（social）或物理的（physical），可能指向过去、现在或未来。但是以回答者的观点来看，必须是清楚的正向或负向事件。例如，我和我爱人去见一位临床医师，这件事既可能是负向事件也可能是正向事件，这取决于个人的解释。当回答者对事件有一个明确的看法或观点时，就可以将它选取出来。如果某一事件同时具有正向、负向或中立的解释，那该事件就不应该被选取。同时，解释必须是回答者本身的话语，而不能是别人的解释或是引自别人的话语。例如，老板将我安置于一个重要的空缺职位，他说因为我有最好的写作技巧，所以希望我担任那个职位。这就不是令人满意的答案，因为解释来自雇主而非回答者自己。此外，解释必须是对因果的描述，而非原因的延伸；解释必须是回答者所能理解的文字，内容可以包括其他事件、行为、特质等。

3. 评分者认定所选取的事件

所谓评分者认定所选取的事件，就是由不同评分者对事件是符合正负性和因果性等标准进行判断。评分者在评定被抽取的事件解释单位之前，必须先确定对事件的各个解释是随机呈现的，因为这可以避免评分者之间的误差。实践中，只有不同评分者之间的一致性大于 90%时才有足够的评分者信度。要达到这种一致性标准，需要事先确定严格的标准去做因果的确认。

以下，是可接受的事件解释单位。

事件：我对我儿子发了脾气。

解释：我说的话他一个词都没听。

事件：我的姐姐对待我比较粗鲁。

解释：她根本不在乎我的感受。

以下，不是可接受的事件解释单位。

事件：我一定是生病了。

解释：因为我觉得昏昏欲睡，而且咳嗽得很厉害。

注意，上句中有“因为”这个词不一定表明这是有关因果的解释。在这个例子中，个体只是描述了生病的症状而非原因。

4. 评分者对归因维度进行评分

评分者对归因维度进行评分是指由专业人员对这些事件及其因果关系材料中的因果陈述句采用内部–外部、稳定–不稳定、普通–特定三个维度进行评分。评分一般使用 7 个等级。7 分表示最内部的、稳定的、普遍的解释，1 分表示最外部的、不稳定的、特定的解释。把评定等级相加，就可以得出个体的乐观和悲观解释风格分数。

（1）内部–外部维度。该维度反映了自我或他人因素在造成特定事件发生中的重要程度，用于区分自我或他人归因，主要评分依据如下。

1 分：别人的行动、作业的难度、时间或环境等外在因素。

7 分：人格、身体特质、行为、决心、信念、动机、知识能力、疾病、受伤、年龄、社会或政治地位等。

2~6 分：表示介于上述二者之间。

（2）稳定–不稳定维度。该维度反映了主要是由稳定的原因还是不稳定的原因而引起了事件的产生，因为评分时我们评定的是原因的稳定性，而非事件的稳定性。稳定的原因，指持续或难以更改的原因；不稳定的原因，指临时性的原因。评定稳定性的固定方式是询问“这个事件由于这个原因而发生的频率有多高”，如果个体总是一致性地提供稳定的原因，则表示这往往是难以更改的。以下四点可以帮助我们为原因的稳定性评分。

第一，解释原因的时态。以过去时态描述事件的发生原因，则比用现在时态或进行时态描述的稳定性更低。

第二，未来再发生的可能性。未来可能发生的原因，相比难以再发生的原因，稳定性更高。

第三，间断性或持续性。间断的原因比持续的原因稳定性低。例如，天气相比生理特质而言，稳定性更低。

第四，特质或行为方面的原因。通常来说，归因于特质比归因于行为更具有稳定性。

当然，这些标准是在评分的时候使用的，它们不一定适用于所有案例，也不一定在任何案例中的权重都相等。

(3) 普遍-特定维度。该维度反映了个体解释事件的原因是普遍的还是特定的。所谓普遍，强调原因影响的是整体的生活；所谓特定，强调原因的影响只限定在某些范围。当然，实际操作中我们永远不可能有足够的信息做标准来判断原因的普遍性或特定性程度，因为我们不可能确切地知道该原因对特定个体到底有多重要。通常来说，这方面的判断标准都和“成就”或“关系”的特质有关。其中，成就包括工作与学业的成功、知识与技能的累积、个体意识或独立意识（sense of individuality or independence）以及社会地位，关系则包含亲密的人际关系、归属感、游戏（玩伴）以及夫妻关系或家庭成员的健康等。

在这一维度中，评分考虑的重点在于事件的后果对成就与关系的影响分别有多大。其中，普遍性评定与稳定性评定有着高度的相关性。普遍性强调的是跨空间的一致性，稳定性强调的则是跨时间的稳定性。在做普遍性的评定时，只需要评估当时的影响，而不必将跨时间的因素纳入其中。也就是说，这是对一个时间点的评定，而不是对一段时间的评定。此外，由于稳定性取向与普遍性取向存在显著的关联，所以评分者的独立评定是非常重要的。

在运用 CAVE 评估解释风格时要确保以下两点：一是各个步骤的工作都要由经过严格训练的专业人员来完成；二是这些专业人员对被试的情况以及测量结果都是一无所知的，这有点类似于实验心理学上的“双盲实验设计”，否则容易出现很大的倾向性误差。

三、乐观的影响因素

（一）先天因素

按气质的分类，可分为多血质、胆汁质、粘液质、抑郁质等。其中，多血质和胆汁质的人天生性格比较外向，容易形成乐观的性格；而粘液质和抑郁质的人则偏内向，个性比较温和，别人不易察觉他们的内心世界。

（二）家庭气氛

家长是孩子的第一任老师，孩子的性格很大部分程度都是在家长教育下潜移默化形成的。通常来说，如果父母本身较乐观，那么孩子在耳濡目染之下，对事物的看法也常常比较乐观；反之，如果家长本身处事较为悲观，那么孩子往往也很难乐观得起来。

可见，父母的一举一动都对孩子有巨大的影响力。要培养乐观的孩子，父母自己先要具备乐观的精神。如在日常生活中，父母面对问题时要冷静处理，而不要过多埋怨，消极悲观。这样，孩子会以父母为榜样，对待生活、问题时也会保持乐观、健康的心态。

（三）教养方式

现代社会提倡民主教育，这并非让孩子去挑战家长的权威，而是说要使孩子在自主、宽容、友爱的环境下成长。然而。现实中有不少家长的教育意识还停留在老旧时代，对孩子不是太过严厉就是过度溺爱。

事实证明，父母的教养方式会在很大程度上影响孩子的人生观。过度要求的教育方式，往往导致孩子的思考方式僵硬、不敢尝试、缺乏安全感、退化、缺乏自信或要求完美；而溺爱式的教育方式，只注重满足孩子的物质需求，却放任孩子的行为，这种教育会导致孩子不易学会社会常规，任性、为所欲为。所以，父母的教养方式要张弛有度，对孩子的过火言行要及时纠正，使之沿着正确的方向发展；同时也要给孩子充分的自我发展空间，只要不触及原则和底线，就要鼓励孩子大胆行动。

四、负面偏差

关于负面偏差，《哈佛幸福课》里的一个小实验很好地说明了这一点。实验中，塔尔（Tal）老师先展示了一张图片并提了一个问题：这个图片中有多少几何图形？同学们计算之后，得出了不同的结果。然后塔尔老师撤下图片，再次问了大家一个问题：图中的公交车上有多少个孩子？就是这样一个简单的问题，能够回答正确的人却寥寥无几，为何如此？因为大家的思维和行动都被老师之前的问题所吸引过去了，注意力全都在几何图形的个数问题上，根本没有注意到公交车和车上的孩子。可见，“问题”往往会引导我们的思维，面对什么样的问题就会有什么样的思考和探索方向。

目前心理学界对正面和负面的研究结果呈现出了 1∶14 这样的比例，也就是说，每一个正面（如积极、幸福、健康等）的研究成果所对应的是 14 个负面（如悲观、精神疾病、恐惧、无助等）的结果。实际上，不仅仅是心理学界更加关注负面的东西，其实大多数人关注的也往往是负面的事物。那么，是不是说我们关注负面的东西不好呢？并非如此。其实，对负面信息的关注更多是人类的一种本能。原因在于，一是负面印象比好印象更加容易形成（Bad is stronger than good），并且修正一个坏印象所要付出的努力和代价非常大。二是坏事比好事对人们的影响更大。有这样一个实验：邀请受试者与实验人员打赌，输了要给实验人员 9 万元，赢了则能赢得 10 万元。很明显，10 万元比 9 万元要多，可是被邀请的人却大都不愿意参与，为什么呢？因为他们觉得输掉 9 万元是一件非常重大且痛苦的事，哪怕可能性很低也不愿意冒这个风险。三是不良的言行比良好的言行对一段关系的影响更大，无论是亲密关系、亲子关系或同事关系等。有研究表明，一旦我们在关系中有了一次消极互动，那么至少需要 5 次以上的积极互动才能够抵消上一次消极互动所造成的结果和影响。四是我们的大脑对不良刺激的反应比对良好刺激的反应更加激烈，而且留存的记忆更深。这一点也很好解释，在远古时代，人类本能的需要是食物和生存，但是当一头剑齿虎悄悄靠近我们时，我们很难再去注意树上的香蕉，哪怕我们当时已经非常饥饿。就这样，人类的大脑经过成千上万年的进化，形成了现在这样容易注意动态、负面、消极信息的特点，而这也是为了更好地留意威胁的存在，以更好地传播基因，更好地生存和繁衍。

当然，在如今这样高度发达的时代，过度关注负面信息已无法为我们带来多少益处，反而会影响我们的思维和身心健康，毕竟像我们祖先所面临的那些威胁很多已经不复存在了。那么，为什么我们还会产生负面偏差呢？重要原因之一就是基因的稳定性，或者说是“顽固性”。

其一，坏事的后果通常比好事的后果更加严重，更不可逆，因此我们更倾向于关注坏事。

其二，人类大脑能够同时处理的信息极为有限，而每秒钟进入我们大脑的信息量却相当巨大，这就使得我们只能选择性地关注一些更为重要的信息，如负面信息，因为它们是保障我们生存和繁衍的基础。

那么如何平衡（此处不讲消除，是因为我们并非要用积极来代替消极，用正面来代替负面，而是希望用更多的正面来中和、平衡负面）负面偏差呢？心理学家赵昱鲲给出了相关建议——建立自己的积极档案，而这也是前面那位塔尔老师给我们的建议，他甚至给我们展示了标准的积极档案。建立积极档案的目的，在于时刻提醒自己生活中还有许多美好的事物，还有很多积极、正面、值得我们一试、值得我们为之奋斗的东西，因此我们不能只关注消极的东西。

那么，我们的积极档案里都应该装进哪些东西呢？在这份档案中，包括但不限于以下这些内容：

- 全家福、孩子们的美照；
- 亲人和朋友与我们的合影、在外观游玩的照片；
- 我们曾经取得的成就和工作上的荣誉（可以放一些与客户和同事的合影）；
- 美好的回忆。
- 憧憬的未来，如想去某处游玩、想去某地学习以及取得学位等。
- 向往的地方，如中外名胜古迹等。
- 感兴趣的事，如艺术/名画、诗歌、书法、运动等。
- 积极的榜样。
- 投资定投的成果。
- 美食。

…………

以上这份积极清单档案可以在一生中随时补充。其实，只要时常看看这些生活中的美好点滴，我们真的会感到越来越幸福。因此，我们要相信未来还有无限的可能等着我们去挖掘，等着我们去探究。

第二节　乐观的作用

一、乐观与生理健康

（一）乐观促进健康

1. 乐观与疾病

有观点认为，乐观的个体不容易生病，且在生病后更容易康复。对此，美国杜克大学和哥伦比亚大学的研究人员对 2 400 名慢性心绞痛患者进行了跟踪研究。心绞痛是指当心脏供氧不足时发生的胸痛，患者一般需要接受一种阻断心脏动脉的治疗方法，即血管重建术；心绞痛这一病情发作时往往很严重，需要送急诊救治。研究人员先对受试患者的乐观程度进行了测试及问询评估。他们中“非常乐观”的占1/4，“比较乐观”的占2/5，“不乐观”的占1/10，其余为中性。随后的数据分析发现，病人的乐观程度每提高一些，患病过程中必须送去医院救治的概率就下降一些。在将近两年的随访中，那些最乐观的病人因心绞痛住院的概率比不乐观的病人低40%左右；此外，他们也极少需要附加的血管重建手术。

该研究的主要作者、杜克大学医学中心心脏病学研究员法纳洛夫（Fanaroff）博士指出，虽然研究只发现了一种非必然因果关系的联系，但仍然表明病人保持积极乐观心态有助于对抗疾病。研究结果表明，当医生认为患者由于诊断结果、未来病情发展等各种原因而感到悲观绝望的时候，最重要的是帮助他们摆脱这种负面情绪，鼓励其对未来的治疗抱有希望。患者因此产生的积极乐观情绪，可能会对病情的发展带来意想不到的效果。近年来陆续进行的多项其他研究也证实，乐观态度在对抗癌症、脑卒中、呼吸系统疾病以及感染等疾患方面能起到类似的积极效果。对此专家推测，这是因为一个人的情绪、心态会改变体内有害和有益激素的水平。

一项从20世纪30年代起就开始对哈佛男生所进行的跟踪研究也表明，乐观的人成绩更好，乐观的学生的成就也更加突出。此外，塞利格曼还对一些患癌人士进行了一项干预，结果同样表明，接受乐观认知疗法的癌症病人的免疫细胞活性更高。这说明，乐观不仅在人健康时有益，而且在生病时，乐观也是帮助人们战胜病魔的重要因素。

2. 乐观与免疫力

研究表明，乐观个体的免疫反应、激素水平和脑神经递质的分泌等均好于悲观个体。美国一项最新研究显示，乐观的生活不仅能够改善人的情绪，而且能够提高人体免疫力。研究人员对一组大学生新生进行了跟踪观察，对他们的乐观指数以及免疫系统的相关反应进行了记录分析。结果发现，生活态度越乐观的人，其细胞免疫功能（即机体对抗外来病毒和细菌的功能）就越强大，而一旦乐观指数下降，细胞免疫功能也会相应降低。

3. 乐观与长寿

乐观的个体更加长寿。这一点是毋庸置疑的，乐观的人免疫系统更强，也更健康、更长寿。俗话说，笑一笑，十年少，愁一愁，白了头。能够吟出“自古逢秋悲寂寥，我言秋日胜春朝。晴空一鹤排云上，便引诗情到碧霄”的诗豪刘禹锡就是个乐观主义者，享年 71 岁，这在古人中已是高寿。乐观对健康长寿的作用由此可见一斑。

4. 乐观影响生理健康的机制

乐观会带来积极的情绪体验和反馈，也由此会促进健康的行为模式

（二）乐观促进健康的方式

1. 乐观能够防止习得性无助的发生，从而增强免疫系统

来自维辛坦娜（Visintainer）的研究报告显示：有习得性无助感的老鼠比较容易患癌症。这个发现很快被更多更详细的免疫系统研究所证实。免疫系统中有一种 T 细胞，它可以辨识入侵者（如麻疹病毒），然后快速地繁殖自己，进而将这些入侵者消灭掉，另一种天然杀手细胞（NK 细胞）也可以扑杀它们遇见的任何入侵异物。研究者在有习得性无助感的老鼠身上发现，它们的免疫系统功能减弱了，它们血液里的 T 细胞不再快速繁殖，脾脏内的 NK 细胞也失去了杀死入侵者的能力。这些研究显示，习得性无助不只是影响了行为，而是会深入细胞之中，使免疫系统变得被动。那么，这对解释风格来说又有什么特殊意义呢？解释风格是习得性无助的核心。如前所述，乐观者可以抗拒习得性无助，当遭遇失败时，他们不易变得抑郁，也不会轻易放弃，而习得性无助的情况越少，免疫系统就越强健。所以，乐观影响健康的第一个方式就是防止习得性无助的发生，进而使免疫系统强健有力。

2. 乐观能够促使个体保持良好的健康习惯，且不讳疾忌医

乐观增进健康的第二个方式是使我们保持良好的健康习惯，有病及时就诊，而不讳疾忌医。悲观的人认为生病是永久的、普遍的和人格化的。他们会认为：“我怎么做都没用，那又何必多此一举？”一个对 100 名哈佛毕业生为期 35 年的长期追踪研究发现，悲观者比乐观者更不容易戒掉抽烟的习惯，更容易生病；乐观者则习惯于掌握自己的命运，并采取行动来防治疾病。

3. 乐观能够减少坏事件发生的次数

统计显示，一个人在某一段时间内遇到的坏事越多，越容易生病。例如，在6个月内连续经历搬迁、被解雇和离婚的人的患病概率最高，甚至得心脏病和癌症的比例也比一般人高。所以即使自己觉得很好、没事，还是应该在换工作、退休、离婚或亲人过世时特别注意身体健康。数据表明，丧偶的人在头6个月的死亡率比之后高出好几倍，所以如果有这样的情况发生，一定要让他/她的伴侣去做一个彻底的体检。那么，谁会遇到较多的不幸事件呢？答案是悲观的人。悲观的人比较被动，较少主动采取行动来避免不好的事，而且在事情发生之后也较少采取行动来终止这些事，所以他们发生不幸事件的概率就比一般人高，包括生病在内。

4. 乐观能够得到更好的社会支持

乐观可以促进健康的又一个方式在于得到更好的社会支持。拥有一份深厚的友谊和爱情对身体健康很重要。研究显示，没结婚的人患抑郁症的概率要比结婚的人高。即使只是一般的朋友，也会对我们抵御疾病有所助益。

二、乐观与心理健康

大量研究表明，乐观与心理健康关联密切。乐观对身心康宁状态的有益影响也已经得到了很多科学验证，即乐观与积极的健康结果相联系，因为乐观能够帮助人们更好地适应并应对各种应激情况。研究显示，无论在诸如新生入学还是空难创伤等应激源中，乐观都与更好的心理适应相联系。乐观对心理困扰也有直接的预测作用。在阿玛特（Armatalle）和鲍德温（Baldwin）的研究中，乐观的个体报告更少的心理困扰症状。安德森（Andersson）的研究也发现，乐观的人一般对未来抱有积极的期待，在有压力的情境中的心理困扰也较少。此外，鲍德温等人对非裔美国大学生的研究也显示，乐观者感知的压力较少。

一些关于情境适应的研究，检验了在可控应激源情境下乐观和积极适应结果以及更少心理困扰之间的关系，如大学适应、大学学期末的适应和高危妊娠情境适应等，结果显示乐观在减少心理困扰和增进情境适应等方面有直接的效果。有国外学者（Aspinwall and Taylor，1992）通过研究测量了大学第一学期新生的康宁状态。结果显示，更高程度的乐观和更低程度的心理困扰相关。沙伊尔和卡弗拓展了这一研究，他们发现，经过大学第一学期后，乐观的学生发展出了更多的社会支持，同时表现出较小的压力和较少的抑郁症状。麦景图（Mclntosh）等对新生儿加强看护病房（NICU）中母亲的研究发现，乐观能够促进母亲的产后适应，且乐观和较少的心理困扰直接相关，即乐观母亲产后的身心困扰更少。

所以乐观与积极情绪的关系是：乐观能带来更高的幸福感，更低的苦恼水平。乐观与积极认知的关系是：乐观能带来更少的压力，更多的积极评价。乐观与积极行为的关系是：乐观能带来更积极的应对方式。

三、乐观与人际关系

显而易见，乐观的人拥有更多的社会支持。大家都喜欢和积极乐观的人交往，他们就像太阳能将周围的人照亮。因此同悲观者相比，乐观者更容易获得深厚的友谊和爱情，尤其在遇见危机或遭受厄运时，朋友、亲人的安慰和鼓励会给他们更多战胜困难的勇气。很多心理学研究发现，乐观的人拥有更好的夫妻关系和更好的亲子关系，也有着更强的关系恢复和适应能力。

四、乐观与自我管理

乐观之人，其成就、表现更佳。国外有一项对大都会保险公司销售人员的调查研究，结论是：首先，乐观员工比悲观员工的业绩高 20%；其次，最乐观的四分之一员工比最不乐观的四分之一员工的业绩要高 50%；最后，乐观但能力不足的员工前两年的平均业绩比其他员工要高 27%。这是因为：乐观的个体更容易在任务中坚持下去，愿意付出更多；乐观的个体更善于进行多目标管理；乐观的个体更善于优化资源的分配。这真是一项发人深省的研究结果。

第三节　习得性乐观

负面偏差是深入我们基因中的一种选择，那么我们该如何走出负面偏差的困境呢？秘诀就在于习得性乐观。掌握这项技巧的最重要之处，就在于了解我们自己。

首先，我们得了解自己，这样才能够应用各种技巧。其次，我们还要真正转变自己的思维模式（mindset），转变思维确实是一项不可多得的能力，但事实上大部分人却做不到。知乎上有个很火的问题是：有哪些思维方式很重要，但大多数人却做不到？其中有许多高赞回答都干货满满。但是，即便很多人知道了这些道理，却依然过不好这一生。这是因为，一个成年人的思维几乎是定型的，传授再多的技巧都不如转变自己的思维更重要。

既然乐观有这么多的优势，那么如何培养自己乐观、积极的心态呢？对此，我们要从乐观的机制入手。“积极心理学之父”塞利格曼最开始研究的是习得性无助，即个体在经历了挫折、不幸和失败之后，再次面临问题时所产生的一种深感无能为力的心理状态和行为。如前所述，在他那项著名实验中，那些遇到电击却无法逃脱也无法做任何事情改变状况的狗就只得缩在笼子里，等到将电击这个外在条件去掉并再次把它们关进笼子后，即使笼门大开，遇到电击时这些狗依然只会躲在角落里瑟瑟发抖，而根本不会选择逃出笼子，这就是习得性无助。这就好比一个人在遭遇了重创之后，不再指望与命运作抗争，而是整日借酒浇愁。习得性无助或许是人生最为悲惨的状况之一，没有了斗志，没有了信心，没有了打翻身仗的勇气。

即便如此，研究人员在实验中也发现，有些狗无论外部状况如何，都会努力寻找笼门跳出去。生活中，我们同样也会发现那些屡败屡战，最终战胜困难，走向人生巅峰的勇士。在一定程度上，乐观这种品质与先天有关。对天生勇敢之人的研究发现，乐观者与悲观者的差别主要在于归因风格的不同，也就是说，如果我们能改变自己的归因风格，将悲观的归因风格转变为一种乐观的归因风格，那么乐观也是一种可以后天习得的品质。所谓归因风格，就是当有事情发生尤其是发生坏事时，对此的看法、解释和诠释风格。关于归因风格，在塞利格曼的《活出最乐观的自己》（*Learned Optimism*）这本书里有详细的介绍。通过归因风格测试，我们可以找到自己的归因风格。

我们不难发现，乐观之人总是会将坏事解释为暂时、特定、环境等原因，而将好事解释为永久、普遍、个人等原因。悲观者的解释风格则正好相反，他们会将坏事解释成永久性（坏事会永久发生在自己身上）、普遍性（坏事会发生在我生活的方方面面）、个人性（坏事是由我自己的缺陷造成的）等原因。由此可知，当一件坏事发生时，其实往往并不是由事件导致了我们的坏情绪，而是由于我们对事件的看法和诠释引发了我们对此事的感受，进而造成某些行为，造成某种后果。积极心理学的干预就在于纠正对坏事的悲观看法，从而培养出后天乐观之人。

那么，如何培养习得性乐观呢？

第一，战胜永久性悲观。当一件坏事发生时，不要把它推广为永久性的坏事，事实上今后它也不见得会一直发生。

第二，战胜普遍性悲观。一件坏事发生时，不要把它推广成为普遍的坏事，它不见得还会在我们人生中的其他领域发生。

第三，战胜个人性悲观。当一件坏事发生时，不要把它推广成个人化的坏事，它不见得是由我们自己的品格所引起的。

习得性乐观最重要的是教会我们反驳自己的悲观念头，并以事实为依据，寻找能够支持自己乐观的证据，从而让我们改变自己的认知，采取积极的行动，把坏事变成好事。

在习得性乐观中，有五个重要的步骤。我们称其为“ABCDE”练习法：A（Adversity，指不幸事件，坏事）、B（Belief，信念，指对不幸事件的解释和想法）、C（Consequence，后果，即由我们的想法所带来的后果）、D（Disprove，反驳，即反驳自己的负面想法）、E（Energizing，激发，当出现悲观想法后，如何激励自己去行动，去改变）。

下面，通过一位网友的经历来描述“ABCDE”练习法。

我家老大小时候属于高需求的宝宝，特别是在哄睡这块，到18个月才能睡整觉。老大29个月时，老二出生。从老二从出生到现在，我经历了无数次两个孩子同时闹着抢妈妈的情况。每每这个时候，我总是接近崩溃，一方面怨自己为啥要生两个孩子，另一面又怨先生和家人帮不上忙。这着实让人委屈，刚开始总是孩子哭，我也哭，哭得心里更加难受。后来，阅读了大量的相关书籍后，我开始将习得性乐观运用到了生活之中。或许是一次又一次地练习让我的心态发生了变化，也可能是随着孩子渐渐长大，彼此之间终于找到了合适的相处方式，现在虽然偶尔还是鸡飞狗跳，但生活总算朝着越来越好的方向发展了。

有一天早上，我按照平常的习惯早起翻译稿件，但是老二不知道怎么搞的总是醒。每醒一次，我的心态就崩一次，心里埋怨这孩子怎么这么磨人。随着孩子醒的次数增加，我更加着急，好几次都想吼孩子。好在此时我想到了习得性乐观，于是开始进行 ABCDE 练习。

事件（A）：孩子总醒，稿件着急，心态崩溃。

想法（B）：为什么孩子这么不听话，怎么就不知道现在我的稿件很着急呢？我怎么这么倒霉，每次遇到急稿时孩子就不听话，不配合。

后果（C）：心态崩溃，陷入受害者思维无法自拔。

反驳（D）：①先刹住悲观的念头；②找到反驳悲观念头的证据，越多越好；③将事件放到长远的环境下看，目光放长远。

具体如下："慢着，我的想法对吗？（刹住悲观念头），每次我工作时孩子都会给我添乱吗？这完全不对，大部分我有急稿要交的情况下，孩子都很乖，不然我之前哪能完成那么多稿件？我这是在将负面事件泛化，完全不对（找到反驳自己悲观思维的证据，越多越好）。孩子不听话吗？这也不对，他现在只是个婴儿，有需求自然就会找妈妈，这是很正常的，不要着急上火，越着急反倒越不利于让孩子安静下来（找证据）。现在孩子还小，所以离不开妈妈，迟早有一天，他们会长大的，迟早会将我想要的自由还给我的。大家不都这么说，孩子大了，上学了就好了吗？我想我现在就是太着急了，再加上有稿件要赶，所以心态有点失衡（目光放长远）。"

激发（E）：找到了孩子其实并不磨人，自己也并不是个失败妈妈的证据之后，我开始想办法。先将队友（我老公）叫醒，让他看一下孩子，自己则进入工作室完成工作。孩子爸爸见我很忙，赶紧接过了任务，顺利地哄好了孩子，并给了我两个小时完整的看稿时间。接下来，我顺利完成看稿任务，然后赶紧去陪伴孩子。

可见，激发的过程就是走出悲观思维，积极寻找解决方案的过程。

虽然人这一生总会遭遇失败，但失败并非完全无解，我们要善于从失败中学习（Fail to learn，learn to fail），唯有这样，才能始终心向光明。

学习乐观不是一蹴而就的过程，需要勤加练习才行。最关键的就是要改变自己的思维模式，找到自己的诠释风格，然后从乐观的角度加以解释。一件坏事的发生不仅仅是自己的问题，还有很多其他外在的原因。最重要的就是不要苛责自己，而是尽量客观地看待整个事件。

以上就是我对习得性乐观的理解。我能解释的只是这一理论的小小一点而已，希望感兴趣的朋友可以自己去阅读、去理解、去研究，我也会将练习、践行过程中的感悟继续与朋友们分享。希望我们始终心怀希望，乐观向前。

当然，有些情况并不适合使用习得性乐观，如危险而不确定的事（且一旦失败代价很大时），就不建议用习得性乐观。因为此时太乐观反倒容易产生不好的影响，用悲观些的态度反而会更好一点。

总之，尊重事实，强调准确、全面的事实，这就是我所理解的习得性乐观之精髓。

第四节　提高自我效能，变得更乐观

谈到“自我效能”，或许不少人会觉得只有那些本身就能力很强、很有潜力的人才可能拥有较高的自我效能。但是这种想法有些片面。虽然自我效能和绝对意义上的能力（skill）有关联，但对自己的观察其实是自我效能建立的最大信息来源：遇到曾解决过的问题时，过去的成功经历会提高我们的自我效能，让我们相信自己的确有能力带来积极转变；与之相反，过去的失败经历会让我们误以为无论自己付出多少努力都无法让处境发生改变——即便努力实际上还没有发生。

所以，暂且不论我们的能力上限在哪里，调整认知总会有助于我们将自己的能力更好地发挥出来。

一、善于利用脑内小剧场

低自我效能的人在着手解决问题前，往往会在脑中预演千万种失败的可能性。低自我效能常常是伴随着低心理韧性的：一个假想中失败的可能性，都足以让他们踌躇不前，越想越害怕，越琢磨越无法真正下手。他们会说，永远有解决不完的问题，即便我做出尝试又如何？这早就超出了我的能力范围，不过是徒劳罢了。一旦实操后真的失败了，他们又会立刻合理化自己的失误：我本来就做不好嘛，失败了才正常。

为了培养、提高自我效能，我们要反其道而行之：在脑海中预演多种成功的可能性，客观分析成功的必要因素，在解决问题的过程中可能会碰到哪些问题，针对每个问题又有哪些解决方案……我们要接受的，是每个人都需要做准备，以及每个解决方案都不可能简单地一步到位；我们要习惯的，是通过提前演练认识自己的能力，并接受自己的考虑可能不会百分之百周到。

对习惯了做充分准备与演练的人来说，解决问题时没能一次成功，意味着准备做得不够充分，还有进步空间，而不意味着自己有缺陷，对现状无能为力。这种对失败的归因方式被称为成长型思维模式（growth mindset）（Dweck，1999）。对积极乐观、自我效能高的人来说，凡人凡事都有进步的空间，而失败恰恰帮他们指出了这片区域。

二、分清优缺点，不要为难自己

虽然我们渴望在更多领域都能优秀，但没必要因这种渴望而故意与自己过不去。因为自我效能并不是一个跨问题、跨分类的概念：在某一类问题上有高自我效能，并不意味着自己在面对一切问题时都有同等的力量。

这也是为什么我们都觉得自己有擅长与不擅长的事情。例如，有人自信无论多难的数学题，只要给他/她足够的时间，都能理清解题思路；但如果让他/她去当众演讲，就会觉得自己无论如何都无法克服恐惧心理。这就是说，有时候自我效能不能跨领域转移。

面对这种情况，积极乐观者和消极悲观者会得出两种截然不同的结论：在乐观者看来，自己是一个数学不错，但还需练习演讲能力的人——意识到不足，实际上是把需要提高的方面具象化。但对悲观者来说，自己是一个人多就怂、组织不好语言的人——忽视自己的优势，将自己的不足严重化。同时，悲观者还会不停地在大脑中把自己和其他善于演讲的人进行对比，加重毫无证据支持的消极心理暗示——果然我这个人能力有限。

所以，为了保持乐观、积极的生活态度，我们应该时刻提醒自己，非但自己的自我效能分领域，其他人的自我效能亦是如此。也就是说，我们不能把自己拆分成很多个小部分，再拿每一个部分和其他人最强的部分来比较。将所有人过于简单地划分为“自己”和“他人”并与之相比较，其实对自己是很不公平的，这种做法其实是在拿自己和一个由其他所有人优点拼在一起而成的、不存在的完美个体做对比。

三、利用人际关系，变得更乐观

除了自我意识与认知上的转变，与他人的交往也可以培养并帮助我们保持乐观心态。物以类聚，人以群分——乐观的人往往身边聚集着更多乐观的人。这也是为什么乐观者被称为“快乐磁铁”。在日常生活中，我们可以多和乐观的人打交道，让他们自然地感染我们，观察并从他们身上学习乐观心态。

此外，主动表现出对他人的兴趣也不失为一个好办法。我们可以通过与他人建立共鸣，来达到互助的效果。“自暴自弃”“破罐子破摔”等消极态度都会将他人拒之门外。主动与他人建立联系，不否定他人的感受，并勇于分享自己的看法，都能巩固良好关系，获得更多社会支持。有了足够多的社会支持，自我效能和韧性也会随着心理上的从容而一并提高，最终进入一个积极、乐观的良性循环。

最后分享给大家的是：保持积极并不意味着要一直快乐，而是说即使是在最艰难的日子里，我们也相信会有变好的那一天。

概念术语

乐观　负面偏差　乐观归因　解释风格　习得性乐观

复习思考

1. 气质乐观和归因乐观有什么不同？
2. 乐观对人有哪些方面的影响？
3. 乐观有哪些好处和坏处？
4. 悲观有哪些好处和坏处？

5. 我们可以如何反驳不合理的观念和想法？

6. 有哪些因素可以影响个体的乐观水平？

拓展阅读

[1] 塞利格曼．活出最乐观的自己［M］．洪兰，译．杭州：浙江人民出版社，2013.

[2] 塞利格曼．教出乐观的孩子［M］．洪莉，译．杭州：浙江人民出版社，2013.

本章精彩内容，请扫二维码

第七章
价值观

学习目标

▶掌握价值观的概念和特点

▶了解价值观的影响因素

▶掌握价值观的分类

▶了解价值观的测量

▶了解价值观的功能

▶了解中国传统价值观的来源

第一节　什么是价值观

对于价值观，比较通俗的理解就是：我们认为什么是有价值的，是值得的、重要的。例如，有人说“我认为成就感比自由更加重要”，有人说“花那么多钱买 surface book（一款微软出品的笔记本电脑）不值得”，还有人说“女孩的温柔贤惠比漂亮更重要”，等等。假设把一个人所有的价值观都列出来并加以统计和归类，分析其大多数价值观都属于什么主题和类型，就能够得出一个人的价值观取向和核心价值观。

一、什么是价值

实践是人类的存在方式，是人类产生、生存和发展的基础和条件。正如那句名言所说：“一个很明显的而以前完全被人忽略的事实，即人们首先必须吃、喝、住、穿。”众所周知，人类在吃、喝、住、穿等方面的需要，有一部分是自然界中现成就有的，但是绝大多数并非现成，而是得通过改造自然界而获得的。这些生产物质生活资料的活动就是实践，人们通过实践改造客观世界以满足自身某种需要的活动就是价值创造活动。因此，关于价值的本质，我们可以给出以下定义式的结论：价值是客体的存在、属性、关系及运动对主体生存和发展的意义。凡是能够满足主体生存和发展需要的事物就是有价值的；反之，凡是不能满足主体生存和发展需要的事物就是无价值的。

二、什么是价值观

顾名思义，价值观是人对每件事物的价值判定。它是基于人的一定的思维感官而做出的认知、理解、判断或抉择，也就是人认定事物、判定是非的一种思维或取向，从而体现了人、事、物一定的价值或作用；在阶级社会中，不同阶级都有不同的价值观念。

无疑，每个人都有自己的价值观，都有自己所看重的某些事物的价值，但却很少有人能够真正意识到价值观的重要作用。实际上，价值观指引着我们做出决定，而我们的每个决定都在一定程度上造就了我们的命运。我们要想人生有不凡的成就，只有一个办法，那就是找出生命中最重要的价值观，然后遵照这些价值观认真去过每时每刻。这其实并不难，但能做到的人却不多。许多人终其一生也不知道人生中最重要的是什么，他们随波逐流，从不知道该坚持什么。

确实，如果我们不知道人生中最重要的是什么，什么是应该坚持的，那又怎会知道如何做出有效的决定。如果我们曾经有过不知所措、无法下决定的棘手情况，其重要原因之一就是不知道当下最重要的价值是什么。所以我们要牢记一点，一切决定都源于价值观。当我们知道人生中最重要的是什么的时候，做决定就会变得相当容易，甚至易如反掌。

三、价值观的特点

价值观具有稳定性和持久性、历史性与选择性以及主观性等特点。价值观对动机有导向的作用，同时反映人们的认知和需求状况。对于价值观较著名的研究，有奥尔波特（Allport）等人的价值观研究、莫里斯

（Morris）的生活方式问卷、罗基奇（Rokeach）的价值调查表等。

（一）稳定性和持久性

价值观具有相对的稳定性和持久性。在特定的时间、地点、背景等条件下，人们的价值观总是相对稳定和持久的。例如，我们对某种人或事的好坏总会持某种看法或评价，在条件不变的情况下，这种看法轻易不会改变。

（二）历史性与选择性

在不同时代、不同社会生活环境中所形成的价值观往往是不同的。一个人的价值观是从出生开始，在家庭和社会的影响下逐步形成的。一个人所处的生产、生活环境及其经济、社会地位，对其价值观的形成有着重要乃至决定性的影响。当然，报刊、电视、广播、网络等媒介传播，以及父母、老师、朋友和公众名人等的观点与行为，对一个人的价值观塑造和形成也有着不可忽视的影响。

（三）主观性

此处所谓主观性，通常指我们用以区分好与坏的标准。这些标准是根据每个人内心的尺度来进行衡量和评价的结果，都可以成为我们的价值观。

第二节　价值观的影响因素

价值观的形成受多种因素的影响，具体如下。

一、价值观念受物质生活条件的制约

（一）物质生活资料的生产方式决定着价值观念的性质

物质生活资料的生产方式包括生产力和生产关系两个方面，二者相互作用，共同推动人类社会由低级阶段向高级阶段发展。根据生产关系的不同，可将人类社会划分为原始社会、奴隶社会、封建社会、资本主义社会和共产主义社会五种形态，因此，价值观念也可分为原始社会价值观念、奴隶社会价值观念、封建社会价值观念、资本主义社会价值观念和共产主义社会价值观念。根据经济形式的不同，价值观念还可分为与自然经济相

适应的价值观念、与商品经济相适应的价值观念以及与产品经济相适应的价值观念，等等。

（二）物质生活条件的状况和水平决定着主体价值观念的层次和水平

价值观念作为主体评价价值关系性质及大小的主观标准，是由主体的需要所决定的。因此，主体需要的现实层次和满足状况直接决定着价值观念的内容，而主体需要的现实层次和满足状况又是由一定社会的物质生活资料之生产水平和充裕状况决定的。如果一定社会的生产力水平极其低下，物质生活资料异常匮乏，整个社会的需要停留在生存层次上，那么这个社会的价值观念主要是以生存需要为基础的。与之相反，如果一定社会的生产力非常发达，物质生活资料十分充裕，整个社会的需要集中于发展层次上，那么这个社会的价值观念就主要是以发展需要为基础的。迄今为止，人类的物质生活资料尚未达到极大丰富的水平，因而人们的价值观念也尚未摆脱物质生活条件的制约，这就使得价值观念不仅要体现物质生活的状况，而且要服务于物质生活资料的生产。

二、人的价值观念受政治法律制度、文化传统、社会价值观念等的制约和影响

（一）来自政治法律制度的制约和影响

从本质上来说，价值观念和政治法律制度作为上层建筑的组成部分，都是由经济基础决定并为维护和巩固经济基础而服务的。但相比而言，政治法律制度的作用更直接一些，作为社会意识形态核心的价值观念的作用则相对间接一些。这就要求社会价值观念必须体现政治法律制度的要求。对于个体价值观念来说，虽然因不同个体的需要不同而造成不同个体具有不同的价值观念，但毕竟个体是社会中的个体，因而任何个体价值观念的形成也都会受到特定社会的政治法律制度的制约和影响。

（二）来自历史文化传统的制约和影响

尽管价值观念作为一种社会意识是由物质生活资料的生产方式所决定的，但这是从究竟的意义上来说的。现实中，物质生活资料的生产方式对价值观念的决定作用不是绝对的，价值观念的变化与物质生活资料生产方式的变化也不是完全一致的。价值观念本身具有一定的独立性，其中一个

重要的表现就是其历史继承性。任何个体、群体乃至社会价值观念的形成都会受到既有的、作为一种历史文化存在的价值观念传统的影响。这种传统不仅是本国的、本民族的，而且包括异国的、其他民族的，尤其是在社会交往普遍发展和一个国家、民族的历史已经成为世界历史的背景下更是如此。

（三）来自社会价值观念的制约和影响

个体价值观念的形成不仅受传统价值观念的影响，而且受现实中占主导地位的社会价值观念的影响。价值观念作为价值评价的主观标准，是对作为客观价值标准的主体需要等内在尺度的反映。因此，从内容上看，价值观念是由主体的客观需要所决定的。由于不同的主体具有不同的需要，同一主体也有不同方面的需要，并且同一主体在不同的历史条件下也会有不同的需要，这就使得主体的价值观念特别是个体价值观念呈现多元、多样、多变的特点。

需要注意的是，决定个体价值观念的需要与决定社会价值观念的需要是不同的。决定个体价值观念的需要是社会成员个人的需要，只要社会成员个人据以进行价值判断的需要是真实且现实的需要，那么其价值观念就是合理、有效的。然而，作为社会价值观念基础的需要既不是任意个体的需要，也不是任意群体的需要，只能是反映社会发展规律、符合社会发展趋势、推动社会历史进步的需要，即先进阶级和人民群众的需要。

因此，关于价值观念的形成，从宏观层面而言，是受物质生活条件、政治法律制度和历史文化传统等的影响。从中观层面而言，是由一定社会发展阶段代表先进生产力的先进阶级和人民群众的需要所决定的。从微观层面而言，社会价值观念的形成受个体价值观念即人民的现实价值诉求和价值取向的影响；个体价值观念的形成在受个体需要及满足状况决定的同时，受到社会主导价值观念的影响，这也是个体价值观念形成的社会条件。

需要指出的是，无论是历史的价值观念传统还是现实的社会主导价值观念，对个体价值观念的影响都只是一种可能性。要使这种可能性转化为现实，则其必须符合个体的内在观念结构并为个体的实践活动所证实。

第三节　价值观的分类和等级

德国教育学家、哲学家斯普兰格（Spranger）认为，人以固有的气质为基础，同时也受文化的影响。他在《生活方式》一书中提出，社会生活有6个基本的领域（即理论、经济、审美、社会、权力和宗教），人会对这6个基本领域中的某一领域产生特殊的兴趣和价值观。据此，他将人的性格分为6种类型（即理论型、经济型、审美型、社会型、权力型和宗教型）。这种类型划分是一个理想模型，通常具体到个体会倾向于某一种类型并兼有其他类型的特点。

一、6种价值观

心理学家奥尔波特根据上述6种性格类型开发了《价值观研究量表》，如表7-1所示。

表7-1　6种类型价值观

经济型	务实，追求财富，对有用的东西感兴趣
理论型	有智慧，对事物充满兴趣，求知欲强，富于幻想，重视用批判和理性的方法寻求真理
审美性	追求世界的形式与和谐，以美为原则，以对称、均衡、和谐等评价事物
社会型	热心社会活动，尊重他人价值，注重利他和人文关怀
权力型	追求权力、影响和声望，喜欢支配和控制他人
宗教型	认为最高的价值是统一和整体，相信神和命运，把自己与宇宙联系起来

（一）经济型的人

该类型的人总是以经济的观点看待一切事物，以经济价值为上，根据功利主义来评价人和事物的价值和本质，并以获取财产为生活目的。实业家大多属于这种类型。

（二）理论型的人

该类型的人以追求真理为目的，对实用和功利缺乏兴趣；他们能冷静、客观地观察事物，关心理论性的问题，力图根据事物的体系来评价事物的价值，但在碰到实际问题时却往往束手无策。多数理论家和哲学家属于这种类型。

（三）审美型的人

该类型的人以美为最高人生意义，不大关心实际生活，而总是从美的角度来评价事物的价值，以自我完善和自我欣赏为生活目的。许多艺术家属于这种类型。

（四）社会型的人

该类型的人重视爱，有献身精神，有志于增进社会和他人的福利。致力于为社会服务的慈善、卫生和教育工作者通常属于这种类型。

（五）权力型的人

该类型的人重视权力并努力去获得权力，他们有强烈的支配和命令别人的欲望而不愿被人支配。

（六）宗教型的人

该类型的人坚信宗教，有信仰，信奉他们心目中的上帝或真神，富有同情心，以慈悲为怀。以爱人爱物为目的的宗教人士属于这种类型。

奥尔波特指出，每个人或多或少地具有这 6 种价值倾向，当然这并不表示现实中真有这样完全、纯粹的 6 种价值类型的人存在。

此后，心理学家们又开发了不同的测试量表工具，同时也重新定义了价值观取向的分类。

二、价值观的等级

人们的生活和教育经历各不相同，因此个体所具有的价值观也多种多样。行为科学家格雷夫斯（Graves）为了把错综复杂的价值观进行归类，曾对企业组织内各式人物做了大量调查，对他们的价值观和生活作风进行了比较详尽的分析，最后概括出以下七个等级。

第一级：反应型。这种类型的人并没有意识到自己和别人是作为人类（而非动物）而存在的。他们总是照着自己基本的生理需要做出反应，全然不顾其他任何情况。这种人非常少见，其心智实际等于婴儿。

第二级：部落型。这种类型的人依赖成性，往往服从于传统习惯和权势。

第三级：自我中心型。这种类型的人信奉冷酷的个人主义，自私、爱挑衅，信服权力。

第四级：坚持己见型。这种类型的人对模棱两可的意见不能容忍，难以接受不同的价值观，而是希望别人接受他们的价值观。

第五级：玩弄权术型。这种类型的人通过摆弄别人、篡改事实以达到个人目的，他们极其现实，追逐地位和社会影响。

第六级：社交中心型。这种类型的人把被人喜爱和与人相处看得重于自己的发展，常常受现实主义、权力主义和坚持己见者的排斥。

第七级：存在主义型。这种类型的人能高度容忍模糊不清的意见和不同的观点，对制度和方针的僵化、空挂的职位、权力的强制使用等问题敢于直言。

上述等级分类发表后，管理学家迈尔斯（Myers）等人于 1974 年就当时美国企业的状况进行了对照研究。他们认为，一般企业人员的价值观分布于第二级和第七级之间。就管理人员而言，则过去大多属于第四级和第五级；随着时间的推移，该两个等级的人逐渐被第六和第七级的人所取代。

第四节　人类价值观的普遍结构和测量

一、施瓦茨的价值观量表

施瓦茨价值观量表（Schwartz Values Survey，SVS）由施瓦茨等人（Schwartz，et al，1992，1994，1995）编制。该量表试图描绘出一个世界范围的价值观地形图（geography of values），并将各个文化标识在相对的位置上（mapping cultural groups）。他们的研究包括 57 项价值观，用以代表自我超越、自我提高、保守、对变化的开放性态度之 4 个维度、10 项普遍的价值观动机类型（universal motivational types of values），并揭示彼此之间的结构关系。如表 7-2 所示。

表 7-2　施瓦茨的价值观量表

维度	动机类型	内容
自我超越（1）	普通性	指为了人类和自然的福祉而理解、欣赏、忍耐、保护，如社会公正、心胸开阔、世界和平、智慧、美好的世界、与自然和谐一体、保护环境、公平等
自我超越（2）	慈　善	指维护和提高那些自己熟识的人的福利，如帮助、原谅、忠诚、诚实、真诚的友谊等
自我提高（1）	权　力	指社会地位与声望、对他人以及资源的控制和统治，如社会权力、财富、权威等
自我提高（2）	成　就	指根据社会的标准，通过实际竞争所获得的个人成功。如有能力、有抱负、有影响力等
自我提高（3）	享乐主义	指个人的快乐或感官上的满足，如愉快、享受生活等
保　守（1）	传　统	指尊重、赞成和接受文化或宗教的习俗和理念，如接受生活和命运的安排、奉献、尊重传统、谦卑、节制等
保　守（2）	遵　从	指对行为、喜好等伤害他人或违背社会期望的倾向加以限制，如服从、自律、礼貌、给父母和他人带来荣耀等
保　守（3）	安　全	指安全、和谐、社会的稳定、关系的稳定和自我稳定，如家庭安全、国家安全、社会秩序、清洁、互惠互利等
对变化的开放性态度（1）	自我定向	指思想和行为的独立——选择、创造、探索，如创造性、好奇、自由、独立、选择自己的目标等
对变化的开放性态度（2）	刺　激	指生活中的激情、新奇和挑战性，如冒险、变化和刺激的生活

二、一些著名的价值观测试量表

（一）生活方式问卷/量表

该问卷由莫里斯于 1956 年提出，共包括 13 种生活方式，分别用 13 段长短相近的文字加以描述，各种生活方式所强调的内容不同。该问卷的重点如下。

1. 保存人类的最高成就

个人参与所在社区的群体生活，其目的不是改变它，而是了解、欣赏和保存人类所已成就的最好的东西。

2. 培养独立性

一个人必须避免依赖他人或外物，生命的真谛应从自我中体验。

3. 对他人表示同情和关切

以对他人的关怀和同情为中心，温情是生活的主要成分。

4. 轮流体验欢乐与孤独

在美好的生活中，孤独与群处都是不可缺少的。

5. 在团体活动中实践和享受人生

个人应该参加社群团体，享受友谊与合作，以求实现大家的共同目标。

6. 掌控变动不定的环境

一个人应经常强调活动的必要，以谋求解决问题、管理社会所需要的技术改良。

此外，该问卷中还包括将行动、享乐与沉思加以统合，无忧、健康地享受生活以及人生中的种种美好等内容。

（二）价值观调查（表）

该调查表由罗基奇于1973年提出。罗基奇的价值系统理论认为，各种价值观是按一定的逻辑意义联系在一起的，它们按照一定的结构层次或价值系统而存在，价值系统是根据价值观的重要程度而形成的连续、有层次的序列。基于此，他提出了以下两类价值系统。

1. 终极性价值系统

该价值系统用以表示理想化的终极状态或结果，包括舒适的生活、振奋的生活、成就感、和平的世界、美丽的世界、平等、家庭保障、自由、幸福、内心平静、成熟的爱、国家安全、享乐、灵魂得到拯救、自尊、社会承认、真正的友谊、智慧共18项终极性价值。

2. 工具性价值系统

该价值系统是达到理想化终极状态所采用的行为方式或手段，包括有抱负、心胸宽广、有才能、快活、整洁、勇敢、助人、诚实、富于想象、独立、有理智、有逻辑性、钟情、顺从、有教养、负责任、自控、仁慈共18项工具性价值。

对于该价值调查表中所包含的 18 项终极性价值和 18 项工具性价值，罗基奇在每种价值后都有一段简短的描述。施测时，让被试按其自己所理解的重要程度对两类价值分别排序，将最重要的排在第 1 位，次重要的排在第 2 位，依此类推，最不重要的就排在第 18 位。用这个调查表，可以测得不同价值在不同个体心目中的相对位置或相对重要性程度。

该调查表的主要优点在于，它是在一定的理论框架指导下编制而成的，表中所包含的价值项目较多且简单明了，便于被试掌握，施测也很容易。此外，这种研究方法把各种价值观放在整个系统中进行，因此更体现了价值观的系统性和整体性作用。

包括以上在内的一些比较经典的价值观测试量表，如表 7-3 所示。

表 7-3　价值观测试量表一览

量表名称	编制者	年代
价值观研究（The Study of Values）	A Hport，et al	1960
价值观调查（The Value Survey）	Rokeach	1967
目标和方式价值观调查量表（The Goal and Mode Values Inventory）	Braith Waite and Law	1985
生活方式量表（Ways to Live）	Morris	1956b
生活方式量表简版（Revised Ways to Live）	Dempsey and Dukes	1966
价值观测描（Value Profile）	Bales and Couch	1969
生活角色调查——价值量表（Life Role Inventory—Value Scales）	Fitzsimmons，Macnab and Casserly	1985
价值观念量表（Conception of Desirable）	Lorr，Suziedelis and Tonesk	1973
实证价值建构量表（Empirically Derived Value Constructions）	Gorlow and Strodtbeck	1967
东西价值观问卷（The East-West Questionaire）	Gilgen and Cho	1979a
价值取向量表（Value Orientations）	Kluckhohn and Strodtbeck	1961
个人价值量表（Personal Value Scales）	Scott	1965
人际价值观调查（Survey of Interpersonal Values）	Gordon	1960

续表

量表名称	编制者	年代
道德行为量表（The Moral Behavior Scale）	Crissman Rettig and Pasamanick	1959
争议性道德行为量表 （The Morally Debatable Behaviors Scales）	Harding and Phillips	1986

第五节　价值观的功能

如前所述，价值观是指关于价值的一定信念、倾向、主张和态度，起着行为取向、评价标准、评价原则和尺度的作用。对于个人而言，价值观往往决定了其人生的许多重要选择方向。

例如：

- 选择从事什么样的职业？
- 选择同什么样的朋友交往？
- 选择同什么样的人结婚？
- 选择是否生孩子以及给孩子什么样的教育？
- 选择什么样的城市以及过什么样的生活？

古人云，道不同不相为谋。对于个人而言，一种价值观选择意味一种别样人生；对于企业而言，不同的价值观选择往往造就不同的企业文化氛围和不同的管理、发展格局，乃至不同的企业命运。具体来说，价值观反映了企业及其员工的价值取向，企业在追求经营成功过程中所推崇的基本信念和奉行的目标，等等。

例如：

- 为什么选择做这件事，而不做那件事？
- 为什么选择这么做，而不那么做？
- 为什么选择用这个人，而不用那个人？
- 为什么选择与这个人合作，而不与那个人合作？
- 为什么选择这样的管理方式？
- 为什么选择这种绩效评估标准？

现实中，价值观这股无形的力量指引着我们的人生方向，时刻督促我们对前进方向做出决定，进而深刻地影响了我们的一生。在企业等组织中，价值观也时常影响其经营决策与长远发展，当企业秉承优秀的经营管理理念时，所有员工也会深受影响，共同推动企业的发展，使企业迈向基业长青。于国家和民族而言，也正是因为有了优秀的价值观，方能克服重重困难，保持繁荣强大，使人民过上幸福的生活。

以下，从个人和企业两个方面谈谈价值观的重要性。

一、价值观对个人的重要性

价值观往往决定了我们的人生是快乐还是痛苦。保持快乐人生的唯一正途，就是按照正确的价值观生活，否则就会遭遇诸多苦楚。很多人因为价值观错误而穷困潦倒，诸如酗酒、赌博、吸毒等行为，都是欠缺正确的价值观的后果，这样的人生简直糟糕透顶。那么，导致这些问题的原因到底是什么呢？主要是沮丧、愤怒和空虚等负面情绪。可明明知道这些是不好的情绪，为什么还会沉溺其中呢？根本的原因就是人生缺乏方向，一旦内心感到空虚孤独，就要寻求外界的刺激，特别是采用那种所谓立竿见影的刺激方式。久而久之，就养成了不良习惯，自己也逐渐被其所绑架，成为恶习的奴隶。要改变这种习惯，就要透过表象看本质，找到根本原因。例如，一个人酗酒，常常并不是因为酒有多好喝，而更可能是心中有解不开的结；如果再深入探究，往往就是价值观出了问题。有的人说自己因为心情郁闷而日复一日借酒浇愁，其实完全是因为他们不知道生命最重要的价值是什么。

那么，如何通过正确的价值观来获得快乐的生活呢？快乐，来自我们所遵循的正确价值标准下的生活方式。当我们的行为符合自身正确的价值观，内心就会满足，充满快乐。当然，许多人在对这一点的理解上还很不清晰，甚至存在误解。对此，我们更应该坚守正确、积极的价值观，摒弃错误、消极的价值观。毕竟，几乎我们的每一个重要决定都由价值观所引导。当我们遇到事情犹豫不决，无法决定的时候，往往就该审视、反思自己的价值观了。例如，当有一份新工作在等着我们，新工作待遇高，发展空间大，但前提是要从一个城市搬到另一个城市，可能会因此产生诸多不便。那么这时，我们该如何决策呢？事实上，我们的决定往往取决于所更重视的因素，如自己到底更在意冒险、成长，还是安定、安稳。

因此，从今天起，就让我们重新认识自己的价值观体系，认识它的重要性，并对其进行筛选，使之秉承自己的初心，也就是选择自己最看重的价值观。

（一）价值观对人的作用

价值观对人自身行为的定向和调节起着非常重要的作用。价值观决定了人的自我认识，直接影响和决定了人的理想、信念、生活目标和追求方向。具体而言，价值观对人的作用大致体现在以下两个方面。

1. 价值观对动机有导向作用

人的行为动机受价值观的支配和制约，价值观对动机模式有重要影响。在同样的客观条件下，具有不同价值观的人，其动机模式不同，产生的行为也不相同。此外，动机的目的、方向受价值观的支配，只有那些经过个体价值判断并被认为是可取的动机才能转化为行为，并进一步成为引领个体行为的目标。

2. 价值观反映人们的认知和需求状况

价值观是人们对客观世界及行为结果的评价和看法。因此，它在相当程度上反映了我们的人生观和世界观，反映了人的主观认知世界。

（二）价值观给我们的启发

以下，从择业、合作、婚姻等方面谈谈价值观给我们的启发。

1. 选择职业或跳槽时要谨慎

一种职业，其实是一种生活方式。假设选择建筑行业，可能需要经常去工地现场，甚至可能会风餐露宿；如果选择咨询或培训工作，常常需要到各地出差；选择销售，可能意味着经常要应酬；选择做管理，则意味着有可能要面临各种人事纷争和办公室政治。选择一个单位，就是选择了一种工作氛围和一种沟通、管理方式。现实中，许多职业经理人被空降到一些企业后，往往因为价值观方面的差异或是文化层面的不匹配，产生种种不适应，不能顺利开展工作，最后不得不黯然离场。

2. 选择创业合伙人要谨慎

许多合伙人在创业初期尚能同甘共苦，可一旦企业做大后，彼此包括价值观在内的种种差异乃至冲突就浮现出来，常常闹得不可开交，往往最后大家一拍两散。这类案例比比皆是。

3. 选择伴侣更要谨慎

常言道：选对一个人，幸福一生；选错一个人，种种不幸。价值观是否一致会严重影响婚姻双方未来的幸福指数和和谐程度，乃至是否能相伴到老。事实上，生活中因为价值观不合而造成的分手数不胜数。

可见，无论怎样的价值观，都是人生的指南针，指引着我们的人生方向，创造着彼此与众不同的人生。每当来到人生的十字路口之时，价值观就会引导我们做出决定，采取行动。如果对这个指南针使用不当，就会给我们带来挫折、失望、沮丧甚至黑暗；若使用得当，就会给我们带来无穷的力量，不论身处何时何地，都能积极乐观、充满自信。因此，如果我们对自我价值观的认知还不够清晰，那就务必谨慎行事。只有当我们确认了真正的生命价值，才能最大程度地发挥自己的潜能。

二、价值观对企业的重要性

许多人认为价值观这个东西看不见、摸不着，和讲求实际的企业好像挨不上边。实际上，无论是企业的经营目的也好、领导风格也好、营销策略也罢，其背后都有价值观的影子。被誉为“现代管理学之父”的德鲁克(Drucker)曾说，企业家和管理者的任何管理行为，乃至一举手一投足都受到价值观的支配。也就是说，这些行为的背后都有与之相应的价值观和信念。可以说，价值观是企业的灵魂，只有宣贯与传承企业价值观，才能保证全体员工向统一的目标前进。

(一) 关于企业服务于谁

有的企业将投资者利益摆在首位，更多考虑的是企业如何在约定的期限内实现盈利，或者实现上市的计划；有的企业以客户为中心，以客户需求为导向，目的是尽最大可能满足客户的需要；有的企业则以员工为中心，秉持只有服务好员工，员工才能服务好客户的理念。服务于谁这个问题，可以说是企业最重要的战略选择。对此，如果企业合伙人或中高层管理者不能在价值观层面达成一致，则很容易在重要事务上产生分歧，而广大员工也会因此而不知所措。

（二）关于管理员工

有的企业采取人性化的管理手段，甚至待员工如亲人、好友，处处为员工着想，尊重员工的发展意愿，把员工当作共同的事业伙伴。这些企业不鼓励员工加班，给员工充分的信任、尊重和授权以及发挥潜力的空间。反观有的企业，则把员工当作实现老板及管理者利益最大化的工具，处处防范员工，通过严苛的规章制度管制与惩罚员工。例如，有些企业因为员工迟到而处以大额罚款，甚至因员工业绩没有达成而施以各种体罚。

（三）关于薪酬福利

有的企业为员工提供极具市场竞争力的薪酬水平，精心设计公平公正公开的晋升机制，使员工的成长空间清晰可见；有的企业想尽办法满足员工的个性化需要，如为员工解决住房问题，为员工全家上商业医疗保险，为员工提供各种健身环境，提供心理帮助等。

（四）关于员工培养

有的企业关注员工成长，为员工提供各种学习和历练的机会，如购买各种线上线下的培训课程，帮助员工制订职业生涯发展计划，以员工的全方位成长和发展来推动企业的成长与发展。有的企业则不愿投入任何培训成本，只想引进现成的人才，令其马上创造价值，不合适就辞退再招。显然，两种对人才的培养意识，必然会带来不同的组织发展结果。

（五）关于社会责任

有的企业在搞好经营，服务好客户和员工的同时，还积极投入社会慈善和公益事业，为社会谋福祉，如国内外许多知名企业都积极投身公益事业。但也必须看到，有许多企业却在想方设法偷税漏税，遑论投身公益。

第六节　中国伦理价值观的来源

人类自产生之日起，就生活在一定的自然环境和社会环境中。当人类发展到一定的历史阶段时，就会对自身所经历的过程进行总结和思考。这种总结和思考作为一种历史观念，一般都要回答历史是什么、历史发展的动力或决定因素、历史的创造者等问题，要对人类历史的发生、发展等问题给出解释，要探讨历史发展的道路及其发展趋势，以及历史与现实的关系等问题。可见，历史观念是一种世界观、人生观、价值观的具体体现。

在建设中国特色社会主义现代化的历史征程中，确立社会主义核心价值观在推动当代中国发展和进步中的主导地位，在尊重差异、包容多样的前提下最大限度地形成社会共识，是新时期党在社会意识形态上的指导思想。道德作为评价善恶是非的标准，规范调整着人们在社会交往中的利益和行为，是社会价值观的基础。放眼世界，不同国家和地区由于生产方式起源的差异，加之经济基础的不同，作为社会意识形态的道德文化必然呈现各自的独特形态。表现在道德价值观上，就是对道德的基础、本质、效用等方面的不同认识乃至碰撞。

随着世界合作、交流的日益频繁，尊重并理解东西方道德文化差异，在继承我国优秀传统道德的基础之上吸收西方道德的精华，形成与我国新时期生产方式相适应的新道德文化，充分发挥道德在社会价值观中的基础作用，是我国道德文化繁荣与发展的正确方向。

一、道德文化的起源差异

道德从何而来？道德是人的道德，人是社会关系的产物，人类自我意识的形成是道德产生的主观条件，社会关系的形成是道德产生的客观条件。当人们意识到自己作为个体，与他人既存在着不同，又有着千丝万缕的利益关系，并且可以通过有效协作实现更好的生存和发展之时，道德便得以产生。

中华文明起源于农耕方式。远古时期，我们的祖先长期耕作在四季分明、土壤肥沃的江河流域，随着自然季节变化而春播秋收，以家庭为单位守护着自己的田地，固守在稳定的地域内进行农耕生活。在这种以自给自足的自然经济为基础的小农社会里，人们的生产与生活基本是在家庭、家族等熟人圈子中完成的，人们深感只要“大家庭”团结合作、勤劳节俭，邻里之间相互尊重、彼此帮助，就可以抵御自然灾害的侵扰，维持生存，乃至过上好日子。于是，崇尚自然、长幼有序、家族团结、勤俭克制就成了保障我们先人生存和发展的基本要求，以血缘为纽带，以家庭熟人为基本社会关系基础的道德体系也在此基础上逐渐形成。

随着生产力的发展，家庭、家族扩展成了国家，但农耕的生产方式却没有发生根本性的变化。于是，以家庭为基础的道德传统就上升为国家的道德文化，长幼有序调整为等级观念，对亲人的爱转变为“仁、义、礼、智、信”等社会责任，对故土家园的眷恋化作爱国主义精神，对家庭、家族的责任变成了集体主义和奉献精神，与邻里的和睦相处则变成了以和为贵的社会交往基础。

西方文明的起源与我们很不相同。西方文明起源于古希腊，这里地处地中海区域，紧邻大海，岛屿多、岩石多，土壤贫瘠，气候多变，不适宜农业生产。这样独特的地理环境，决定了古希腊人必须向临近的大海要生存，走出去求发展；大海的汹涌无情要求人们勇敢精诚，通力合作并以理性和智慧来均衡交换、分配各项劳动成果，走出去则要求人们大力开展商业活动，以此弥补各自资源的缺陷。在这样的生产方式背景下，分工合作、交换分配就成了早期希腊文明发展中所面临的核心问题。在这种以海为生和以商业生产为特点的情况下，知识、智慧、勇敢、节制、正义逐渐成为西方人普遍信奉的道德价值观念，而“认识人类自身”也成了西方哲学的核心问题，各种各样的知识则成为人们理性思考的结果。就这样，对理性精神的尊重，对知识追求的执着，对规则制度的尊崇，对个人主义的追求，注重自我进取精神的培养等，就成了西方道德文化的基础。

二、道德价值观的差异

（一）理想的道德人格目标：“圣人”与“智慧王”

诞生于农耕生产方式之上的中国道德文化是从认识人之德行开始的，对人性“善”与“恶”的讨论一直是古代中国哲学的基本问题。传统儒家认为人性本善，认为人天生即具有恻隐之心、羞恶之心、辞让之心和是非之心，而这四端正是仁、义、礼、智之“善”的源头。因此，中国道德文化的核心就是对人之善的本性的挖掘和培养，道德人格的塑造目标就把人们教化成具有仁爱之心，为社会和国家所欢迎、拥戴的圣贤君子。其中，“圣人”是道德人格的理想境界。

与中国不同，西方社会认为人性本恶，趋利避害是其本能。与此同时，人之最为可贵的是具有理性和智慧，正是这种理性和智慧的灵魂使人区别于动物。在古希腊人看来，人的生命是肉体和灵魂的统一，肉体是构成生命的基础，灵魂才是生命的本质，物种之间的区别并不取决于肉体的不同，而在于灵魂的差异。西方先哲亚里士多德就是根据灵魂的不同，把世间万物分为植物、动物、人类三个等级，认为人与动物和植物相比，除了具有动物和植物灵魂的所有生命机能之外，还具有判断、推理等思维能力，所以是最高级的，而思维能力就是指人的理性，也正是理性将人与其他生物相分离，并成为人区别于动物的主要标志。具有理想的道德人格的人应该是拥有知识和理性的“智慧王”。

（二）道德价值观的基础：“仁爱”与“正义”

在中国道德文化中，追求“仁”和“义”是其价值观的基本原则，其中“仁”位于仁、义、礼、智、信之“五常”的首位。古人对“仁爱”极力推崇，孔子曾有言“志士仁人，无求生以害仁，有杀身以成仁”（《论语·卫灵公》），孟子提出“生，我所欲也；义，亦我所欲也。二者不可得兼，舍身而取义者也”（《孟子·告子》）。历史上，“杀身成仁，舍生取义”一直是儒家所主张的道德准则并为社会所推崇。在这样的文化背景下，仁义成为我国社会衡量个人道德品行以及官员是否得民心的基本标准，并由此形成了中国社会特有的“以孝安家”的民间传统、“以德治国”的政治哲学和“以和为贵”的人际标准。

西方文化传统的原则强调智慧、勇敢、节制和正义，并认为正义是其中的核心和基础，是智慧、勇敢、节制的最终目标。作为西方政治文化的鼻祖，柏拉图认为是因为人们对正义执着追求的美德，产生了智慧、勇敢、节制等相关道德德性。他在《理想国》中从城邦和个人两个层面来阐述正义，指出城邦正义就是城邦中的每一个人都各司其职，相互配合，个人正义则是智慧、勇敢和节制等德性的和谐共处；同时，他认为正义就是社会各阶层安于由自身天赋所决定的地位和职责，以保证社会在和谐秩序之中运行。

（三）道德价值观的原则：“奉献”与“平等”

注重“奉献”还是强调“平等”，是中西道德价值观的又一重要差别，这与中西道德文化中对道德本质的认识不同密切相关。在中国道德文化中，利他主义的历史源远流长，家喻户晓的“孔融让梨”“大禹治水，三过家门而不入”等典故就是宣扬这种利他主义和舍小家为大家的奉献精神的。在我国传统文化中，孔子最早提出“义”的概念，他在《论语·里仁》中明确表示“君子喻于义，小人喻于利”，其“义”所表达的就是奉献精神。在这种“利”“义”观的影响下，“克己奉公”“先公后私”等一直是我国道德文化所表彰和弘扬的优秀传统。流传于民间“二十四孝”中的家庭美德，均以标榜对家庭、对长辈的奉献乃至牺牲为内容，此外诸多文学典故所倡导、弘扬的“忠孝节义”等也是以奉献为核心价值的。从古至今，奉献精神一直是被整个社会所推崇的道德价值原则，乃至于将这种奉献精神融入“礼”，衍生为对国家、社会秩序的认同。

与中国的情况十分不同，西方社会的个人主义传统根深蒂固。自由平等、权利/义务的思想贯穿西方文化有史以来的各个方面。在基督教文化中，上帝是唯一高高在上、不可跨越的“神”，其他人则都是带着“原罪”的“羔羊”，因而除了上帝之外，所有的人是完全平等的。世俗社会中的文化传统，是崇尚法律和制度，因为这是人们平等的保障，是正义、权利的化身，是对自由的最大拯救。这种道德价值观重视个人在整体组织中的协调性，主张通过责权利的统一来履行个人道德规范和体现人生价值。

(四) 道德实践：“返求诸己”与“外求规则”

关于如何实践道德理想，将道德修养变为现实行为这一点，我国的道德文化主张通过格物、致知、诚意、正心达到修身、齐家、治国、平天下的目的以实现人生理想，号召“自天子以至于庶人，壹是皆以修身为本”，主张“不以善小而不为，不以恶小而为之”，要求从我做起，从现在做起，要求人们通过反躬自问、反求自识、省思体悟等方式来实践道德修养。正如《论语·学而》中曾子所讲的：“吾日三省吾身——为人谋而不忠乎？与朋友交而不信乎？传不习乎？”这正是我国道德文化在实践中注重个体道德自觉性，发挥主观能动性的体现。可见，加强内化的品德，强调内在的超越，注重自我修养，是中国道德实践的主要途径。

西方人的道德养成则更主张对道德信仰的遵守和道德规范的尊重。在苏格拉底看来，应通过知识认识人类自身，通过理性智慧设计良好的制度以实现对城邦的和谐管理，通过规则的导引从而避免人如同牲畜一般沦为感性欲望的奴隶。著名哲学家康德也总结道：“人类，就其属于感性世界而言，乃是一个有所需求的存在者，并且在这个范围内，其理性对于感性就总有一种不能推卸的使命，那就是要考虑感性方面的利益，并且为谋今生的幸福和来生（如果可能的话），而为自己立下一个实践准则。”

三、结语

马克思曾说：“人们创造自己的历史，但是他们并不是随心所欲地创造……而是在直接碰到的、既定的、从过去继承下来的条件下创造。”历史是前后相继的，每一个民族的文化都不是无根的。5 000 多年来，中华民族之所以能历经磨难而依然屹立于世界东方，与其灿烂的中华道德文化息息相关。正是在“公而忘私”“国而忘家”的浓厚家国情怀中，在“杀身成仁、舍生取义”的忘我奉献精神里，在“先天下之忧而忧，后天下之乐而乐”的厚重仁爱情怀下，一代又一代中华儿女前仆后继，为中华民族的文明进步做出了巨大的贡献。当然，产生于农耕生产方式之中的我国道德文化，也有其不足和劣势，对此我们应当有清醒的认识，尤其是其中对等级特权的盲目认同、对法律和制度建设的忽视等已经成为我国现代化建设中的阻碍。诞生于商业文明和海洋生产方式之上的西方道德文化，其理性智慧的精神、对知识的执着追求、对规则和制度的尊重与尊崇、对责权利的明确划分等，也为世界经济和人类的文明做出了杰出贡献，但其中的个人主义，将人与人之间的交往视为纯粹的金钱关系等观念却抑制了人类更美好之道德文化的产生。

综上，随着世界范围内经济、文化交流合作的日益加强，尊重和理解中西方道德文化的差异和不同，在继承我国优秀道德文化的基础上吸收西方道德文化之精华，形成适应新时期生产方式和经济基础的新型道德文化，充分有效地发挥道德文化在社会价值观中的基础作用，为新时期我国核心价值观的形成和树立提供有效的支持，应是当代中国道德文化建设的正确选择。

概念术语

价值观　生活方式问卷

复习思考

1. 什么是价值观？价值观的特点有哪些？
2. 价值观的影响因素有哪些？
3. 价值观的分类有哪些？
4. 价值观的测量方法有哪些？
5. 价值观的功能有哪些？
6. 如何理解中国伦理价值观的起源？
7. 如何理解西方伦理价值观的起源？
8. 中西方伦理价值观有哪些异同？

本章精彩内容，请扫二维码

第八章 积极自我与积极动机

学习目标

- ▶掌握自尊的定义和发展历史
- ▶掌握自尊理论、自尊的类型和自尊的测量方法
- ▶了解自尊的影响因素
- ▶掌握自我效能的定义、作用、来源和评估
- ▶了解自我效能的作用
- ▶掌握提升自我效能的方法
- ▶了解自我效能的作用机制
- ▶了解自尊和自我效能的联系和区别
- ▶了解自我实现理论的起源和内涵
- ▶了解自我实现者的 14 个特质
- ▶了解自我认同、自我同一性和自我接纳的异同
- ▶了解自我接纳的作用、内容和提高自我接纳的方法
- ▶了解自我决定理论（包括 6 个子理论）
- ▶了解自我动机的分类和不同作用
- ▶掌握如何提升自我动机

第一节 自 尊

一、自尊的定义

自尊指一个人对自己的价值的主观评价。自尊包括对自己的信念，如“我不被爱”“我值得”等，以及情绪状态，如胜利、绝望、骄傲和羞耻等。有学者认为“自我概念是我们对自我的看法，自尊是对自我的正面或负面评价，就像我们对自我的感觉一样”（Smith and Mackie，2007）。

自尊是一种颇有吸引力的心理建构，因为它可以预测某些结果，如学业成就、幸福、犯罪行为、婚姻和人际关系满意度等。自尊可以应用于特定属性（如“我相信自己是一个好作家，对此我感到满意”）或在更广的范围内（如“我相信自己是一个坏人，并且我感到总的来说这对我自己不好”）。心理学家通常将自尊视为一种持久的人格特征（特质自尊），尽管也存在正常的短期变化（状态自尊）。自尊的同义词或近义词包括很多东西，如自我价值、自我尊重和自我完整性。

二、自尊的发展历史

自尊的概念起源于 18 世纪，最早出现在苏格兰启蒙思想家休谟（Hume）的著作中。休谟认为，自尊表明了这样一种观念——重视和认真思考自己很重要，因为它起着激励作用，使人能够发掘自己的全部潜力。

自尊被视为一种独特的心理建构，由被称为“美国心理学之父”的詹姆斯（James）提出。詹姆斯识别了自我的多个维度后认为，自我具有两个层次：认识的过程（“我-自我”）和由此产生的关于自我的知识（“我-自我”）。詹姆斯说，关于自我的观察和由我自身对这些观察的存储产生了三种类型的知识，即物质自我、社会自我和精神自我，这些知识共同构成了我自身。其中，物质自我包括身体和财产的表征；社会自我最接近自尊，包括他人认可的所有特征；精神自我则主要包括描述性表征和关于自我的评价性格。詹姆斯这种将自尊作为个人对自己态度之集合的观点，至今仍有一定的影响力。

20世纪初期，行为主义运动通过对与环境有关的行为进行实验，以客观研究代替了对心理过程、情感和情感的内省性研究。行为主义将人类视为需要被强化的动物，并建议将心理学转变为与化学或生物学类似的实验科学。结果，自尊的临床试验被忽略了，因为行为主义者认为这个想法不太适合严格测量。20世纪中叶，现象学和人本主义心理学的兴起重新引起了人们对自尊的兴趣。随后，自尊在个人自我实现和精神障碍的治疗中发挥了中心作用。接下来，心理学家认为，心理治疗与自尊心强的人的个人满意度的关系对心理治疗领域有作用，从而在自尊概念中引入了新的内容，包括为什么有人倾向于觉得自己的价值不高，为什么有人灰心丧气或无法面对挑战，等等。

20世纪60年代中期，社会心理学家卢森堡（Rosenberg）将自尊定义为一种自我价值感，并开发了卢森堡自尊量表（RSES），该量表成为社会科学领域中衡量自尊时应用最广泛的量表。

1992年，政治学家福山（Fukuyama）将自尊与柏拉图所说的胸腺（即柏拉图式灵魂中“充满活力”部分）联系在一起。

截至1997年，自尊被作为核心自我评估方法（该方法已被证明具有预测工作满意度和工作绩效的作用）中的四个维度之一，并被认为对于自我评估至关重要。其中，自尊这一维度的组成包括对自己的基本评估以及控制源、神经质和自我效能感。

三、自尊理论

许多早期理论认为，自尊是人类的基本需求或动力。美国心理学家马斯洛将自尊心纳入人类需求的层次结构中。他描述了两种不同的“自尊”形式：以承认、成功和钦佩的形式尊重他人的需要，以及以自爱、自信、技巧或才智等形式进行自我尊重的需求。人们对他人的尊重比内在的自尊心更脆弱，更容易失去。根据马斯洛的说法，如果没有满足自尊的需要，个人将被驱使去寻求自我，否则无法成长并获得自我实现。马斯洛还指出，自尊心最健康的表达是“一种在我们应得的尊重方面所得到的体现，而不是名声和奉承”。现代自尊理论探讨了为何要鼓励人们保持对自己的高度重视。社会计量学理论认为，发展自尊是为了检验一个人在社会群体中的地位和被接受的程度。根据恐怖管理理论，自尊起到保护作用，并减少了人们对生死的焦虑。

确实，自尊很重要，因为它向我们展示了如何看待自己的方式和个人价值感。因此，它影响着我们的行为方式和与他人的关系。

人本主义心理学家罗杰斯认为，许多人问题的根源在于他们鄙视自己，认为自己一文不值，无法被爱。罗杰斯相信无条件接受客户非常重要，因为这样做可以有效提高客户的自尊心。所以罗杰斯在开展治疗时，无论什么情况都会给客户以积极的关注。自那时起，人文心理学将自尊作为每个人不可剥夺的权利，这就是“仅凭事实，每个人都应无条件地尊重所有人。每个人也应该得到自己的尊重”。

四、自尊的测量

目前，业内通常使用自我报告清单对自尊进行评估。

其中，卢森堡自尊量表是使用最广泛的工具之一。这是一份包括10个问题的量表，要求参与者通过一系列有关自己的陈述来表明本人的同意程度。还有一个评估自尊的工具是史密斯（Smith）的自尊量表，该量表在多个主题上使用了50个问题，以此询问问题对象对某人的评价是与自己相似还是相异。如果受试者的回答显示了扎实的自律能力，则认为他们已进行适当调整；如果回答显示其有内在羞耻感，则认为他们很容易出现社会偏差。

对自尊的隐式度量始于20世纪80年代。此类度量建构于认知处理的间接方法之上，而这种方法被认为与内隐的自尊有关，采用这些间接方法旨在减少对评估过程的认识。当这些方法被用于评估内隐的自尊时，心理学家会向参与者展示自我相关的刺激，随后测量一个人识别积极刺激或消极刺激的速度。例如，当一位女性受到母亲的自我激励时，心理学家会衡量她识别否定词、邪恶词或肯定词的速度。

五、自尊的影响因素

（一）不同年龄和成长阶段

人一生中的经历是其自尊发展的主要来源。当我们还是孩子时，父母会对我们的自尊产生重大影响，由此可以认为父母是此时孩子获得积极和消极经历的主要来源。父母无条件的爱，可以帮助孩子建立稳定的被照顾和被尊重的感觉。随着孩子长大，这些感觉会转化为对他们今后自尊的影响。具有较高自尊之学生的父母往往有爱心，鼓励孩子成长，会为孩子制定明确的标准，并允许他们在决策中表达意见。

迄今为止的研究仅报告了温暖、支持性的父母教养方式（主要指权威性和宽容的教养方式）与具有较高自尊的孩子之间的相关性，当然这些教养方式确实被普遍认为与自尊的发展有着一定的因果关系。有助于健康自尊的童年经历包括：倾听，有礼貌地接受适当的关注和关爱，认可成就，承认或接受错误或失败。导致自尊心低落的经历包括：受到严厉批评，受到身体、性或情感上的虐待，被忽视，被嘲笑或者一直被认为是“完美”的。

在学龄期间，学业成就是自尊发展的一个重要因素。持续取得成功或持续失败将对学生的个人自尊产生重大影响。社会经历是影响自尊的另一个重要因素。当孩子上学时，他们开始理解和认识自己与同学的差异。通过社会比较，孩子会评估其在不同活动中的表现是否优于同班同学。这些比较在塑造孩子的自尊心和影响他们对自己的积极或消极情绪方面起着重要作用。随着孩子进入青春期，同伴的影响变得更加重要。青少年根据与亲密朋友的关系来评估自己。与朋友、同伴的良好关系对孩子发展高自尊非常重要，社会认同会给他们带来自信从而使之产生很高的自尊感，而被同伴拒绝及孤独感则会导致自我怀疑和低自尊。

青春期所增长的自尊，会在成年后乃至中年时期继续增加，但从中老年到老年期则会有下降。下降幅度有大有小，造成这种差异的原因可能是中老年人在健康状况、认知能力和社会经济状况等方面的差异。在自尊发展方面，男女之间没有发现明显差异。此外多项研究表明，尽管时代在不断变化，但不同时代个体自尊发展的阶段轨迹及相应特点并没有什么差异。

高水平的掌控能力、较低的冒险精神和更好的健康状况是预测较高自尊的方法。在人格方面，情绪稳定、性格外向和尽责的人会具有较高的自尊。这些预测变量向我们表明，自尊具有与人格和智力那样随时间推移而保持稳定的特质。但是，这并不意味着它不能更改。研究显示，西班牙裔青少年的自尊程度比同龄黑人和白人低，但到30岁时，前者的自尊心则比后二者略高。在美国，与白人相比，非裔美国人在青春期和成年后的自尊程度有明显提高，但到了老年时期，他们自尊程度的下降也更快。

（二）羞耻感

羞耻感可能是造成自尊程度不高甚至低下的原因。羞耻感通常是因社会自我的贬值而造成的，如经社会评估的不良表现。不良表现会造成较高的心理反应，这表明其对社会自我的威胁，即社会自尊的减少和羞耻感的增加。这种羞耻感的增加可以通过自我同情的方法加以改善。

（三）真实自我、理想自我和恐惧自我

与真实、理想和恐惧自我相关的自我评价发展分为道德判断、自我判断和自我理解三个阶段。此外，真实、理想和恐惧自我在儿童中以认知水平的顺序模式发展。

1. 道德判断阶段

人们用刻板印象的标签（如“好”或“坏”）来描述他们的真实、理想和恐惧自我。个体根据行动倾向或行为习惯来描述自己的理想和真实自我，恐惧自我则通常被描述为失败或不良习惯。

2. 自我发展阶段

个体根据态度和行为来描述其理想和真实自我，恐惧自我则通常被描述为没有达到社会期望或以自我为中心。

3. 自我理解阶段

个体将自己的理想和真实自我描述为具有统一的身份或性格，对恐惧自我的描述则着重于常常由于现实世界的问题而无法实现自己的理想或角色期望。

上述阶段式的演变带来了日益复杂和包含道德要求的情况。其中，自我理解阶段是个体自尊心“受苦”的地方，因为此时的个体觉得自己没有实现某些期望。当个体认为自己正在成为恐惧自我时，这种感觉会在一定程度上影响其自尊。

六、自尊类型

（一）高自尊

高自尊的人坚定地相信某些价值观和原则，即使在遇到反对时也愿意捍卫它们并会感到足够安全，同时他们会主动根据自己的经验对原有价值观和原则进行修改。此外，高自尊的人能够按照自己所认为的最佳选择行事，相信自己的判断，当别人不喜欢自己的选择时不会感到内疚。

高自尊的人不会浪费时间去过多担心已经发生的事情，也不担心未来可能发生的事情。他们从过去学习并为未来做计划，同时活在当下。因此，可以完全信任他们解决问题的能力，因为他们在遇到失败和困难时不会气馁，并会在确有需要时主动向他人寻求帮助。

高自尊的人在面对某些个人声望或财务状况的差异时，认为自己在尊严上与他人平等，而不是劣等。他们追求成为有趣和有价值的人，抵制操纵，并且只在合适的情况下才会选择与他人合作。

高自尊的人承认并接受不同的内在情感和动力。高自尊的人能够享受各种各样的活动。对他人的感受和需求敏感；他们尊重公认的社会规则，不主张以他人为代价获利或实现自己的所谓愿望。当遇到挑战时，高自尊的人会努力寻找解决方案，而不会贬低自己或他人。

以下是几种自尊的类型及其表现。

1. 安全与防御

通常我们认为，一个具有高自尊的人不会将自信建立在别人的评价之上，而具有防御性的高自尊者则不然。尽管他们在接受卢森堡自尊量表的测试时仍然会做出积极的自我评价（实际上高自尊者几乎都会这么做），但是，他们看似积极的自我看法其实很脆弱且容易受到批评。其潜意识中的自我怀疑和不安全感，令他们对受到的任何批评都会做出非常消极的反应。因而，具有防御性的高自尊者需要不断获得来自他人的积极反馈，以维持他们的自我价值感。

教育心理学杂志曾进行过一项研究，其中使用了 383 名马来西亚大学生在 5 所公立大学中参加工作综合学习（WIL）计划的样本，以测试自尊与其他心理属性（如自我效能和自我）之间的关系。结果表明，自尊与自信和自我效能感之间存在正相关关系，因为具有较高自尊的学生在学校中的表现要比自尊较低的学生更好。其结论是：高等教育机构和雇主应该强调大学生自尊发展的重要性。

2. 内隐自尊和外显自尊等

所谓内隐自尊，是指一个人以自发、自动或无意识的方式对自己进行正面或负面评价的倾向。它与外显自尊形成鲜明对比，后者需要的是更加有意识的自我评价和反思。当然，内隐自尊和外显自尊都是自尊固有的子类型。

接下来简单谈谈自恋和受威胁的自我主义，现实中不时有人将其与自尊相混淆。

此处的自恋，指对自我过分崇拜、对自己是否完美过分关心的一种心理状态，其特点之一是自我价值观念的膨胀。在拉斯金（Raskin）的 40 项对或错的测试中，自恋测试得分很高的人，可能会对诸如“如果由我统治世界，那会是个好得多的地方”这样的陈述都选择对。需要指出的是，自恋和自尊呈现中等程度的相关性。也就是说，一个人可能具有很高的自尊但并不怎么自恋，也可能同时具有很高的自尊和自恋程度。关于自尊和自恋的关系，后文中会接着谈。

受威胁的自我主义的特征，是对威胁其自恋的批评经常以敌对和进攻式的态度做出反应。

（二）低自尊

低自尊可能由多种因素引起，包括遗传因素、外表或体重、心理健康问题、社会经济状况、重要的情感经历、同伴压力或欺凌等。

低自尊的人可能表现出以下一些特征。

- 严重的自我批评和不满。
- 对批评的超敏感性，对批评者的不满和被攻击的感觉。
- 长期优柔寡断，过分害怕错误。
- 过分取悦他人，以及不愿使任何提出请求的人不满。
- 完美主义，如果没有达到完美就会导致挫败感。
- 浮动的敌对情绪、普遍的防御性和烦躁情绪（没有任何直接原因）。
- 悲观主义和普遍的消极看法。

- 嫉妒或普遍不满。
- 将暂时的挫折视为永久、无法忍受的状况。
- 在评估自我价值时，在不同程度上依赖他人的认可和赞美。

七、自尊的重要性

马斯洛指出，除非我们自己从根本上接受、爱护和尊重人的基本核心，否则不可能实现心理健康。自尊可以使我们以更大的自信、仁慈和乐观面对生活，从而顺利达成目标并实现自我。

自尊使人确信自己应该得到幸福。理解这一点是带有根本性的，并且是普遍有益的，因为积极的自尊的发展提高了以尊重、仁慈和善意对待他人的能力，从而有助于建立丰富的人际关系并避免破坏性的人际关系。弗洛姆（Fromm）认为，对他人的爱和对自己的爱是不可替代的。同时，在所有有能力爱别人的人中，都会发现他们对自己的爱。自尊还可以在工作中发挥奇妙的创造力，是事业成功的关键条件。

博内特（Bonet）认为，自尊的重要性显而易见，因为缺乏自尊的原因并不是失去了他人的尊重，而是自我排斥。博内特认为这与严重抑郁症的情况相符。弗洛伊德曾说，抑郁症患者“自尊心受到了极大的削弱，自我极大贫困……他们失去了自尊心”。

世界卫生组织指出，增强自尊心对于保护儿童和青少年免受精神困扰和沮丧，使他们能够充分应对困难和有压力的生活非常重要。除了增加幸福感外，较高的自尊与应对压力的能力，以及个人更好地执行困难任务的可能性（相对于自尊较低的人而言）有关。

八、自尊的影响

从 20 世纪 70 年代末到 90 年代初，许多美国人理所当然地认为，学生的自尊心是他们在学校取得好成绩、与同龄人建立良好关系乃至今后人生成功的关键因素。在这种情况下，一些美国团体创建了旨在提高学生自尊心的计划。当然直到 20 世纪 90 年代，有关该主题的研究很少进行同行评审和对照研究。

然而，从那以后进行的同行评审研究并未证实先前的假设。最近的研究表明，夸大学生的自尊心并不会对其成绩产生积极影响。相反，鲍迈斯特（Baumeister）通过研究证明，夸大学生的自尊心实际上会降低他们的成绩。同时，对自尊和学业成绩关系的研究并未显示高自尊有助于高学业。可能的情况是，由于受社交互动和生活事件等其他变量的影响，高学业成绩或许有助于实现较高的自尊。

有观点认为，“自尊倡导者企图仅凭个人的独特性来鼓励学生的自尊，因为如果没有幸福感相伴随，人类将走向失败。实际上，只有当学生为实现自己的个人意义而努力时，他们才会为自信心的增长而感到无比自豪，而这种不断增强的自信心又触发了进一步的成就”。

此外，尽管高自尊与自我报告的幸福感相关性高，是否具有因果关系尚待进一步验证。当然有研究显示，在个人主义文化中，自尊与生活满意度之间的关系相对较密切。同时，自尊与亲密关系中的宽恕有关，因为自尊心高的人比自尊心低的人更懂得宽容。

然而也有研究发现，自尊心强似乎不能阻止孩子吸烟、饮酒，甚至吸毒或被送进少管所。一个重要的例外是，较高的自尊会减少女性患贪食症的机会。

九、再谈自尊和自恋

自尊和自恋不同。

研究表明，生活满意度、幸福感、健康的行为习惯、感知的效能以及学业上的成就与自尊水平高有关（Harter，1987；Huebner，1991；Elhawi and Itzhaky，2005；Rumberger，1995；Swenson and Prelow，2005；Yarcheski and Mahon，1989）。具有健康自尊心的人会无条件地接受和爱自己，他们不会隐瞒自己的优点和缺点，不受它们的影响并继续爱自己。

相比之下，有观点认为，在自恋者中“对自身价值的不确定性导致一种自我保护的，通常是完全虚假的宏伟光环”，“这种条件下产生了自恋者，但他们缺乏安全感、自尊心……随着每一次新的社交赞美或拒绝而波动”。因此，自恋可以被视为自尊心从根本上降低的一种状况，即对自己缺乏爱，但通常伴随着基于“拒绝的防御机制”之“自尊的极大提高”。现实中，自恋者在别人面前强调自己的美德，往往只是为了说服自己是一个有价值的人，并试图停止为自己的过失而感到羞耻。不幸的是，“自我看法过分夸张的人，尤其是不稳定的人，极易受到负面信息的影响，往往社交能力差”。

第二节　自我效能

一、自我效能概述

自我效能（self-efficacy），指人在特定情境中从事某种行为并取得预期结果的能力，它在很大程度上是指个体对自我有关能力的感觉。自我效能也指人们对实现特定领域行为目标所需自我能力的信心或信念，简单来说就是个体对自己能够取得成功的信念，即“我能行”。

自我效能这一概念，由美国斯坦福大学（Stanford University）心理学家班杜拉于 20 世纪 70 年代首次提出。到 20 世纪末，自我效能已经成为教育界的一个关键理念并被广泛应用于医疗保健、管理、运动，以及诸如发展中国家的艾滋病（AIDS）救治等极为棘手的社会问题领域。同时，自我效能也是 20 世纪末、21 世纪初横扫心理健康领域的“积极心理学运动”的主要特征。

二、自我效能的作用

大多数人都清楚自己想要达成的目标，以及想要改变和实现的事情。然而，大多数人也都意识到要将这些目标和计划付诸行动并不是那么简单的。班杜拉等发现，个体的自我效能感在实现目标、完成任务和应对挑战方面有着重要作用。

自我效能感较强的人具有以下特征：

- 对所参与活动的兴趣更浓厚。
- 对所参与活动的责任感更强。
- 能够从挫折和失望中迅速恢复。
- 视具有挑战性的问题为可以被完成的任务。

…………

自我效能感较弱的人具有以下特征。

- 回避具有挑战性的任务。
- 认为困难的任务和要求超出了自己的能力范围。
- 聚焦于负面结果和自己的弱项之上。
- 遇到问题时往往对个人能力迅速失去信心。

…………

三、自我效能的建立和来源

我们于童年早期起，通过处理各种各样的经历、任务和情境而逐渐形成自我效能感。然而，自我效能感的发展并不会在青年时期即告结束，而是会随着我们获得新的技能、经验和认识在一生中不断发展。

根据班杜拉的说法，自我效能有以下四个主要来源。

（一）掌握经验（mastery experiences）

班杜拉曾说："培养自我效能感最有效方法是掌握经验。"确实，成功地完成一项任务可以增强个体的自我效能感，而未能充分解决的任务或挑战则会破坏或削弱自我效能感。

（二）观察学习（social modeling）

目睹他人成功地完成任务是自我效能感的另一个重要来源。根据班杜拉的说法，"看到和自己相似的人通过持续的努力获得成功，会让观察者产生这样一种信念，即他们也能掌握类似的能力，从而获得成功"。

（三）社会性劝说（social persuasion）

班杜拉还主张，人可以被说服从而相信自己有技能和能力取得成功。我们不妨回想一下，别人一些积极鼓励的话语是否曾帮助我们实现了目标。很多时候，从他人那里得到的鼓励可以帮助我们克服自我怀疑，从而专注于尽最大努力完成手头的任务。

（四）心理反应（psychological responses）

我们对情境的反应和情绪在自我效能感中也扮演着重要的角色。心境、情绪状态、生理反应和压力水平等，都会影响一个人在特定情况下对自己能力的看法。例如，一个对在公共场合讲话感到极度紧张的人，其在特定情况下的自我效能感可能就相对较弱。

然而，班杜拉也指出："重要的不是情绪和生理反应的强度，而是个体对它们的认知和理解。"当面对困难或具有挑战性的任务时，个体如能通过学习减少压力、提振情绪，也可以提高自我效能感。

四、高自我效能与低自我效能

高自我效能到底是什么样的呢？

通常，我们或者具有一种总体的自我效能感，或者在某个自己认为擅长的方面具有特定的自我效能感，如学习、工作、友谊、子女教育、体育等。下面是一些高自我效能感个体的例子：

- 一位正在努力治疗慢性疾病的男士，他相信通过自己的努力并遵循医生的建议，完全可以回到正轨并改善健康。
- 一名相信自己能充分掌握学习内容，并在考试中取得好成绩的学生。
- 一位刚刚接手了从未了解过的新工作的女士，她觉得自己有足够的学习能力并可以胜任这项工作。

自我效能感在健康心理学领域，以及自我健康管理、营养均衡和疾病治疗等方面发挥着重要作用。例如，强烈的自我效能感可以帮助那些正在戒烟的人坚持达成目标。此外，诸如减肥、调理慢性疼痛、戒酒、锻炼等方面计划和目标的达成也都可能受个体自我效能水平的影响。

班杜拉认为，自我效能感可以从很多方面促进一个人的幸福感。例如，即使事情变得困难，高自我效能感的人依然能对自己的能力保持乐观和自信——由于自我效能感高的个体视困难为挑战而非威胁，他们往往对自己追求的任务更有内在的兴趣。对他们来说，困难和挫折并不意味着失败，因此这些人往往会加倍努力找寻解决困难的方法。

自我效能感较低的人往往把困难的任务视为他们应该避免的威胁。正因为如此，他们也倾向于避免设定目标，且对于自己所承诺目标的投入水平也较低。遇到挫折时，低自我效能感的个体往往很快就放弃了，因为他们对自己的能力没有太多的信心，并且他们也更容易产生挫败感和抑郁的情绪。同理，他们也不善于应对压力情境，加之因心理弹性较小，高压过后的他们往往更难以恢复元气。

五、自我效能感的评估

有许多不同的量表用于评估自我效能水平，包括一般自我效能量表（General Self - Efficacy Scale，GSE）和自我效能问卷（Self - Efficacy Questionnaire）。如果希望快速地评估自我效能水平而不追求正式的测量，可以参考以下这些问题：

- 如果工作中遇到困难，你觉得自己能通过努力处理好问题吗？
- 你对自己实现目标的能力有信心吗？
- 你觉得自己能够应对突发事件吗？
- 你能在压力事件后迅速恢复吗？
- 当你遇到问题时，你觉得自己能想出解决方案吗？
- 即使事情看起来很困难，你也会继续努力吗？
- 即使面对混乱，你也能保持冷静吗？
- 即使在压力下，你也能表现得很好吗？
- 你是否倾向于关注自己的进步，而不是被有待完成的事务压垮？
- 你相信努力工作最终会有回报吗？

如果大多数的回答是肯定的，那么你可能具有相当强的自我效能感。如果觉得自我效能感还有待提升，可以考虑下文所介绍的一些策略来进行改善。

六、提升自我效能

自我效能感是一种可以被培养和加强的心理技能，下面是班杜拉总结的几种自我效能的来源。

（一）庆祝自己的成功

掌握经验对自我效能感的形成起着至关重要的作用。事实上，班杜拉认为这是创造强烈的自我信念感（self-belief）的最有效甚至是唯一有效的方法。当我们在某件事上取得成功时，就能以此为契机对自我的能力建立一种强有力的信念。

需要注意的是，有效的成功经验很少来自那些轻而易举的成功。如果经历了太多唾手可得的成功，那么当我们最终遭遇滑铁卢的时候往往会更容易放弃。所以，最好尝试设定一些可实现但不一定做起来很容易的目标。这些目标往往需要我们付出不小的努力并需要一种坚持下去的毅力，然而一旦实现，便会对自己的能力产生更强的信心。

（二）观察他人

班杜拉还指出，通过观察并学习同辈的成功，从而获得替代性经验是建立和加强自我效能感的另一个重要手段。换句话说，看到别人付出努力并取得成功，可以增强我们对自己争取成功的能力的信心。

在这种方法的有效性中起关键作用的一个因素，是我们所观察的对象与自己的相似性。如果我们越感觉自己和对方相似，那么我们的观察学习就越有可能增加自我效能感。

（三）寻求正向的肯定

从别人那里获得积极的反馈，也可以帮助我们提高自我效能感。例如，当医生告知我们在坚持复健计划方面做得很好时，这对我们来说往往就是一种可以在复健中加强自我效能的莫大鼓励。与之类似，来自朋友、导师、专业人士和所尊敬人的正面反馈，也可以帮助我们增强能力和信心。正如班杜拉所说，单靠社会反馈并不足以建立自我信念感，但当需要一点额外的鼓励时，它却是一个相当有用的工具。

总之，积极的社会反馈有助于增强人的自我效能感，负面反馈则往往会对自我效能感造成很大的破坏。也正因为如此，尽量不要向那些常常给出负面看法或评价的人寻求反馈。

（四）留意自己的念头和情绪

当我们发现自己因为一项具有挑战性的任务而感到压力或紧张时，往往会更加不确定自己是否有能力处理好手头的任务。此时，调整我们对于待办事项的想法和情绪是一种提高自我效能感的好方法。当我们感到焦虑时，一些能减轻压力的成熟方法（如冥想等），常常可以帮助我们对自己的能力更有信心。当发现自己老是想着消极的事情时，不妨试试用积极的自我对话（实践证明对促进自信很有效）来代替消极对话。

七、自我效能作用机制

自我效能感是个体在行动前对自身完成该活动有效性的一种主观评

估，这种预先的估计会在多个方面对个体的后续行为发生影响。

（一）影响对行为的选择

当个体面对一项新的任务时，通常会先对该任务的价值进行估计，往往只有确定是有价值的任务时才会进行下一步。那么，是不是对于任何有价值的行为个体都会采取行动呢？这就涉及另一个选择过程。当个体对自己完成该任务的能力评价很低时，就有可能不会采取行动或者选择一个较容易的目标。例如，在填报高考志愿时，当一个学生感到报考清华大学的成功概率很低时，往往就不会报考该校，而是会换一个更容易考上的学校。

自我效能感不仅影响个体对目标的选择，而且影响个体的行为方式。我们在做事情时都会选择一种最有成功可能性的方式。现实中，每个人都有自己做事情的方式且往往很难改变，其原因之一就是熟悉的行为方式最具有自我效能感。在行动的过程中，我们也常常会根据行为结果的反馈而相应地改变自我效能感，从而不断地调整行为目标与行为方式。

（二）影响在面对困难时的决定

在行动的过程中，每个人都会遇到困难，此时自我效能感的高低会影响人克服困难、坚持下去的毅力和决心。与此相关的一个典型例子就是习得性无助。如前所述，习得性无助的概念最早是由动物学习理论家（Oermier and Seligman，1969；Seligman and Maier，1967）提出的。他们研究发现，当动物（如狗、白鼠等）被置于难以逃避的电击区域时，起初它们试图逃避，但经过一段时间的尝试发现根本无法取得成功后，它们的反应就明显变得消极了。当它们再次被放入相似的环境中时，便会放弃努力。即便在新的情境中只要稍做努力就可以逃脱，它们也会放弃。这种现象就是习得性无助。

除了动物，人也会形成习得性无助，一旦形成，当再次遇到相似的情况时便会放弃努力。分析其作用机制可以发现，只有当人把失败归结为不可控的因素时，才会形成这种无助感。产生这种“不可控”的认知，意味着自我效能感的低下，而自我效能感低的人更容易放弃努力。例如，当一个学生认为自己没有数学天赋，即在数学方面的自我效能感很低时，很容易便会向学习中的难题屈服；而在这方面自我效能感高的学生，就会想各种办法去解决问题，不会轻易放弃。简而言之，高自我效能感者所付出的努力与任务的难度成正比，低自我效能感者则正相反。

（三）影响人的情绪状态

当我们认为做某件事成功的可能性很大时，往往会产生乐观积极的心态，情绪饱满，主动性也更高。能力与兴趣是常常相互影响的一对概念。在某方面能力强的人，往往也会在这一方面表现出更大的兴趣，这一点在学习领域表现得尤为显著。当学生对某一学科感兴趣时，十有八九是因为其在这一学科上取得了很好的成绩；而兴趣又可以使人更加投入，获得更好的成绩，从而促进能力的增长，于是形成了一个良性循环。同理，在某方面自我效能感高的人，会更有兴趣从事此类活动。在行动过程中，他们会积极主动地去寻找解决问题的方式方法，也会更加主动地获取、分析、加工外界信息，从而获得理想的结果，而好的结果又能起到强化作用，从而进一步提高个体的自我效能感。现实中，高自我效能感的人在解决问题之前往往会从积极的方面去考虑问题，从而形成正向预期；遇到问题时，也会以乐观的心态去看待它，从而较少产生焦虑。

八、自尊与自我效能感

自尊与自我效能作为自我心理结构中两个最重要的部分，一直引起心理学家广泛的兴趣，同时对其的研究和应用不断地渗透到医学、教育、管理以及日常生活的各个领域。19 世纪末，詹姆斯最早从心理学角度探讨自尊问题。他在探讨人的自我时，通过“自尊＝成功×抱负”这一著名公式说明，自尊取决于个体在其认为重要的方面如何评价自己。20 世纪 70 年代末，卢森堡提出，自尊不是“取决于个人对各个组成品质的评价，而是对那些有价值品质的评价”。自我效能的概念最先由班杜拉于 20 世纪 70 年代提出。他在谈到行为的动力因素时，认为个体的行为动力不仅仅来自对过去类似行为结果的强化，更来自对未来行为走向的主观预期，尤其是对自己是有能力达到某种结果的效能预期，这种效能预期即是自我效能感。相比较而言，自尊概念强调对有价值品质的自我评价，自我效能概念则强调对活动能力的自我评估。由此可见，自尊与自我效能的初始含义就存在不同。

大体而言，可从以下几个方面对自尊与自我效能加以比较。

第一，从结构内涵上看，自尊是在整体上对“做人”的自我评价，而自我效能则是对具体“做事”的自我评价。

第二，从测量上看，自尊注重测量整体结构，并注意克服自我报告法的缺陷；自我效能则注重测量领域中关联的特殊结构，并强调开发自我报告的有效技术。

第三，从功能上看，自尊的作用主要表现在对消极评价反馈的中介调节效应，以及终极性的心理健康功能等方面；而自我效能的作用，主要表现在作为预测性变量在达成某些成就目标中的动力性功能。

第四，从影响因素上看，自尊的形成和发展往往决定于早期的成长经历以及后来的补偿性行为经验；而自我效能主要决定于个人近期直接或间接的成败经验，以及身心状态等方面的因素。

第三节　自我实现

所谓自我实现，是指个体对向上发展和充分运用自身才能、品质、能力的需要。自我实现位于马斯洛需要层次理论模型的最高层，属成长性需要，在基本需要得到满足后方才出现。马斯洛认为，在人迈向自我实现的创造性过程中，会产生一种可称为“高峰体验”的情感，这个时候是最激动人心的时刻，这时的状态是人的存在之最高、最完美、最和谐的状态，这时的人会有一种欣喜若狂、如醉如痴甚至销魂的感觉。

一、自我实现的起源

美国心理学家马斯洛的需要层次理论，于 1943 年在其著作《动机论》中提出。该理论认为，人的需要可以分为五个层次，依次为：生理的需要、安全的需要、归属与爱的需要、尊重的需要和自我实现的需要。其中，自我实现是人的需要层次中最高层次的需要。

马斯洛自我实现理论的基本内涵可概括为以下四个方面。

（一）自我实现是人的一种基本需要

马斯洛认为，自我实现是指促使人的潜在能力得到发挥和实现的趋势。自我实现需要的产生，有赖于此前生理需要、安全需要、归属与爱的需要以及尊重需要的满足。马斯洛曾明确指出，“我称之为基本需要的东西，可能对所有人来说都是共同的”，只不过在其他需要未得到满足之前，自我实现的需要不占优势而已。也就是说，自我实现需要的产生不是从无到有，而是从不占优势到占优势。

（二）自我实现是人的终极目标

马斯洛认为，自我实现作为一种人所追求的目标，指“希望自己越来越成为所期望的人物，完成与自身能力相称的一切事情”。此外同其他基本需要不同的是，其他需要一经满足往往就会自行消失，不再作为需要（至少不作为占优势的需要）而存在，而自我实现的需要则永远不会消失。从这个意义上来说，它是“一种单纯的、终极的价值，或者说是人生的目的”。

（三）自我实现是一个连续不断的发展过程

自我实现不是单纯的观念运动，而是随时随地、点点滴滴实现个人潜能的过程：工作、劳动、认知、体验等。总之，它是投入种种使自己处于合意状态的活动。从这个角度而言，自我实现就是指努力做好自己想做的事情。

（四）自我实现在心理上表现为一种高峰体验

“自我实现意味着充分地、活跃地、无我地体验生活，全神贯注，忘怀一切”，这是一种真善美高度统一时的体验，是对人生最美好时刻、生活最幸福时刻、自己处于发挥潜能最佳状态时刻的体验。这种高峰体验，在平常人身上有时也会发生，但是在自我实现者那里更加经常并带有周期性。

二、自我实现的内涵

自我实现理论于17世纪西方新兴资产阶级的人性论思想中萌芽，它从个人的主体存在出发，强调人的自我设计、自我奋斗和自我创造。20世纪40年代，马斯洛提出了需要层次理论，认为生理需要、安全需要、归属与爱的需要、尊重的需要和自我实现的需要都是人的基本需要，并遵循由低级到高级的排序。其中，前四种需要是缺失性的，起源于实际的或感知到的环境或自我的缺乏，完全依赖于外界。自我实现的需要则是成长性的，是人迈向终极目标的种种过程，即马斯洛所说“对天赋能力、潜力等的充分开发和利用，这样的人能够实现自己的愿望，对他们力所能及的事总是尽力去完成”。马斯洛认为，自我实现的需要可以理解为是人对于自我发挥和完成的欲望，也就是一种使自己的潜力得以实现的倾向。这种倾向，体现了一个人想要变得越来越像人的本来模样，从而实现人的全部潜能的欲望。由此，马斯洛描绘了自我实现者的总体特征——竭尽所能，使自己趋于完美，并把人向完美奋斗的过程或倾向称为自我实现。现实中，尽管人的绝对完美是不可能的，但向完美趋近、为之奋斗则是完全可能的。

应该看到，马斯洛的需要层次论虽然存在着一定的历史局限性，但至今仍具有相当的现实价值和影响力。以现代管理为例，需要层次理论在其中具有十分重要的价值和积极的意义，是员工激励和员工主体意识、价值观念特别是理想人格意识等重要内容的理论基础；其中的自我实现理论也在塑造管理者和员工的主体品格，提供组织及其管理发展的动力，以及预示管理发展的未来方向等方面功效显著。

三、自我实现者的 14 个特质

据马斯洛估计，自我实现者约占总人口的百分之一或百分之二。他认为，自我实现者的运作功能层次，与常人的运作层次完全不同。自我实现者很容易满足自己所有的需要，同时特别关心较高层次的需要。

马斯洛甚至很大胆地说，自我实现者的生活方式较不美国化。他的意思并不是说自我实现者是偏激分子或极端分子，而是说自我实现者超越了任何特定文化的限制，他们的人性得到了充分发展。马斯洛研究了若干自我实现者以后，发现他们具有下面将要提到的共同特点。了解自我实现者所具有的特点，可以为我们提供一个使自己趋近完美的架构。我们每个人或多或少都具有自我实现者的特质，因此也可以将马斯洛的模型视为完美个体的画像。

（一）自我实现者对现实和环境的认知能力较强，并且较能与之安然相处

马斯洛发现，自我实现者往往具有透视虚伪、表面或掩饰等事物的神

秘能力。无论对艺术、音乐、科学、政治或是社会，他们的认知都比较清楚与准确，因而提高了解决问题的能力。他们较少受到自己的希求、愿望、恐惧、焦虑、偏见等的影响，因而能透视事实的真相。此外，他们非但能忍受暧昧不定的情形，并且喜欢它们。对此，爱因斯坦的这句话十分到位：“我们能经验到的最美丽事物就是神秘的事物。”

自我实现者接受现实，而不空妄地反对它们。确实，只有当我们与人生必然的经历和谐相处时，才能真正更有效地控制展现在我们前面的事物。

（二）自我实现者较能接受自己、他人及自然

对于自己与他人不可避免的优点与缺点，自我实现者往往能视之为理所当然而不抱怨。许多人在改变他人以符合自己的愿望时，常会破坏与他人的关系。自我实现者则不会试图去改变谁，因为他们尊重每一个人都有成为其“真我”的固有权利。即使知道自己有某些缺点，自我实现者仍然会接受其基本的自我。他们不会因未能符合某些文化所界定的理想的美、地位、声誉等，就产生莫须有的罪恶感和羞耻感，因而也不会受到这些感觉的折磨。

自我实现者不矫揉造作，不充派头，并且能很快察觉别人的虚伪作风。他们接受随成长而发生的生理变化（如衰老），且不会念念不忘往日的欢乐与做事的模式。他们可能偶尔有罪恶感，但这种感觉只有当自己存在某些可改而未改的缺点（如懒惰、脾气暴躁、嫉妒、偏见等）时才会产生。

（三）自我实现者的内心生活、思想、行为都比较自然、率真

要实现真我需要内心具有相当的自由，行为也要率真自然。与之相反的特性则是处处防卫，不敢自我流露，并且经常惧怕他人的批评。自我实现者与人交往时不会矫揉造作，他们也较易超脱习俗或惯例的影响而展现纯真的天性。

（四）自我实现者遇事比较能以问题为中心，而不以自我为中心

自我实现者比较能心平气和地处置问题，他们把自己的问题视作与其他问题一样，并没有什么特殊的。解决问题的过程会令他们很高兴，因而他们也会很热心地从事自己的职业。马斯洛发现自我实现者具有一项显著

特征，即热爱一种职业，他们感觉自己的工作是重要的，是某种待完成的使命，不论是养育小孩还是经营企业。

（五）自我实现者较能够而且喜欢独处

许多人觉得独处是一项很不愉快的经验，但马斯洛发现自我实现者享受与自己相处的经验，并且常常追寻独处的时刻。

（六）自我实现者比较独立自主

自我实现者较不容易受环境的影响，不愿意也不会成为环境变幻的牺牲者。面临再多的挫折、打击，他们也能保持比较快乐且宁静的心境。他们能自给自足，依靠自己的潜能和资源来成长和发展，同时不需要他人的好评来为自己提供所谓的支持。

（七）自我实现者较能接受并欣赏新奇的事物或经验

对于同一样事物，自我实现者常常能够一再欣赏而不觉厌烦，好像每次都可品出一些新的东西，都会有一些新的感受。日常生活中，一般人视若无睹的生活细节，也常常会使他们感到愉快、惊奇、敬畏甚至心醉神迷。可以这么说，对自我实现的人而言：任何一次日落都如第一次见到时那么壮观；任何一朵花都可爱得令人屏息（即使已见过一百万次这样的花朵）；哪怕见到了第一千个婴孩，他们也像初次见到那般认为这是生命不可思议的杰作。

与常人不同，自我实现者不会把生命的种种奇妙视作理所当然。同时，他们能够从自己已所曾拥有的成就中吸取灵感，而不会不眠不休地寻求从未见过的新奇事物或刺激。

（八）自我实现者较常获得神秘或高峰体验

马斯洛发现，许多自我实现者曾有过独特而强烈的个人体验——或许可被形容为神秘的或富有宗教色彩的经历。诸如观察一位小孩嬉戏或欣赏音乐等经验，都能完全吸引他们的注意力，并且令其产生高度的愉悦感。自我实现者所描述的欢乐类型似乎迥异于一般人，马斯洛从他们对这些经验的描述中导出了高峰经验这一概念。这种欢乐的程度不会因为重复发生而减弱，我们可以用惊奇、敬畏、心醉神迷、崇敬、灵感、赞叹等措辞来描述它。与此种欢乐相对立的，是酒会的余兴节目、游乐公园里的刺激活动、酒吧里的感官刺激。也就是说，这些并非自我实现者的欢乐。

高峰经验的另一些例子是爱的感受，如四海之内皆兄弟、美、灵感等感觉，仿佛徜徉于自然的经验和宗教性的意识之中。不恰当地说，这类意识状态颇有些类似于吸食迷幻药的感觉，但绝对没有吸毒的副作用。经验过此类意识状态的人，大都认为这是最令人陶醉且最汪洋浩瀚的人类经验。

有的自我实现者认为，这些经验是他们人生的高峰时刻。对此，我们可以借助某些方式来助长而非强迫这些经验的出现。例如，我们可以把某一个人想象为被种种问题干扰且历尽无数创伤的个体；我们可以回顾自己的生活，并从已被克服的许多问题中和已从自我成长历程中消散掉的许多变化里撷取灵感。如果说世界充满悲伤、痛苦和暴力，那么它也一样充满着神奇、美妙的事物。许多人只看到事情的阴暗面，却对他们周遭的种种神奇视而不见，殊不知这些正是高峰经验的丰富来源。

（九）自我实现者较能建立久远的人际关系，并对其中的少数人产生深厚的感情

真正的友谊需要投入许多心力和时间，因此，一个人事实上不可能有许多亲密的朋友。自我实现者把他们的友谊看得很重要且虔心培养之。虽然他们热爱和关怀的对象只有少数几个，但他们几乎对每一个人都表现得友善、慈悲、喜爱。当然，这种爱并不是毫无区别的，他们也会严厉地批评那些“罪有应得”的人，尤其是那些吹毛求疵、装模作样和狂妄自大的人，他们会为了对方好而直截了当地进行批评。由此看来，自我实现者的所谓“敌意”是情境性的，并不会成为其人格特征之一。

（十）自我实现者具有较强的民主气质

自我实现者大都为人谦虚，因为他们觉得不论是什么种族、家世、性格、职业、性别，每个人有可取可学之处。因此，他们可以坦然地同与之迥然相异的人交往和学习，这是一种不可多见的特性。事实上，他们对任何人都心存敬意，就只因为对方是人。

（十一）自我实现者能够清楚地分辨手段与目的的不同

自我实现者往往具有强烈的道德观念与确定的行为准则，有着清晰的是非善恶观念。不过，他们心目中的是非善恶未必与习俗相同。马斯洛发现，自我实现者很清楚自己所要追求的目标，并且知道要先完成什么才能

达成心中的目标。

通常来说，他们追求的目标较为固定。当达成目标的手段遭到挫折时，他们也会灵活变通。不过，他们的变通以不违背个人道德与损害他人福利为原则。同时，对于很多经验和活动，常人只视为很普通的手段，他们却能从中获得欣赏和享受。即使在做例行工作时，他们也会设法稍加变化，以乐在其中。

（十二）自我实现者有着不带敌意而又富于哲理的幽默

表示优越感的幽默（如嘲弄他人的缺点），带有敌意的幽默（如伤害别人的感情），以及猥亵淫秽的幽默，常为一些人所喜爱，却不为自我实现者所欣赏。自我实现者会在有意义的生活事件上找到幽默的题材，当事实与自己的预期不相符时，他们也会就自己的缺点和"年少轻狂"而自我解嘲。例如，当自我实现者重阅一篇很早以前的期末报告时，或许会发现该文语气狂妄自大，并由此觉得自己很滑稽。

（十三）自我实现者比较具有创造性

马斯洛常把自我实现者的生活态度与赤子之心相互比较，他发现二者有许多相同点，如对同一样事物，都能够一再欣赏其新鲜之处。同时，他发现自我实现者比较具有创造性——并不是他们具有伟大的才华，而是他们的心灵像小孩子那样纯真自然，对任何事情或游戏都会因为想出了一套新奇方法而兴奋不已。

马斯洛说，大多数人似乎已经丧失了纯真小孩的新奇眼光。想要恢复这份纯真，我们不妨想象一下，当一条受宠爱的狗看到主人走过来时的兴奋模样；或在暖和的春日里，漫步林间之时的兴奋和自在。

（十四）自我实现者较能超越各种对立性而达到统整状态

在自我实现者的行为中，较能表现出彼此对立（实则超越对立）的特性：他们既老成持重又童心未泯，既重视智慧又热情洋溢，既纯真坦率又自我克制，既态度严谨又嬉戏风趣。大多数人都将这些对立的特性加以截然划分，更不用说同时表现出对立的特性。确实，对大多数人而言，可能同时娱乐和工作吗？即便可能，只选择其中一种来做，不是更舒服吗？按照马斯洛的看法，一个人的人格存在过多的二分性并不是好现象，人格内的对立状态其实是一种不成熟的反映。

许多人的头脑中都有一些成熟的人该表现什么样行为的固定观念，如保持某种冷静、克制、理智甚至无情的作风。正因为如此，某些充满生命活力的特性，如率真、自发性、自由表露感受、嬉戏等都必须被压制下去。

其实这些都是我们天性的一部分，我们应该将之表露出来。将特性对立起来，往往是因为对事情的不正确看法而造成的。实际上，一个人可以既有长远的目标，又专心致志于眼前的工作；可以既对人生持严肃的态度，又笑对成败得失；可以既专心达成某些目标，又别出心裁，使达成这些目标的手段创意十足，充满趣味。

第四节 自我概念

一、自我概念的定义

此处的自我概念（self-concept），是指个体对自身存在的体验，包括个体通过经验、反省和他人的反馈，逐步加深对自身的了解。自我概念是一个有机的认知结构，由态度、情感、信仰和价值观等组成，贯穿整个经验和行动，并把个体所表现的各种特定习惯、能力、思想、观点等组织起来。关于自我概念的解释，存在两种观点：①自我概念是把个性统一成连贯、综合系统的有机过程，包括防御机制、知觉习惯和态度；②自我概念是知觉的客体，即个体在其自觉体验中的感受。通常，人们把前者称作自我系统，把后者称作自我概念。实际上，在讨论自我概念时很难把两者区分开来。自我概念的作用包括自我引导作用、自我解释作用、自我期望作用和自我成败归因作用等。

历史上，自我概念有着各种不同的含义，主要原因在于这一概念源自多种学科。哲学和神学强调自我是道德选择和责任感的场所；社会学强调语言与社会的相互作用是自我实现并得以保持的基础；临床心理学和人本主义心理学强调自我是个体独特性和神经症的根源；实验社会心理学则强调自我是认知组织、印象处理和动机激发的源泉。

二、自我概念的主要内容

自我概念是由反映评价、社会比较和自我感觉三部分构成的。

（一）反映评价

所谓反映评价，是指个体从他人那里得到的有关自己的信息。如果我们在年轻的时候得到了肯定的评价，往往会形成一个良好的自我概念；如果这种评价是否定的，则我们的自我概念就可能很糟糕。例如，学期开始时老师对一个学生说："你行，你一定会成为一个好学生。"相信这位学生听了以后，一定会以好好学习来作为回应。但是如果老师说："你以后没有什么发展。"这位学生可能会就此消极起来，认为反正自己不行，懒惰一点也无所谓。

（二）社会比较

在生活和工作中，人们往往会通过与他人比较来衡量并确定自己的标准，这就是在做社会比较。例如，在学校时，当考卷发下来后，我们常常会去问自己的同桌分数是多少，自己的朋友分数是多少；进入社会后又和同事比，关心谁更出色，谁发展得好；当有了孩子后，就常常关注自己的孩子和别人的孩子谁更优秀；当担任领导职务或主管某个单位时，又或者和别的领导比管理水平，或者和其他单位比业绩指标；等等。总之，无论什么人，从出生到长大，从家庭到社会，从学习到工作，大都是在社会比较中发展和充实自我概念的。

（三）自我感觉

年少时，我们对自己的认识大多来自别人的反应和评价。然而，在成长的某一时刻，我们开始用自己的方式来看待自己，这种看待自己的方式被称为自我感觉。

如果从成功的经历中获得自信，自我感觉就会变得更好，自我概念就会改善。例如，当我们通过自己的能力安装调试成功了一台电脑时，自我感觉就会非常好，也就是说成功能改善自我感觉。

三、自我概念的理论研究

大多数关于自我概念的研究都集中在自我尊重上，特别是集中在自我尊重同人格与行为等方面的因果关系上。现在，自我概念的其他一些方面也引起了人们的注意。其中最为明显的是：自我表现的动力学，以及在自然主义的和实验情境中的印象控制；特定的同一性的发展及其结果，包括性、种族群体、行为异常和年龄特征等；历史和社会结构对自我概念形成的影响，包括战争、经济萧条、文化变迁和组织的复杂性等；自我概念对社会结构和社会环境的影响；等等。

（一）不同群体自我概念的发展及特点研究

有学者（Marsh，1989）用由其编制的三个自我描述量表（SDQ）对数千名学生进行了测量，结果发现，7~9 年级学生的自我概念开始下降，9~11 年级的学生则开始回升，呈“U”形曲线。

（二）自我概念的性别差异

有学者（Dusek and Flaberty ，1981）研究发现，男孩子在男子气概、成就、领导者等方面具有较高水平的自我概念，而在社会性等方面的水平较低；学业自我概念的性别差异主要表现在女生的语文自我概念高于男生，而男生的数学自我概念高于女生。

（三）社会教化对自我概念发展的影响

在社会教化方面，很多心理学研究者认为，自我概念的发展深受社会教化的影响。海蒂（Hattie）发现，生活中的重要他人，如父母、教师、同伴对自我概念形成的影响很大。一个人自我概念的形成既来自其经验总结，也来自他人的反应和评价，其中父母的影响尤为深刻。

四、自我概念的新发展

20 世纪 40 年代，莱基（Leckie）和罗杰斯详细阐述了自我概念，他们将注意力集中于自我概念的知觉方面和自尊的评价性成分上。其中，罗杰斯区分了实际感觉到的自我（真实自我）和理想中的自我（理想自我）。他认为两者都可以加以测定，是各有特点的有用概念。真实自我被置于略低于理想自我的地位，真实自我和理想自我之间的差异体现了个体的心理顺应指数。理想自我引起适当层次的自重和有关目的定向的乐观主义，并激发成就感和对社会的适应。在这里，真实自我强调个人主观体验的心理重要性，所以与逻辑实证主义和科学经验主义相比，它与存在主义和现象学的基本原理更为一致。

在苏联的社会心理学中，人们把自我概念区分为以下四种类别。

- 现实的我，指个人对现在的我的看法。
- 理想的我，指个人认为自己应当成为的人。
- 动力的我，指个人努力成为的人。
- 幻想的我，指个人希望成为的人（如果可能的话）。

五、自我概念的作用

（一）保持自我看法一致性（自我引导作用）

个人需要按照保持自我看法一致性的方式行动。自我概念在引导一致行为方面发挥着重要的作用。自我胜任概念积极的学生，其成就动机、学习投入度及成绩明显优于自我胜任概念消极的学生。有关品德不良学生的研究也证明，学生有关自己名声与品德状况的自我概念直接与其行为的自律性有关。当学生认为自己名声不佳，被别人认为品德不良时，他们也往往会随之放松对行为的自我约束，甚至破罐子破摔。很显然，通过保持内在一致性的机制，自我概念实际上起着引导个人行为的作用。从这个意义上而言，在儿童、青少年的发展过程中，引导他们形成积极的自我概念，对于“学会做人”有着非常重要的意义。

（二）经验解释系统的作用（自我解释作用）

特定的经验对于个体具有怎样的意义，是由个人的自我概念所决定的。同时，每一种经验对于特定个人的意义也是特定的。不同的人可能会获得完全相同的经验，但他们对于这种经验的解释却可能很不同。例如，在某次考试中，学生 A 和学生 B 都考了 95 分。学生 A 平时认为自己能力一般，在这门功课的学习中有些困难，所以对这次考了 95 分感到十分欣喜，感觉这是对自己继续努力争取更好成绩的鼓励。学生 B 平时对这门功课很感兴趣，在学习方面也很有信心，此前都取得了更好的成绩，但这次考试由于粗心而只考了 95 分，所以认为这个分数是失败和挫折的象征，并为此感到懊恼、沮丧，决心再努力，以免再考出这么差的成绩。这说明，个体的自我满足水平并不简单决定于能获得多大的成功，还决定于其抱负水平，以及如何解释成功之于自己的意义。

自我概念的形成是儿童社会化的重要方面，并引导儿童从一开始就形成积极的自我概念。自我概念就像一个过滤器，进入心理世界的每一种知觉都必须通过这一过滤器。当知觉通过这一过滤器时，它会被赋予意义，而所被赋予的意义高度决定于个人业已形成的自我概念。

（三）决定着人们的期望（自我期望作用）

心理学家伯恩斯（Burns）于 1982 年指出，儿童对于自己的期望是在自我概念基础上发展起来并与自我概念相一致的，其后继的行为也往往决定于自我概念的性质。

自我概念积极的学生，其自我期望值也相应较高。当其取得好成绩时，就认为这是意料中的事，好成绩正是自己所期望的。自我概念消极的学生取得差成绩时，会认为这才是意料之中的事，假如偶尔考了个好成绩，会觉得喜出望外。同时，差成绩又强化了其消极的自我概念，从而导致恶性循环。此外，消极的自我概念不仅引发了自我期待的消极，而且也决定了其只能“期待”外部社会消极的评价与对待，这决定了他们对消极的行为后果有着接受的准备，也决定了他们不愿更加努力学习，决定了学习对于他们不再有应有的吸引力……他们也由此丧失了对学习的信心与兴趣。由于自我概念会引发与其性质相一致或自我支持性的期待，并使人倾向于运用可以使这种期望得以实现的方式行动，因而自我概念具有某种预言自我实现的作用。

（四）引导成败归因的作用（自我成败归因作用）

社会心理学家海德（Heider）和温纳（Weiner）提出并建立了一套从个体自身立场解释自身行为的归因理论。该自我归因理论认为动机并非个体性格，而只是在刺激事件与个体处理该事件时所表现行为之间起到中介作用而已。个体处理了一桩刺激事件之后，会根据所体会到的成败经验并参照所了解的一切，对自己的行为后果提出六个方面的归因解释，这就是：

第一，能力——进行自我评价，即自己应付此项工作是否有足够的能力。

第二，努力——反省自己在此次工作中是否尽了最大努力。

第三，工作难度——通过个人经验，评估自己对此次工作感到困难还是容易。

第四，运气——自认为此次工作成败是否与运气好坏有关。

第五，身心状况——通过实际感受，回顾自己当时在工作中的心情及身体健康状况。

第六，别人反应——在工作当时及之后别人对自己工作表现的态度。

在上述六项因素中，第一、二、五项属于内在因素，第三、四、六项属于外在因素。现实中，对工作成败的归因取向，将影响个体今后从事类似工作之动机的高低。如果一个人具有积极的自我概念，相信自己的努力，凡事从主观上找原因，将成败归因于自己的努力程度，归因于自己的细心或疏忽，认为自己应该为过失承担责任，认为命运掌握在自己手里，从而形成积极的自控信念，就可以提高自我实现的能力。

六、自我概念的测量

（一）建立在单维阶段理论模型基础上的测量

史密斯认为，自我概念是个体对自己的总体评价。根据这种理解，他编制了自尊测量问卷（Self-Esteem Inventory，SEI）。这是一种单维建构的测量问卷，没有内部结构维度，史密斯用 SEI 的单项成绩来衡量个体的自我概念水平。与此相似的还有汉斯（Harris）的自我概念量表，卢森堡编制的自我概念测量问卷等。

（二）建立在多维阶段理论模型基础上的测量

莎沃森（Shavelson，1976）是自我概念多维测量的开辟者。莎沃森等建构了一个多维的自我概念模型，使自我概念的多维测量成为可能。他把自我概念分为三层：第一层是一般自我概念；第二层分为学业和非学业的自我概念；第三层则将学业自我概念分为具体学科（包括数学、英语、历史、科学等）的自我概念，将非学业的自我概念分为社会自我概念（如同伴关系、有意义的他人）、情绪自我概念、身体自我概念（如体能、外表）等。这一理论模型对马什（Marsh）、桑（Song）、海蒂等人的研究产生了巨大的影响。

第五节　自我认同、自我同一性与自我接纳

自我认同（ego-identity），是指能够理智地看待并且接受自己以及外

界，精力充沛，热爱生活，不会沉浸在悲叹、抱怨或悔恨之中，奋发向上，积极而独立，有明确的人生目标，在追求和逐渐接近目标的过程中能体验到自我价值以及社会的承认与赞许。自我认同者既能从这种认同感中巩固自信与自尊，又不会屈从于社会舆论及他人评价，对自己的所思、所做具有相当的认可和自信。通常来说，自我认同包含自我了解和自我实现两部分。

一、自我认同感

现代心理学意义上的认同（identity）① 概念最早由弗洛伊德提出，是指个人与他人、群体或模仿人物在情感上、心理上趋同的过程，是个体与他人情感联系的最初表现形式。

埃里克森在弗洛伊德认同概念的基础上提出了自己的“同一性”概念，他搜集了大量的文献资料和实证依据，对同一性进行了广泛而深入的探讨，并于 1958 年系统地提出了他的同一性发展理论（theory of identity development）。根据埃里克森的理论，自我的基本功能是建立并保持自我认同感。自我认同感是一个复杂的内部状态，它包括我们的个体感、唯一感、完整感以及过去与未来的连续性。认同的形成是青少年时期不断探索和承诺的结果。通过探索和承诺，个体可以在今后重要的认同领域（如性别、宗教、职业等）中获得承诺和决策的能力。如果个体不能建立并保持自我认同感，则容易出现自我认同危机，即不能确定自己是谁，不能确定自己的价值或生活方向。有些社会现象（如青少年犯罪），就是由认同危机引起的。自我认同危机通常出现在青春期，但又不限于年轻人，中老年人也可能出现这种情况。认同危机在任何时候都可能发生，但在社会动荡、文化政治变迁时，人们更容易出现认同危机。

埃里克森认为女性在认同的内容、时间安排和顺序上都有别于男性。人际关系是女性认同的重点，男性则以职业和宗教、政治等为中心。在时间安排上，女性对她们的认同保有部分选择自由，也就是可以迟一些做决定，男性则往往会积极解决他们的认同问题。女性对身份认同和亲密关系

① 认同的英文“identity”，常用于表示某些事物是相同的、一致的，或者就是其本身。

问题的解决差不多是同时进行的，男性则常常选择对这些问题依次解决。

马西亚（Marcia）发展了埃里克森的理论，提出了自我认同模型（ego identity model）。根据个体是否探索同一性问题和是否进行决策，该模型包括了四种自我认同状态。

第一，扩散（diffuse）状态：个体既不能进行同一性探索，也不能进行自我决策。

第二，取消（foreclosed）状态：个体只是在父母价值观的基础上做出承诺，而不进行自我探索。

第三，探询（moratorium）状态：个体在自我探索的过程中未曾做出决策。

第四，达成的认同（achieved identity）状态：个体在自我探索的同时有一个坚定的承诺感。

奥克斯（Ochse）和普拉格（Plug）曾编制过一份自我认同感量表，用来测试个体是否通过了埃里克森所阐释的自我认同危机，并对南部非洲15~60岁的人施测：其平均得分在56~58分，标准差在7~8。明显高于此分的，说明已形成了良好的自我认同感；明显低于此分的，则说明其自我认同感还处于形成过程中。

二、自我同一性

自我同一性是西方心理学的一个重要概念，但至今没有一个得到普遍接受的定义。通过对自我同一性概念各种内涵的归因分析，指出了整合自我同一性概念所应关注的几个范畴，并进而提出自我同一性是一个与自我、人格发展具有密切关系的多层次、多维度的心理学概念。

本质上，自我同一性是指人格发展的连续性、成熟性和统合感，它包含以下三个层面的内涵。

第一，最基本的层面，即自我认同。

第二，个人同一性。

第三，社会同一性。

自我同一性的本意是证明身份，指个体尝试把与自己有关的各方面结合起来，形成一个由自己决定、协调一致而不同于他人的独具“统一风格”的自我。简单理解，就是把自己“众多的人格”统一起来，形成一个比较稳定的人格。个体在寻求自我的发展过程中，对自我的确认和对有关自我发展的一些重大问题，如理想、职业、价值观、人生观等，需要进行深入思考和选择。在这一过程中，必然会涉及个体过去、现在和将来之时间维度。自我同一性的确立（identity achievement），意味着个体对自身有了充分的了解，能够将自我的过去、现在和将来组合成一个有机的整体，从而确立自己的理想与价值观念，并对未来的自我发展做出理性的思考。

青少年时期（12~20岁）的一个核心问题是自我同一性的发展，它将为成人期奠定坚实的基础。当然，同一性问题并不是在青少年时期才出现的，早在幼年时期人已经形成了自我感知。但是，青少年时期却是个体第一次有意识地回答“我是谁”的问题的时期。这一阶段的主要冲突是：同一性和角色混乱。

马西亚等心理学家（Marcia，1987；Penuel and Wertsch，1995）是这样界定同一性概念的：同一性是指个体将自身动力、能力、信仰和历史进行组织，并将其纳入连贯一致的自我形象中。它包括对各种选择和最后决定的深思熟虑，特别是关于工作、价值观、意识形态和承诺等方面的内容。如果青少年无法将这些方面和与之相关的各种选择整合起来，或者说他们根本没有能力选择，那么角色混乱就发生了。

马西亚还提出了青少年同一性发展的四种情形：同一性达成（identity achievement）、同一性早闭（identity foreclosure）、同一性扩散（identity diffusion）、同一性延缓（moratorium）。

（一）同一性达成

同一性达成表明个体考虑了各种实际选项，做出了选择并实践选择。一般来说，在结束高中学习生活之前，似乎没有学生能够达到这种水平，即便是跨入大学校门的学生也需要花一定的时间方能做出决定。对个体而言，自我同一性的达成并不意味着一成不变，如对一些成年人来说，在他们生命的某一阶段也许会达成某种稳固的自我同一性，但之后也有可能放弃这种同一性而形成新的同一性。

（二）同一性早闭

同一性早闭指个体过早地将自我意象固定化，没有考虑各种选择的可能便停止了对同一性的探求。同一性早闭的青少年往往缺乏主见，遵从他人的目标、价值观和生活方式。这里的他人包括父母、某些社会群体等。同一性早闭者往往显得刻板与肤浅，不会沉思，应变能力差，但也很少会忧虑。这类人倾向于与父母保持密切的关系并采纳父母的价值观，他们喜欢有组织、有秩序的生活，尊重权威。

（三）同一性扩散

同一性扩散是和同一性早闭联系在一起的，指个体很少“发现自己”，不知道自己是谁，不知道想做什么，没有明确的发展方向。经历同一性分散的青少年常常无法成功地做出选择，或者会逃避思考问题。他们缺乏兴趣，孤独，对未来不抱希望，或者可能很叛逆。他们宁可戴耳机听音乐或蒙头大睡，也不愿意接触父母和老师。

（四）同一性延缓

同一性延缓体现了青少年在各种选择中的思想斗争过程，对此埃里克森用了一个“延期偿付”的概念来加以描述，表示青少年延迟做出对个人生活或职业的选择和承诺。埃里克森认为，在一个复杂社会中，当青少年处于“延期偿付”的阶段时，势必会经历自我同一性的危机。而今，这一阶段不再被称为危机了，因为对大多数人来说，自我同一性的达成是一个逐渐缓慢的内化探索过程，而不是外在的急剧变化，延期选择很正常，而且总体而言是健康有益的。

可见，延期偿付和自我同一性达成都被认为是健康的。青少年主动去做一些试验，摒弃不适合的东西，发现适合自己的生活方式，探寻问题的根源并努力求解，这些都是建立牢固自我同一性的重要部分。对此，那些无法跨越同一性早闭和同一性扩散的青少年则不能很好地适应。同一性扩散的青少年经常放弃，把自己的生活归结为命运，很有可能结交不良朋友并染上恶习。同一性早闭的青少年则往往很刻板、不宽容、独断，常常处于自我防御之中。现实中，学校和有关机构为青少年提供的社区服务、工作实习和教师指导有助于自我同一性的达成。

三、自我接纳

所谓自我接纳，是指个体对自我及其一切特征采取一种积极的态度，简言之就是能欣然接受现实自我的一种态度。自我接纳包含两个层面的含义：一是能确认和悦纳自己身体、能力和性格等方面的正面价值，且不因自身的优点、特长和成绩而骄傲；二是能欣然正视和接受自己在现实中的一切，也不因存在某种缺点、失误而自卑。自我接纳是个体心理健康的一项重要标准。

（一）自我接纳的产生

自我接纳个体是在社会文化及环境的影响下，逐渐形成的一种独特的心理机制。

要理解“自我接纳”，先要理解什么是“自我”。自我也称自我意识，是个体意识发展的高级阶段，是一个人对自己行为、能力或价值观的感受、态度及评价。从进化心理学的角度来说，自我接纳是人类在进化过程中获得的成果之一，是人类在解决生存和繁殖问题的过程中演化形成的。自我接纳也是马斯洛需求层次理论中“自我实现”的特征之一，他在描述自我实现人格特征时提到了自我接纳的以下两个特点。

第一，能接纳自己和他人，不会为自己或他人的缺点所困扰或感到内疚与不安。他们能坦然地接受自己的现状，包括自己的需要、水平、愿望，同样也宽容地对待他人的弱点和问题，从容地生活，很少使用防御机制。

第二，自发、坦率、真实。他们能真实地对待自己的感情并坦诚地说出自己的感受，不掩饰自己，自然而单纯地表现自己。

自我接纳是自我认知结构的一部分，是形成人格的重要因素之一。马斯洛的自我实现理论认为，自我接纳就是自发地接受自我，接纳他人和世界本来的样子。

（二）自我接纳的主要内容

1. 内涵

自我接纳包括对自我形象、身体、情感、态度、信仰、价值观，以及身边的人和所处环境的接受与适应。自我接纳是达到自尊的基础条件。自尊的含义涉及如下三个方面：

- 自尊是一个人的自我认可和自我价值感；
- 自尊反映了一个人喜欢自己的程度；

- 自尊是一个人的自信程度。

可见，自尊涵盖了自我满意、自我悦纳和自我价值等自我接纳的各个方面。

2. 群体水平

很多时候，我们之所以痛苦，是因为我们生活在只有自己的世界里，对他人不了解，以为只是自己一个人有问题、不够好，而其他人都生活得非常幸福。心理咨询中有这样一种常见的现象，当咨询师告诉来访者其实还有很多人存在同样的问题时，来访者的情况常常就会好很多。很多人的所谓“问题”，往往来源于其对自己某些行为、特征的不接纳，当知道自己的这些问题很多人都有甚至是一个普遍现象之后，其压力就会减轻很多。

如果进一步放大群体的范围，就进入了文化比较的层面。现实中，很多行为、规范在某种文化中是非常正当、必要的，但在另一种文化中却可能完全没人在乎；很多在某种文化中看似合理的行为，在另一种文化中却完全不可接受。文化比较未必能让一个人完全接纳自己的行为，但是却可以提升个体对自己行为的接受度，使之不再固执地认为自己的行为、想法不合理，非要改变不可。

3. 原因分析

当我们从表明上去看某些问题或行为，甚至是一些极端表现时，会觉得它们完全不可接受、不可理解。但是，当我们知道其背后的真实原因后，虽然或许还是会觉得这些做法并不可接受，但可能会对其原因予以必要的理解。

要进行分析先要找到问题。无论是在对来访者的咨询过程中，还是对行为的自我分析过程中，对问题的理解可以提升对其控制感（知道事情的来龙去脉，有助于提升对事情的控制感），同时提升对问题的接纳程度。这就是为什么精神分析式的“领悟”虽然有些时候不能带来直接改变，但是来访者还是会觉得对其有所帮助。

此外，对问题原因的理解，可以在一定程度上降低“必须改变”的动机；对问题控制感的提升，则可以提供改变的方向。这两点都可以提高对问题的接纳程度。

4. 对个体的影响

自我接纳的程度对个人能力、成就、外貌、身体、人际关系、道德等方面的认知判断有着重要影响，自我接纳的程度不同，个人对自己喜爱或不喜爱的程度也不相同。如前所述，自我接纳与自尊紧密相关，自我接纳程度高的人的自尊程度也相对较高。当自尊的需要得到满足时，人会感到自信，体验到自我价值，从而进一步产生积极的自我肯定。

5. 影响分析

当我们不接纳一些问题，而是急着想要去改变它的时候，往往是放大了问题所带来的负面影响，忽视或者弱化了它的正面影响，如此，问题的负面影响就增加了。但实际上，就任何一件事情而言，其影响在很大程度上取决于当事人的视角。自我负面情绪较多者更多关注的是事情的消极影响，反之，自我情绪积极者更多关注的是事情的正面影响。

如果只关注问题的负面影响，则会觉得想要去改变，甚至下定决心要改变；如果也关注到了问题的正面影响，则会觉得问题也有其价值。自我接纳的一个方法，就是去发现问题的积极影响，所能发现的积极影响越多，对提高自我接纳能力的帮助越大。

（三）提高自我接纳水平

1. 改变觉察

不接纳自我的主要表现，就是自动地想要去改变。这里有一个潜在的理解，就是觉得问题是可以改变的，改变是容易的。这往往基于对改变的盲目追求，以及对改变过程的不了解。

我们常说“江山易改，禀性难移”，很多时候确实如此，事实上改变并不容易。所以，在这之前要考虑的问题是：是否一定要去改变？改变是否容易？改变所需要的时间和付出的代价有多长、有多大？而不是先考虑改变的方法。

事实证明，对改变过程的觉察对提高自我接纳与接纳他人能力是非常有效的。很多人在对自己的改变过程进行长期的自我觉察后，发现改变并不如想象的那么简单。并且，实际上要改变的问题也没有那么重要或迫切。因此，他们对改变自己或他人的需要也就没有那么强烈了。

2. 补偿策略

很多时候，我们对自身问题的不接纳，往往不是因为这些问题本身，而是因为它们所带来的负面结果。我们不想要这些负面结果，所以就想改变这些问题。其实，想要避免负面结果，一种可行的方式就是补偿策略。

一般来说，采用较多的有两种补偿策略：一种是在不改变问题行为的情况下，通过有效措施避免负面结果的发生；另一种是在负面结果发生的情况下，通过一些做法把负面影响减到最低程度。这两种策略只要运用得当，都可以让行为、行为模式的负面影响最大化地减少。

之所以提倡补偿策略，基于以下两个原因。

第一，很多问题的形成有其长期的原因，现实中也有很多外在因素在阻碍改变。这种情况下，改变是非常困难的，也需要付出昂贵的代价。因此，如果可以避免问题所带来的负面影响，则并不一定非要去改变。

第二，改变需要时间。在改变的过程中，问题往往依然存在，这时就需要采取相应的措施，以避免问题导致不利影响。

第六节　积极的动机

曾经有这么一个实验，心理学家采访了一批正在工地上劳作的建筑工人，所提的问题是：你们的工作是什么？总体来看有以下三类回答。

第一类回答：我们就是打工的，负责砌墙。

第二类回答：这是我们的职业，目标是造一座漂亮的房子。

第三类回答：工作是一种使命，目的是帮助人们住得更好。

大家不妨想一想，这三种人，谁会把房子盖得更好，或者你希望住哪一类工人盖的房子？如果将上述回答与我们的工作和生活相对应，相信不少人也会有这样那样的共鸣。

再回到这个实验。十年后，心理学家再次找到这批人做了回访，发现他们中许多人的情况发生了很有意思的变化：给出第一类回答的人中，许多依旧还在工地上砌墙；第二类人中，不少已经成了或大或小的管理者；第三类人中，有人甚至已经成了市长。

一、自我决定理论

自我决定理论（self-determination theory，SDT），是由美国心理学家德西和瑞恩等于 20 世纪 80 年代提出的一种关于人类自我决定行为的动机过程理论。

自我决定理论是关于人类行为的动机理论。该理论经过几十年的发展，具有深厚的哲学基础、完善的理论构架及丰富的思想内容。自我决定理论有力地阐述了环境对个体行为产生影响的因果路径，对于个体行为的激励与改变具有重要的指导价值。该理论在教育、组织、心理治疗和保健、人际关系、宗教等多个实践领域可以有效解释有机生物体与社会环境的辩证关系，是对个体行为、经验和个人成长等进行有效预期与指导、干预的完整理论体系。

自我决定理论包括以下 6 个子理论。

（一）认知评价理论（cognitive evaluation theory，CET）

认知评价理论是自我决定理论的早期思想，是为了解释外在报酬对内部动机产生削弱性影响的原因而提出的。该理论将外部环境区分为信息性和控制性两类，认为信息性的外部环境促进个体的内部动机及随后的行为，控制性的外部环境作用则正相反。该理论的重点在于揭示社会环境对内部激励行为的影响，主要应用于诸如探索发现、应对挑战或追求造型美观等由人类内在兴趣推动的活动。

（二）有机整合理论（organismic integration theory，OIT）

有机整合理论突破了以往将动机区分为内在与外在的二分法，创造性地根据自我决定的程度将外部动机划分为外部调节、内摄调节、认同调节和整合调节 4 种类型。同时引入内化概念，提出这 4 种外部动机处于内化程度不同的连续体上。其中，整合调节动机的内化程度最高，因为其具有更多的自我决定而又被称为自主性动机，其作用效果相当于内在动机。有机整合理论的提出为通过外在环境因素干预个体的外在动机提供了思路，即干预外部动机的内化调节。它回答了认知评价理论无法解释人类的更多行为往往并不是由于内部激励而产生的问题，回答了外在动机如何转化为内在动机，或者说如何使外部激励产生与内部激励相似的理想效果的问题。

（三）因果定向理论（causality orientations theory，COT）

因果定向理论的提出是为了对内部资源进行描述性解释，即描述个体在对社会、世界的动机取向上相对稳定的差异性。该理论将人类的动机取向区分为自主定向、控制定向与非个人定向三种类型，并描述了该三种类型个体的行为特征。其中，自主定向的个体以兴趣、自我认可的价值为基础，在活动中更可能产生内在动机与整合的外在动机；控制定向的个体倾向于受报酬、限期、结构、自我卷入和他人指令的控制，常常表现出外在的和内摄的调节；非个人定向认为无法控制行为的结果和意图，与去动机和有意识行动的缺乏相联系。德西和瑞恩证实，每一种定向都相对独立存在，并与环境因素共同作用于个体动机的内化过程。

（四）基本心理需求理论（basic psychological needs theory，BPNT）

基本心理需求理论是自我决定理论的核心。该理论强调滋养个体自我整合活动的环境因素的特征，并提出胜任、自主与关系三大心理需要的满足是促进个体的人格及认知结构成长与完善的条件，且这三种心理需要是普适性的，与生俱来的，所有个体都为了满足这些需要而努力，并且趋向于满足这些需要的环境。基本心理需求理论阐述了环境因素通过内在心理需要这一中介而对个体行为与心理健康产生影响的作用机制，这一因果模型的构建为自我决定理论的实证研究提供了逻辑基础。

（五）目标内容理论（goal contens theory，GCT）

目标内容理论是自我决定理论的最新发展。在对基本心理需求的研究过程中，学者们开始关注人类的激情和生活目标，并通过一系列研究探讨了目标内容和心理健康的关系。谢尔顿（Sheldon）与卡塞（Kasser）发现，内在目标的获得可以增强个体的幸福感，外在目标的获得则对幸福感基本不产生作用。这表明，对有价值目标的追求和获取并不能确保个体一定会获得心理健康和幸福感，而是主要取决于目标本身的内容。内在目标（如合群、亲密关系、个人成长等）与外在目标（如经济上的成功、外表、知名度/名望等）相比，能够引起个体更多的心理需求满足。至此，动机研究领域的另一重要变量——目标被合理地纳入自我决定理论体系，为该理论的进一步发展打开了新的空间。

（六）关系动机理论（relationships motivation theory，RMT）

关系动机理论的提出是出于人们对关系的需要。人们在需要充分发挥作用时会寻求联系、归属他人，并尝试发展亲密关系。人们不仅应当体验关系需要的满足，而且应当体验关系中自主支持和自主需要的满足以及胜任需要的满足。事实上，人们在一段关系中所经历的需要满足越多，他们对这段关系就越满意，他们处理关系中那些难以避免的冲突的能力就越强。

二、动机的分类

人类的动机可分为以下三大部分。

（一）缺乏动机

所谓缺乏动机，是指不知道为什么要做这件事情，只因为大家都在做，所以自己也就随大流，跟着别人一起去做。例如，大家都运动，所以就跟着运动；大家都结婚，所以就跟着结婚。显然，这种缺乏动机的表现是比较糟糕的。

（二）内在动机

所谓内在动机，是指之所以做这件事情，主要原因在于这件事情的内在价值。例如，参与一项活动，或者和孩子共处亲子时光，原因是这些活动或相处时光给自己带来了享受，这就是去做的原因，所以称之为内在动机。

（三）外在动机

所谓外在动机，是指做某件事情同这件事情本身没有关系，而是缘于这件事情给自己带来的好处，也就是说做事的动机在所做的事之外。外在动机可分为四种不同的类型，自我决定理论把它叫作不同的调节风格。

1. 外部调节

外部调节是指做这件事情的动机纯粹来自外部。例如，事情做好了就奖励，做不好就处罚；如果好好学习，就给买巧克力吃，如果不好好学习，就家法伺候……这些都是外部的压力和诱惑，所以叫作外部调节。

2. 内摄调节

内摄调节是指把外界的观念部分内化为自己的，但是又没有将其完全转变为自己所认同的价值观。例如，我们做一件事情时，之所以会去好好做，是因为觉得做好了之后别人会很羡慕，自己会很有面子，所以才去做。又如，之所以要好好学习，是因为如果不好好学习的话，爸妈就会失望，自己也会感到内疚。这些就是内摄调节的典型表现，即把别人的期望当成自己的动机。由于这个动机已经部分内化了，看似已经是自己的了，但其实还是受着外部的控制。因为这主要满足了别人对自己的需求，或者说满足了某种自尊心的需求。

3. 认同调节

认同调节是指要做这件事情的理念是自己完全认同的，是由自己的价值观所决定的。还是以学习为例：我为什么要好好学习？因为我觉得学习很重要，将来可以为世界做更多贡献……

4. 整合调节

整合调节是指，之所以做这件事情，是因为它是自己的人生意义之所在。所以，整合调节代表了一种自我认同。再以学习为例，之所以好好学习，是因为自己就是一个终身学习者，所以才愿意一直学习，学习就是自己生命的一部分。可见，整合调节出于我们内在的价值观意义，是指从自我认同的角度来做事情的动机。整合调节和认同调节非常接近，事实上，在心理学实践中也经常将其放在一起测量。

此外为简便起见，实践中也可以把外部调节、内摄调解、认同调节、整合调节等统称为外在动机。这样的动机分类，也契合了孔子“知之者不如好之者，好之者不如乐之者”所表达的含义。

三、不同动机的效果

（一）老奶奶和小朋友的故事

有一位老奶奶，一群小朋友常常在她家门口踢球，踢得非常开心，但却总是吵得她无法休息，于是她想了一个办法。

第一天，老奶奶带了很多糖果给这些小朋友，说：“哇，你们踢得真棒，每个人都来拿几块糖吧。明天继续来踢，一定要好好踢，我太喜欢你们踢球了。”小朋友们听了很高兴，真好啊！不仅有球踢，还能拿糖果。

第二天，她带了少量的糖果给小朋友们，说：“你们踢得很好，也很努力，但我只有这些糖果了，你们明天再努力踢，我再给你们带糖果。”小朋友有点不高兴，但勉强还能接受，没踢太久就走了。

第三天，她没有带任何糖果给小朋友们，说：“你们踢得真不错，不过我已经没有糖果了，你们能每天再来给我表演踢球吗？”小朋友们不高兴地说：“哼，没有糖果还想让我们表演踢球，我们再也不会来了。”

从小朋友的角度，我们看到了不同动机的效果：最开始没有任何奖励，完全是因为踢球好玩，所以大家踢得很开心，这是内在动机的驱使；后来当老奶奶用糖作为奖励时，就把喜欢踢球的内在动机逐步转变为外在动机，而当外在奖励不再有时，外在动机也就失去了。

（二）内在动机的积极作用

当我们用内在积极动机去做事情的时候，无论是人或事的结果都会很好。不仅如此，我们还能充分享受做事的过程，正如前述小朋友踢球的例子，动机是会被环境和外界的反馈所改变的，因此我们可以主动引导让动机往更积极的方向发展。下面就是一些切实可行的方法。

1. 提升价值感

有人经常抱怨自己做的事情没有价值，但实际上真是这样吗？有这样一个案例：某慈善机构的工作人员产生了严重倦怠情绪。于是，研究人员让那些被资助的大学生每天和他们在电话中交谈 10 分钟。一个月后，该机构人员的工作效率大幅提升，募得的捐助也比此前多了 171%。其实，在我们的工作、生活中，很多时候我们确实创造了价值，但这个价值需要被感知，因为这种感知会提升我们的价值感，激发我们的自主性。

有人说：“自己选的路，跪着也要走完！”如果我们的选择并非如己所愿，就会感觉来自他人的压力和逼迫。但是，当我们有选择的空间并由自己选择时，就会变得积极主动，并进而将其转化为内在动机。

2. 具有掌控感

最强大的效能感来自同时发挥和提升技能，以及展示熟练的技能所带来的积极感觉。这就是说，当我们做事时得心应手，就会有一种掌控感，越做越喜欢。

当然，我们不应为了赢得虚浮的成绩或他人的表扬而选择那些挑战难度低的事，那样并不会让自己具有掌控感。相反，我们应该按照之前所讲过的福流原则，使自己的技能随着任务难度的提升而不断提升，这样才会获得那种极其愉悦的掌控感。

3. 获得关系支持

研究显示，当我们做事情的时候，如果能得到身边亲密关系的支持，则更容易形成积极的动机。

四、提高积极动机的方法

那么，在了解自己的基础上，我们又该如何把动机变得更加积极、自主呢？

（一）注意事物的内在价值，而非回报

这就要求我们在从事一项活动时应该更加深入地思考其长远意义、长远价值，而不要光盯着所谓的回报（尤其是短期回报）。这是因为，只有在整合动机（外在动机中的认同调节和整合调节）和内在动机的驱使下，我们才能更好地享受做事的乐趣，发现它的价值，从而取得更好的成就，获得更高的人生满意度。所以，我们更应该注重价值而非回报。

这里还是以大家再熟悉不过的学习为例。学习的动机有多种，有的人是因为外部奖惩而学习，有的人是为了父母亲的面子而学习，有的人是为了自己有面子而学习；有的人学习是为了考个好学校、找个好工作，有的人是为了认识世界、改变世界而学习；有的人则是为了享受学习的乐趣，为了享受解决问题的成就感，徜徉于知识海洋之中……当然，这些学习动机本身没有什么优劣之分，可是却会对学习的成果造成千差万别的影响。

为别人或外在事物而学的人属于被动学习者，那些享受学习乐趣和解题成就，攀登知识高峰的人则是难得的主动学习者。被动学习者也许在短期内能安心学习，可是一旦遇到挫折或者诱惑，他们常常会放弃，接下来的结果也可想而知。主动学习者则往往更有动力，成绩更好，也更容易学到知识并乐于将其应用于生活之中。

那么，如何激发自主学习动机呢？以教孩子解数学题为例：

当孩子成功解出一道数学题并告诉你时，我们作为父母不要急于关注结果如何，是对是错，而应该尽可能地引导他们关注解题过程。多问一些问题，如“这个结果，你是怎么算出来的呢？”以引导孩子思考解题过程。

同时，可以夸奖孩子的思考过程，鼓励他们多思考，这也是各科老师常常强调的，“思路比答案更重要”。在此过程中，还要注意激发孩子的学习兴趣。解决难题的结果当然有价值，但更重要的是乐于解决难题的态度。只有这样，孩子才会发现学习本身的乐趣所在，意识到学习的内在价值和重要性，从而致力于成为一名终身学习者，而不会纠结于考分的高低。

成年人也是如此。也许我们选择了一份枯燥乏味的工作，可是一旦我们找到这份工作的意义，就会爱上自己的工作，抱着积极主动的态度去工作，这样我们的工作成效也会更好。正如一位职场中人所说：“我的本职工作是一名翻译，那么我会去想：翻译的意义和价值是什么呢？往小了说，我翻译的每一篇文档都会被需要的人阅读，也会增加他们的知识量；往大了说，翻译改变了人与人的沟通方式，消除了文化之间的障碍，从而实现了人与人、文化与文化的无障碍交流。无论怎样，这都实在是一份非常有意义的工作。”

（二）只有当活动满足了人的基本心理需求时，我们才能有更积极的动机

人有三种基本的心理需求，分别是：自主、胜任和关系。

1. 自主需求

自主需求可以说是人最基本的一种需求。我们需要在自主选择中发现自我，找到人生的目标，如果被迫或是在无可奈何之下选择从事某种工作，那么它往往不能给我们带来真正的快乐。在自主需求中，最重要的就是选择。因此，我们应该更多地选择那些能够为我们带来意义感、快乐感的事业。要听从自己的内心，为我们自己的人生做出最佳的选择。

2. 胜任需求

胜任需求代表一个人在做某件事情时的掌控感，只有当我们觉得事情尽在掌握之时，才会觉得自己对这件事情比较在行，才会获得满足感，才容易收获福流体验。同样以一位翻译工作者为例：刚着手此项工作时，他发现很多文件翻译起来很吃力，而接下来的提升过程是最难的，因为需要花费相当多的时间去查证、检索、修改和润色。然而，当这个过程终于被坚持下来后，他发现自己对单词和句子的敏感性都有所提升，脑海中也有了各种专业术语的储备。于是几年下来，当他积累了厚厚的术语库，再做

相关的翻译时，就有了一种驾轻就熟的感觉。也正因为如此，从刚开始的吃力到后来的胜任，他获得了很强的满足感。因此，翻译工作让他获得了成就感，他的动机也从赚钱提升为多为世人带来好作品，这使他有了更多的内在动机。

3. 关系需求

就人类而言，对亲密关系的需求是永恒的。毕竟，人都是在关系中感受自我的，常言道，一个篱笆三个桩，一个好汉三个帮。我们在生活中、工作中、情感上，无时无刻不在追求积极的人际反馈。来自人际关系的反馈尤其是正向的反馈，会给我们带来安全感、愉悦感，而在相互关系中建立起来的信任、关心、重视、尊重和自尊，也常常为我们的人生注入积极的能量，丰富我们的底蕴，从而孕育了我们精彩、幸福的人生。

概念术语

自尊　自我效能　自我实现　自我认同　自我同一性　自我接纳　自我决定理论　自我动机

复习思考

1. 自尊的定义是什么？它有怎样的发展历史？
2. 有哪些自尊的类型？
3. 自尊的理论有哪些？有哪些测量自尊的方法？
4. 自尊受哪些因素影响？
5. 自我效能的定义、作用和来源分别是什么？
6. 自我效能的作用有哪些？
7. 自我效能的作用机制是什么？有哪些提升自我效能的方法？
8. 如何辨析自尊与自我效能？
9. 自我实现理论的起源和内涵是什么？
10. 自我实现者的 14 个特质分别是什么？
11. 如何辨析自我认同、自我同一性和自我接纳的异同？
12. 自我接纳的作用是什么？
13. 自我接纳的内容是什么？

14. 有哪些提高自我接纳的方法?
15. 什么是自我决定理论?它的6个子理论分别是什么?
16. 有哪些自我动机?它们分别都有哪些作用?
17. 如何提升自我动机?

拓展阅读

[1] 布朗. 自我 [M]. 陈浩莺,译. 北京:人民邮电出版社,2004.
[2] 刘翔平. 自尊有毒 [M]. 北京:中信出版社,2014.

本章精彩内容，请扫二维码

第九章 创造积极的人际关系

学习目标

▶掌握积极沟通的定义和主要类型

▶掌握非暴力沟通的概念及其构成四要素

▶掌握感恩的定义、意义和感恩练习的方法

▶掌握宽容的定义和积极作用

▶了解亲社会行为的理论、亲社会行为的意义和亲社会行为的影响因素

▶掌握亲密关系的特点、意义

▶掌握维持和建立亲密关系的方法

第一节 积极沟通

无论在日常生活还是工作中，与人沟通都是不可避免的。沟通作为人与人思想、感情的传递和反馈方式，有其自身的特点。若能顺势而为，充分利用这些特点，就能实现有效沟通，达到事半功倍的效果。现实中，很多时候我们往往花费了很大力气进行沟通，却达不到理想的效果，这就是无效沟通。

一、什么是有效沟通

《说文解字》云，“沟，水渎，广四尺，深四尺”，“通，达也”。可见，沟通一词的原意是“开沟以使两水相通”，即水流通过“沟”，从此端到达彼端。此后，沟通的意义延伸到双方或多方对事件、信息、意见等的

交流，即沟通就是将事件、信息、意见和看法等清楚明白地传达出去，同时要确定对方收到了传递的内容。这就决定了沟通的要义如下：

第一，沟通是双方或多方的事情，但无论是传递方还是接受方，都是特定的。

第二，沟通需要参与的各方进行互动，并互相给予回应。

有效沟通则需要在此基础上再加上以下两条：

第一，要保证传递方和接收方对所交流内容的理解是一致的。

第二，要得到双方都认可的、具体可操作的结果。

请看下面这段对话。

——小李，能麻烦和我换个班吗？我明天有事，上不了早班了。

——我考虑一下。

这是沟通，但这算有效沟通吗？不完全算。因为有效沟通要件中的最后一条没做到。比如，用对方的什么班次换自己的早班？对方有没有损失，自己要如何补偿？“考虑一下”是换还是不换？从上面的对话来看，双方其实并没有达成一致。或者说，并没有得出一个双方都能接受的、可操作的结果。

再看下面这段对话。

——小李，我明天上午有事情，上不了早班了。我看你是夜班，咱们俩换一下，行吗？

——当然可以啊。不过你上夜班，吃亏了哦。

——没关系啦，你帮了我这么大的忙。

——好吧。那说定了，明天我就过来上早班了，你上夜班哦。

——好的，谢谢。

这才是有效沟通。

二、积极沟通的主要类型

（一）三明治沟通法

所谓的三明治沟通法，顾名思义，就是两层意思夹着另一层意思。这种沟通方法不仅适合于同事、朋友等普通关系之间，而且适合于夫妻等亲密关系之间。如果你不懂得别人在与你交流时使用了三明治沟通法，那么你就容易给人留下不懂得抓重点的印象。

如何使用三明治沟通法呢？举个例子，如果你是一名领导，对下属的工作不太满意，你可以这样提醒：

这个项目你辛苦了，工作非常努力，大家都看在眼里，你的能力也是有目共睹的。就是在第三个部分，我觉得逻辑上可能有点不通，你看能不能重新做一下？这样我们的项目整体上就更棒了，大家也会更加有干劲。

上面这段话有三个层次：

第一层，正面肯定努力；

第二层，指出对方工作中的问题所在，并要求修改或重做；

第三层，正面展望未来，积极肯定成果。

是不是很棒？一般的沟通能人都会采用这种方式，因为这既不会打击别人的积极性，又适时提出了自己的建议和要求，最后还给人一个台阶下，并给人以希望和鼓励。

这个方法用在夫妻之道上也是成效显著的。如前所述，幸福夫妻的婚姻积极率（也就是正面互动和负面互动的比例）约为 5∶1，也就是在 1 次负面互动之后，需要 5 次正面互动才能抵消前者带来的负面影响。若是使用了三明治沟通法，则每次交流时，正面沟通永远是负面沟通的一倍，这样一定能够给伴侣带来积极的影响。

（二）积极主动式沟通

当伴侣、同事或朋友向我们告知一件好事时，你一般会如何向他们表达反馈呢？其实，大多数人的反馈沟通方式容易受到心情的影响。心情好，反馈也积极、主动；若心情不好，则反馈大多也会显得消极。但是，若要增加一段关系中的正反馈，当别人主动告知一件不会有损于我们利益甚至会增加利益的好事时，我们无论如何都应该采取积极主动式的沟通。古人云，良言一句三冬暖，恶语伤人六月寒。这正说明了掌握沟通技巧的重要性。

以下是包括积极主动式沟通在内的几种典型沟通方式，相信看了以后，我们就更会理解为何要强调积极主动式的沟通了。

- 积极主动式沟通：听话之人热情反应，听了好消息之后仿佛比当事人更加高兴，并仔细询问这件事的来龙去脉，让当事人重温了一回这件好事，感觉很高兴、愉悦。

• 消极主动式沟通：听话之人会冷静地分析这件事坏的一面，并可能会给你浇一盆冷水。这会让当事人感觉很尴尬，觉得自己是不是错了，于是好事往往变成了坏事。

• 积极被动式沟通：听了好消息后，虽然表达了肯定的态度，但却只是敷衍了事，应付几句而已。这会让当事人感觉对方不太重视自己。

• 消极主动式沟通：听了好消息后，立刻将话题转移到其他事情上去，比如自己的类似经历或者接下来要做的事。这会让当事人觉得对方只关心自己，感觉有点尴尬和困惑。

看到了吗？以家庭为例，大多数情况下采用的都是后面三种响应伴侣的方式，尤其是男性对女性的真心称赞和支持常常显得十分“吝啬”。那么，为何我们在生活中会采取这样的响应方式呢？

原因之一在于社会对两性角色的限定及期望。从表 9-1 中我们可以看出，社会文化对男性和女性的角色与分工有着不同的理解和期望，在工具性的意义上，社会希望男性自信、独立、好强；而在表达性方面，社会又希望男性沉默寡言，所以男性常常对有些赞美的话说不出口，尤其是在夫妻之间，赞美更是无从谈起。对女性也是一样，社会希望女性的角色更倾向于一个付出者的角色，她们要善解人意，要安分守己，切不可争抢；而在表达性方面，社会又希望女性善于沟通、勇于表达，所以女人被认为总是“喋喋不休”。

表 9-1　性别角色划分

	工具性	表达性
男　性	自　信 独　立 有魄力 能　干 好　强	男儿有泪不轻弹 沉默寡言 大大咧咧

续表

	工具性	表达性
女　性	低　调 安分守己 服从性高	温　柔 敏　感 感情丰富 善于沟通 友　善

那么，这些符合传统性别角色要求的夫妻过得幸福吗？一项调研显示，符合传统性别角色搭配的男女，其婚姻幸福指数并不高：男人常常压抑自己，女人也往往没有什么成就感。最合适的搭配，则是工具性强、表达性强的男性加上工具强和表达性也强的女性。一句话，善于沟通的伴侣才是好的伴侣，对此我们从图 9-1 中也可略见一斑。

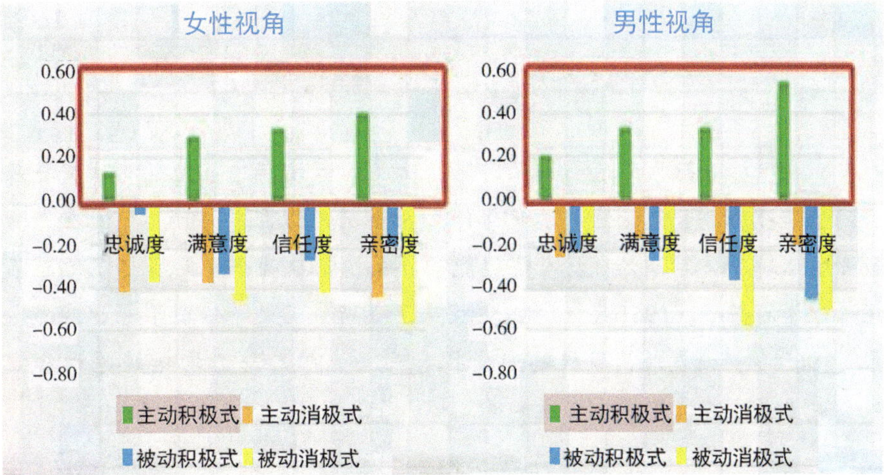

图 9-1　两性沟通差异

资料来源：知乎

从图 9-1 可见，采取积极主动式沟通的伴侣，对彼此的忠诚度更高，满意度、信任度和亲密度也都比采取其他三种沟通方式的伴侣更高。所以，我们还有什么理由不采用科学的方法来经营婚姻呢？

三、非暴力沟通

语言暴力无处不在，可能是有意的，也可能是无意的。都说父母爱孩子，但是孩子在成长过程中遭受来自父母语言上的伤害也是很常见、很普遍的。除了语言上的嘲讽、否定和打击外，那些拒不回应的态度、脱口而出的评价、缺乏耐心的倾听……都阻碍了自己与他人的沟通，并一步步地疏远了彼此的关系。

（一）非暴力沟通概述

沟通是一门学问，我们每天都在交流，却闹出了不少误会与不快，甚至引发了人际冲突。非暴力沟通创始人卢森堡发现，只要转变沟通的方式，其实就能找到彼此相通的人性，从而获得爱、和谐和幸福。卢森堡将他长期的工作实践、总结写成了一本经典著作《非暴力沟通》，自 2003 年出版以来至今畅销不衰，也是香港大学推荐的 50 本必读书籍之一，并被联合国誉为全球非暴力解决冲突的最佳实践手册。

专栏 9-1　卢森堡博士

卢森堡，非暴力沟通创始人。他在童年的时候有过一段充满冲突与暴力的生活经历，这促使他去思考为什么人会互相伤害。同时，即使在充满敌意的环境中，为什么有些人依然能心存柔情？这两个疑问引起了他对临床心理学的兴趣。1961 年，卢森堡获得了威斯康星大学心理学专业博士学位。1963 年，他发展出了极具启发性和影响力的非暴力沟通的原则和方法，成为全球首位非暴力沟通专家。

《非暴力沟通》介绍了一种沟通方式，这种沟通方式可以运用在亲密关系、家庭、组织机构、心理疗法甚至是地区冲突中。非暴力沟通鼓励倾听，培育尊重与爱，通过转变语言表达的方式和用词，减少人们在沟通中的误解，从而发现彼此相通的人性，使双方情意相通、乐于互助。

非暴力沟通倡导我们在与人交流的过程中，先用心体会自己的观察、感受和愿望，再用清晰的语言表达自己，并且做到尊重而诚恳地聆听他人。卢森堡将非暴力沟通模式归纳为四个要素：观察、感受、需要和请求。以下是与之相关的四个问题。

- 我观察到了什么？
- 这些观察给我带来了什么感受？
- 我的什么需要造成了这种感受？
- 为了满足这些需要，我的请求是什么？

举例说明。一位妻子对她的丈夫说："亲爱的，这一周你晚上九点过后才回家（观察），我不太开心（感受），因为我希望能和你共进晚餐（需要），你是否愿意每周至少三天在七点前回家与我共进晚餐（请求）？"

在这个例子中，这位妻子运用了非暴力沟通的 4 个要素，清楚地表达了自己的需要和请求。当然，卢森堡也强调了非暴力沟通不是固定的公式，大家可以根据具体的环境进行调整。接下来，我们会详细阐述这 4 个要素。

（二）非暴力沟通四要素

1. 观察：注意区分观察与评论

卢森堡提道，如果将评论当作观察，人们关注到的将会是批评的语言，因而产生逆反的心理。例如，一位妈妈谈到自己儿子吃零食这件事时，她有以下两种表达方式：

A. 我儿子真是一个贪吃的小孩！

B. 我儿子一天要吃一个冰激凌和两包薯片。

在这两种表达中，A 句式中的"贪吃"是一个评论性语言，而 B 句式中描述的是观察结果，且不带有任何评论。

在沟通的过程中，评论性的语言往往会给他人贴上负面标签，这样自然得不到友好的回应。非暴力沟通是动态的语言，倡导通过观察的方式来描述结果，而不是用评论的语言来评判结果。

印度哲学家克里希那穆提（Krishnamurti）曾说："不带评论的观察是人类智力的最高形式。"对于很多人来说，要时刻做到客观观察而不对他人进行评价，是很不容易的。这也是为什么在日常沟通中，问题常常得不到有效解决。在讨论一个问题的时候，人们如果不懂得将观察的结果描述出来，而是更倾向于用指责的语言，往往会将问题弄得更加复杂。

2. 感受：注意区分感受和想法

非暴力沟通鼓励大家说出自己的感受，用更丰富的词汇、更具体的语言去准确表达自己的感受。因为只有说出自己的感受才能让对方理解我们的意思，让沟通来得更顺畅。

卢森堡提道，很多人在表达感受的时候，其实更多的是在说出自己的想法。然而，感受和想法是有区别的。例如：

A. 想法：我觉得你一点都不关心我。

B. 感受：昨天我不舒服，没有得到你的问候，我感到很难过。

当说出“我觉得”时，你表达的已经是想法了，而这个想法常常也是一种判断。那么如何准确地表达自己的感受？卢森堡建议建立一个丰富的词汇表，因为情绪是多样化的，单一的表达无法准确传达我们的意思，词汇表则可以帮助表达我们的需要没有得到满足时的感受。

3. 需要：感受的根源所在

当我们说出自己的感受时，其实是在传达那些没有被满足的需要。如果不能说出自己的需要，那么剩下的就只有猜测和指责，这样我们的需要永远得不到积极的回应。

有的社会文化不鼓励表达个人需要，这被认为是一种弱者的行为，但是长期忽略个人需要，只会给自己的内心带来痛苦。

每个人都有一些基本的需要。如前所述，马斯洛的需求层次理论将人类需要像阶梯一样从低到高按层次分为 5 种，分别是生理需要、安全需要、归属与爱的需要、尊重的需要和自我实现的需要。非暴力沟通提倡用直接说出这些需要的方式来代替指责与批评，那样沟通的效果会更好。

例如，一个人指责他的朋友：“你不记得我的生日，太让我失望了。”这种表达方式没办法让对方知道你真正的需要。如果换一种表达方式：“你不记得我的生日，我很失望，因为我很看重我们的感情。”这样，对方才知道他真正的需要是希望朋友和他一样重视这段友情。

记住：只有当人们开始谈论需要时，才会开始想办法来满足这些需要。

4. 请求：用具体的语言描述请求

由于理解偏差存在的普遍性，当我们提出请求时，要用具体的语言来描述，抽象的语言会让请求变得含糊不清，使别人难以理解我们的需要。

例如，一位妈妈希望她刚上小学的孩子有上进心。当她向孩子表达请求时，孩子可能会对“上进心”这个概念感到模棱两可，因此需要一个更具体的表达。妈妈所说的上进心，其实是希望孩子能够认真学习，完成每天布置的作业，考试成绩排在班级前五名。这样用具体的语言表达请求，孩子就知道妈妈真正的需要是什么了。

面对请求，如果人们认为不答应这个请求会受到责罚，此时请求在他们眼里就变成了命令。对此，卢森堡在《非暴力沟通》中明确了请求与命令的区别：

请求没有得到满足时，提出请求的人如果批评和指责，那就是命令；如果想利用对方的内疚来达到目的，也是命令。

在上面这个例子当中，妈妈希望孩子认真学习，做一个有上进心的人，如果孩子没有满足妈妈的请求，考试没能排进班级前五名，因而被妈妈责骂，此时妈妈的请求就成了命令；如果妈妈认为孩子的不顺从是对她的反抗，她所提出的请求在孩子眼里也会被当作命令。由此而带来的强迫感会让孩子更加拒绝满足妈妈的愿望，此时就陷入了一个恶性循环。

面对命令的时候，人们选择服从或者反抗，这两种方式都不利于双方的沟通交流。非暴力沟通指导大家在提出请求时，应当以尊重对方的感受和需要为根本。也就是说，当我们能理解别人拒绝请求背后的原因时，这样的请求才不会成为一道命令。

了解了如何运用非暴力沟通的方法，还要真正理解它的目的，非暴力沟通是建立在诚实和倾听基础上的，是出于爱和将关系变得更加紧密的目的，而不是为了命令和控制他人。

现在，我们再来总结一下非暴力沟通的表达框架：观察、感受、需要、请求。一方面，非暴力沟通帮助我们更诚实地表达自己；另一方面，我们也可以借此去聆听他人心灵深处的呼声，体会他人在表达过程中的观察、感受和需要，了解他人真正的需求。在沟通交流中，恰当地运用这四个要素，褪去隐蔽的精神暴力，可以更好地表达自己和理解他人，从而自然流露我们心中的爱意。

第二节　感　恩

一、什么是感恩

感恩，指因意识到被给予而自发认为是被恩赐或被爱，从而由感谢对方的意愿而产生的心理活动或现实行动。感恩是一个人是否具备善良品质的基本参考特征之一。在理性思维中，感恩被认为是一种处世哲学，也是生活中的大智慧。一个智慧的人，不应该为自己没有的东西斤斤计较，也不应该一味索取而使自己的私欲膨胀。学会感恩，为自己已有的而感恩，感谢生活所给予的一切，这样我们才会有一个积极的人生观，才会有一种健康的心态。如果说报复心理是一种应对、反抗外部不利因素的自我防御和保护机制，那么感恩就是对外部环境的回馈机制。

二、感恩的意义

感恩是一种强大的精神力量。现实中，社会上有许多因不懂得感恩而引发的极端例子，这无疑在警示我们，这个社会太需要进行感恩教育了。

那么，感恩究竟有哪些好处和意义呢？研究发现：

- 感恩的人更健康、更幸福、更乐观、拥有更多的朋友；
- 感恩的人不容易抑郁、贪婪、嫉妒或染上酗酒等恶习；
- 感恩人的挣钱能力更强。那么感恩的孩子呢？他们的学习成绩更好，得病的可能性也要更低一些。

三、感恩练习

为什么感恩会给我们的生活和健康带来诸多益处？一个每天 15 分钟、持续一个月的感恩练习表明，进行这项干预实验之后，实验对象的分泌型免疫抗体（IgA）显著增加了，他们的良性荷尔蒙（DHEA）分泌量也有所增加，压力荷尔蒙皮质醇也显著降低。这表明，他们的身体机能有所提升，压力在下降。那么原因在哪里呢？秘诀就在于感恩是一种态度，而这种态度改变了我们的行为。感恩能够提高我们的幸福感，降低抑郁水平，能够增进恋爱/社会关系，还能够促进合作及亲社会行为的发生。

感恩能够让我们更加积极地体验生活，品味人生，注意生活中美好的那一面；感恩能够提升人的自我价值感，增强自尊，并有助于我们应对压力和心灵上的创伤；感恩让我们换个角度看世界，不再关注自己没有的东西，而是转为关注自己已经拥有的东西。此外，感恩还激发了我们的道德感，加强了社会联系，能够减少我们的攀比心理，从而减少负面情绪，战胜影响幸福感的享乐适应。

那么，如何拥有感恩之心呢？感恩并不是说说而已，而是要拿出实际行动去关心那些对我们好的人。我们可以写一封感恩信给对自己帮助最大的人，一条一条地列出他/她对自己的帮助，并亲自读给他/她听，或者交到他们的手里。我们也可以每天都做感恩冥想，具体方法就是冥想 10 分钟，然后在打卡的时候想一条今天最值得感谢的事情或者心情。做完这个练习后我们会发现，世界是多么值得感激：有这么多美好的事物，这么多对我好的人，还有无穷无尽有待我去探索的知识……我真恨不得拿出全部的时间和精力，去向这唯一的一次生命表达感激。希望大家都能这样感恩。

四、中国的感恩文化与历史

感恩，是对别人所给予的帮助表示感激，是对他人帮助的回报。感恩一词出自《三国志·吴志·骆统传》：“飨赐之日，可人人别进，问其燥湿，加以密意，诱谕使言，察其志趣，令皆感恩戴义，怀欲报之心。”

感恩是中华民族的传统美德。一提到感恩，很多人往往以为这是舶来品，因为“感恩”一词与基督教的感恩节（Thanksgiving Day）密切相关。其实，我们中国文化很早就倡导感恩精神，特别是儒家文化。《说文解字·心部》云：“感，动人心也。”所谓动则有感，有感必应，应复为感，感复有应，双向互动，交相感应，万事皆通，所以天地之间的事物也就在这个循环不已的动态过程中结成了普遍联系的统一整体。《说文解字·心部》又云，“恩，惠也”；《广韵·痕韵》云，“恩，恩泽也，惠也”，又云，“恩，爱也”，说明恩有恩惠、恩泽、情爱的意思；此外《礼记·丧服四制》中也说，“恩者，仁也”，即恩是仁的一种体现，甚至恩就是仁。可见，“感”和“恩”二字连在一起就是感怀恩德的意思。相关文献如《三国志·吴志·骆统传》中说：“令皆感恩戴义，怀欲报之心。”唐代陈润在《阙题》诗中道：“丈夫不感恩，感恩宁有泪。心头感恩血，一滴染天地。”总之，在中国文化中，感怀恩德是做人的基本道德。不能感怀恩德，知恩图报，甚至恩将仇报，以怨报德，那就是禽兽不如的小人。儒家据此而有人、禽之辨，有君子、小人之辨。

如前所述，感恩是中华民族的传统美德，在我们的传统文化中包含了深厚的感恩思想，其中许多以简洁明了、朗朗上口的格言形式流传于社会，如“滴水之恩，当涌泉相报”“知恩不报非君子”等；同时唾弃“忘恩负义之人”，痛恨“恩将仇报之徒”。此外还有很多情真意切的诗词歌赋，也被用来表达感恩之情，正如《诗经·国风·卫风·木瓜》所吟诵的：

投我以木瓜，报之以琼琚。匪报也，永以为好也！
投我以木桃，报之以琼瑶。匪报也，永以为好也！
投我以木李，报之以琼玖。匪报也，永以为好也！

第三节 宽 容

无论古今中外，宽容都是受到人们赞美和歌颂的。《左传》中便有“宽以济猛，猛以济宽，宽猛相济”的说法。民族英雄林则徐也曾经说过“海纳百川有容乃大，山高万仞无欲则刚”，这不仅表现了他个人的心胸气概，而且反映了中国文化对于宽容的重视。还有鲁迅的“度尽劫波兄弟在，相逢一笑泯恩仇”，同样体现了我们文化中的那种宽容大度。

宽容既是中华民族的文化传统，也是西方国家所大力所推崇的珍贵品质。法国作家雨果（Hugo）就曾经说过，“世界上最宽阔的是海洋，比海洋更宽阔的是天空，比天空更宽阔的是人的胸怀”；俄国诗人普希金（Pushkin）这样赞颂，“没有宽宏大量的心肠，便算不上真正的英雄”；阿拉伯文学家纪伯伦（Gibran）也指出，“一个伟大的人有两颗心：一颗心流血，一颗心宽容”。

一、宽容的定义

（一）宗教中的宽容

在犹太教中，用 Salah 一词来表示宽容，指上帝对人之罪恶的宽恕和消除。在基督教中，用 Aphiemi 一词指代宽容，意为消除罪恶，赦免惩罚，恢复上帝与犯过者之间和谐的关系。犹太教和基督教都主张，如果犯过者能够悔过并改正其行为，就应该得到宽容。与犹太教不同的是，在基督教的教义中还包含无条件的宽容，它代表了上帝对人类无条件的爱。

（二）科学研究中的宽容

恩莱特（Enright，1987）拓展了对宽容的定义，认为宽容包括认知、情绪、行为三个方面，指人在受到不公正的对待或伤害后，对冒犯者的负面认知、情绪和行为反应的消失，并出现正面的认知、情绪和行为反应的过程。

麦卡洛等（McCullough et al，1997）则认为，宽恕指人受到冒犯后亲社会性的动机改变。这种改变包括两个方面：一是动机结构的变化；二是亲社会行为的出现。

戈特曼（Gottman，1993）将动机结构归为三个反应范畴：一是积极的情绪反应，包括友好、爱以及建设性倾向；二是觉察到受伤害的感觉，其情感反应主要表现为内心伤痕、无辜的受害者、恐惧或焦虑；三是正义的愤慨，包括愤怒、轻蔑或考虑到报复。当消极动机（如回避动机和报复动机）增加时，仁爱动机就会相应减少，这将促使个体倾向于做出复仇选择；如果积极动机增加（如友好和爱），则会令个体更可能选择宽容。总之，宽容本身并不是一个独立的动机，而是个体在遭受冒犯之后，由于受自身的亲社会动机影响而选择做出宽容，体现了人性之仁爱。

巴特森（Batson，2006）从亲社会行为的角度对宽容进行了解析，“我们对他人的关心通常是因为我们能够体验对他人的同情，并能够借助同情去处理与他人的冲突”。在人际关系心理学中，这种亲社会心理包括适应性调节和自我牺牲两个部分。宽容、同情、适应性调节和自我牺牲的共同特征在于，个体在行动中可能需要做出一定努力，而这种努力对建立或恢复与他人的积极关系有益。

目前在西方心理学界已经形成了这样一种共识，即宽容由一组连续的、多维度的而非单一的社会心理动机所组成，包括认知、情绪、动机和社会等特征。从与宽容有关的各种定义可知，被伤害者内在对伤害者所产生的亲社会性改变是宽容的基础和共同特征，正是这一点构成了对与宽容有关各个研究进行整合的基础。

二、宽容的积极作用

（一）宽容与敌对情绪的缓和

1. 宽容与敌对情绪的科学研究

迈克尔（Michael，2001）的研究发现，那些宽容水平低、报复欲强的被试所能体验的主观幸福感较低；马尔布克和恩莱特（Mabuk and Enright，1995）在对被剥夺父母关爱的青少年研究中发现，被施予宽容教育的被试在宽容水平上显著高于控制组，他们的焦虑水平更低，自尊水平更高，抱有希望更高，同时对家长的态度也更加积极；布朗（Brown，2003）的研究则表明，宽容倾向与抑郁水平有显著负相关关系。这些研究均反映了宽容水平较高的个体有着更低水平的消极情绪，也更容易调整自己的情绪状态。

2. 宽容在心理治疗中的启示

缓和敌对情绪是宽容治疗研究中的一个重要命题。宽容者更有可能采取一些积极的想法和行动，改变与他人的敌对状态。在这一过程中，原本消极的情绪逐渐转化为中性情绪乃至积极情绪，他们在态度上表现出同情、爱心，在行为上愿意与对方共同参与某些活动并提出建议，等等。

（二）宽容与积极人际关系的恢复

许多研究都已经发现，人们通常更倾向于宽容那些与自己关系比较亲密的人，而对于与自己距离较远或是陌生的人则比较难于宽容。麦卡洛克（McCulloch，1998）曾通过路径分析法发现，人们不仅会因为人际关系亲密、投入及满意程度的影响而选择做出宽容，而且宽容也会反过来缩短个体与冒犯者之间的关系距离。可见，宽容者通常也更容易与冒犯者重建友谊；与之相反，那些对曾经伤害过自己的人不能表示宽容者，也往往会令彼此的人际关系问题进一步加剧，甚至最终导致这种关系的完结。鲍迈斯特等（Baumeister et al，1995）的研究也证明，缺少积极的人际关系支持是导致个体体验压抑、自杀或者免疫系统功能下降的重要原因之一。换句话说，宽容在维护良好人际关系的同时，也帮助维护和促进了自身的良好健康状态。但也有心理学家注意到，在某些情况下，人们的宽容可能会纵容加害行为，从而使自身处于危险的情境中。

（三）宽容与身心健康

1. 不宽容会危害身体健康

阿弗莱克（Affleck，1997）认为，谴责他人和敌意与负性的健康状况相关。研究表明，不宽容者体内的可的松激素增多，由此可损伤免疫功能而引起多种健康问题。罗梅罗（Romero，2006）测量了 81 名患乳腺癌且正在接受治疗女性的自我宽容、精神性与心理适应力后发现，自我宽容是低情绪紊乱和高生活质量的有效预测源，并且对自我宽容的干预能提高生活质量、减轻压力。

2. 宽容能够带来潜在健康收益

麦卡洛克和威特利特（McCulloch and Witvliet，2002）运用组内重复测量设计这一方法，让大学生想象对现实生活某位伤害者的宽容反应（如对伤害者的人性进行理解、共情并加以宽恕）和不宽恕反应（如再现伤害情境，心怀怨忖等），然后测试了他们的生理反应。结果发现，在被试进行宽容想象时，他们感觉生理压力较小，负性情绪水平较低，积极情绪更多，而且有着更强的控制感。可见，当人选择宽恕时，会产生良好的健康收益。

3. 宽容对心理健康的积极促进作用

赫比和恩莱特（Hebl and Enright，1993）研究了宽容、焦虑、自尊和抑郁的关系，他们运用恩莱特（Enright，1991）的干预模式，将 26 位平均年龄为 74.5 岁的老年妇女分为控制组和实验组进行干预。为期 8 周的实验表明，实验组的宽容意愿高于控制组，且高宽容和高自尊、低焦虑以及低抑郁呈正相关关系。

4. 宽容是一种自我保护机制

研究证实，宽容有助于个体释放愤怒与仇恨等消极情绪，有助于个体做出亲社会行为，减少攻击行为，有助于个体建立和维护与他人良好的人际互动，有助于改善和恢复已经破裂的人际关系，有助于个体增加希望，提高自尊，保持平和的心境……而这些都是对个体自身的保护，并最终有利于个体的身心健康。

（四）宽容与主观幸福感

作为积极心理学的重要部分，宽容与主观幸福感的研究日益受到学术界的重视。登顿和马丁（Denton and Martin，1988）研究发现，宽容有助于增加正性情感，使人的内心更加平静、和谐，并有助于提高个体的主观幸福感。对一些特殊群体进行宽容的相关干预，可以有效地减轻其心理压力，增强他们的幸福感（李兆良、高燕，2010）。

1. 宽容的人更幸福

李湘晖（2007）采取整群分层抽样法抽取了南京市某两所大学的323名本科生，采用宽容问卷测查他们的宽容水平，并以总体幸福感量表测查被试的主观幸福感。结果发现：被试的宽容水平与他们的幸福感总分及对生活的满足和兴趣、愉快的心境等几个因子呈显著的正相关关系。这表明，宽容水平与主观幸福感呈正相关关系，宽容水平越高的人主观幸福感越高，宽容水平越低的人主观幸福感越低。同时，愉快的心境、对生活的满足和兴趣、松弛感等对宽容水平有显著的影响。

张海霞和谷传华（2009）则采用汤普森（Thompson）等编制的宽容问卷做调查，结果表明，宽容倾向能显著地正向预测自尊与主观幸福感。其中，宽容自己、宽容他人能分别显著预测自主与主观幸福感。

2. 宽容水平对于个体的心理健康、主观幸福感也具有影响和预测力

汤普森（Thompson，2005）认为，个体对侵犯者、侵犯行为和侵犯行为后果的反应在一开始时往往是消极的，而宽容可以促使消极反应逐渐转变为积极反应。这种转变促使个体产生积极认知，进而引发积极行为。因此，宽容的人往往能够从积极的方面来看待自己，自信水平更高，当他们遇到困难时相信自己有能力解决，并以积极的态度面对，从而维持较高的主观幸福感。

3. 宽容通过影响人际关系提高幸福感

波诺、麦卡洛克和罗特（Bono，McCullouch and Root，2008）的研究是在亲密关系的背景中进行的，其结果表明，宽容能够对亲密关系产生积

极的影响，进而影响幸福感。对一般人际关系的满意度而言，宽容也具有一定的影响力，宽容水平越高，对人际关系感到满意的可能性也越高。研究者认为，产生这种影响的原因主要来自两个方面，一是宽容可以提高个体处理各类人际冲突的能力，预防人际冲突事件的恶性循环，因而有助于建立积极的人际关系，提高其对人际关系的满意度并促进主观幸福感的增强；二是良好的人际关系可以帮助人们获得各种有效的社会支持，提高人际适应能力，增强主观幸福感。如果一个人倾向于从消极的方面来看待人际冲突事件，并对他人采取报复、怨恨等消极的社会行为，则不仅不利于他们从同伴那里获得积极的评价，而且容易产生各种消极情感，导致人际关系恶化，其主观幸福感也将因此降低。

第四节　积极的爱

一、亲社会行为

亲社会行为又被称为利社会行为，指符合社会希望并对行为者本身无明显好处，而行为者却自觉自愿给行为的受体带来利益的一类行为。一般而言，亲社会行为可以分为利他行为和助人行为。

（一）斯陶布（Staub）的社会行为理论

任何行为都是由多重因素决定的，是个体特征和情境因素相互作用的结果。对此，斯陶布（Staub，1978，1980，1984）提出了一个社会行为理论（theory of social behavior），用以解释社会行为是怎样产生的。该理论把价值取向和其他因素结合起来，试图形成道德行为的综合理论。

社会行为理论认为，人在发展中形成了各种动机，而人的行为多数是以目的性为特征的，所以应侧重探讨所期望和追求目的之动机。该理论把动机概括化为目的取向（goal orientations）或个人目的（personal goal）。所谓目的，是指个人追求的最终状态，它是由相互联系的认知网络组成的，包括对结果的评价和与之相关的信念、思想和意义。目的在一定条件下可以被激活，环境（包括内在环境）条件可以同时激活一个、两个或多个目的，且激活程度不同。

我们可以把价值取向视为道德领域中的个人目的，而亲社会价值取向是指利他和不伤害别人的目的。斯陶布的研究发现，亲社会价值取向越强，人对激活条件（身体或心理的困扰）做出的帮助行为就越多。换言之，人的亲社会价值取向越强，其积极行为在特定情境中被激活的可能性就越大。

亲社会价值取向体现为两种动机源：一是作为利他的无私行为的动机源，其目的在于帮助他人，是以他人为中心的；二是以规则为中心，以道德取向为特征的动机源，其目的在于坚持行为规则或原则。可见，两种道德取向的目的不同，对行为产生的影响也不同。

社会行为理论还认为，除了上述两个价值取向的动机源，移情（empathy）是第三个主要动机因素。移情取决于三个条件：初级移情、对他人的积极评价和自我概念。

首先，所谓初级移情，是指儿童由于他人的不安所引起的最初情绪反应。这是移情的最初形式（因此严格而言还不能称其为“移情”）。

其次，对他人的积极评价，是亲社会价值取向的一个组成部分，是移情的动机因素。

最后，自我概念影响移情。移情在某种程度上是从自我到他人的延伸。所以，人们更有可能对与自己相类似的人做出反应。如果缺乏精确的自我概念，则难于以助人的方式扩展自我的界限。

总之，社会行为理论提供了一个分析和预测亲社会行为的方法和思路。在特定的情境下，通过综合考虑各种动机因素，有可能预测亲社会行为或对其做出较为全面的理解或解释。

（二）亲社会行为的意义

亲社会行为是个体社会化的一个重要组成部分，是在社会化过程中形成的；是人与人之间形成和维持良好关系的重要基础，是一种积极的社会行为，受到人类社会的肯定和鼓励。亲社会行为作为一种普遍的社会现象，已引起发展心理学和社会心理学的重视，并成为教育心理学研究领域中的重要课题。促进儿童亲社会行为的发展，有助于儿童更好地适应社会，为其终身发展奠定扎实的基础，同时有利于学校素质教育实践的深入开展。可见，探讨对儿童亲社会行为的培养具有重要的理论意义和实践意义。

进一步而言，亲社会行为的产生和发展是同个体自幼年起道德行为的产生和发展相一致的。

亲社会行为发展成为人的心理品质的过程，就是人自幼儿起道德认识水平提高，道德情感日益丰富，在活动中有效掌握帮助别人的知识、技能及锻炼意志的过程，是幼儿社会性发展和个性形成的重要方面。研究表明，幼儿的亲社会行为在其生命早期即已出现，并随着年龄的增长呈逐渐增加的趋势。然而研究也发现，随着家庭生活环境的日益优裕，孩子倍受家人的关爱与照顾，其亲社会行为却明显减少。因此，从孩子 1~2 岁开始，家长就应注意其亲社会行为的培养。这不仅能够加快幼儿的社会化进程，而且是幼儿成年后建立良好的人际关系及心理健康、和谐发展的重要基础。

总体而言，谦让、帮助、合作、共享等利于别人和社会的亲社会行为的养成，受生物因素、认知因素、自我概念、性格因素等主体因素及家庭、社会、学校等主体外因素的影响。因此，通过家庭、学校等途径对孩子的亲社会行为进行培养是非常有必要的。具体来讲，可以用角色扮演、榜样示范、移情训练、组织游戏等方式来进行。

（三）亲社会行为的影响因素

1. 外部影响因素

（1）旁观者效应。这是指个体在面对紧急事件时，单个人与同他人在一起时的反应不一样，他人在场有时会抑制亲社会行为的发生。

（2）榜样的示范作用。旁观者效应会使想提供帮助的个体犹豫、彷徨，榜样示范却会引发他人的亲社会行为。

（3）情境的模糊性。这会影响亲社会行为的发生，当个体不能确定发生了什么事情，是否需要自己提供助人行为时，往往会退缩。

2. 内部影响因素

（1）认知因素的影响。韦纳（Weiner）指出，面对失去能力、需要帮助的人，人们往往会通过认知归因做出决定。亲社会行为的发生不仅涉及知觉、推理、问题解决和行为决策等一系列基本认知过程，而且与个体的认知能力尤其是社会认知能力的发展有直接关系。

(2) 个体的情绪状态。人们在积极的心境下，会减少对自己的关注，并更多地去了解他人的需要，从而把亲社会认知转化为亲社会行为。

(3) 个体的人格特征。助人者具有以下特点：

- 具有强烈的社会动机；
- 相信事情对自己有影响力；
- 具备适合情境需要的特殊能力；
- 同情、理解他人，有责任感。

二、亲密关系

(一) 亲密关系的定义

在心理学中，亲密关系实际上属于各流派中的一个分支。

亲密关系的本意，是指人之间和谐、融洽的关系，现实中其所囊括的关系形式很多。但就目前来说，大多数情况下亲密关系是指情侣、夫妻间的爱情。

所以在这里，我们也是着重讲解以爱情为特征的亲密关系。由此引出一个问题：所有的恋爱、婚姻，都称得上拥有亲密关系吗？答案是：不是。

可以说，至少从比例上看，起码有将近一半的普通情侣之间尚未建立真正的亲密关系，甚至很多已经结婚的伴侣，彼此之间也只是保持假性亲密关系，也就是有名无实的亲密关系。因此，并非所有的恋爱、婚姻都称得上拥有亲密关系。现实中有很多貌合神离的情侣，处于一种并不尽如人意的相处模式中，却自认为进入了阶段性的亲密关系。这些关系中的伴侣，要么被另一方拒之门外，要么并没有真正敞开自己，总之都不具备与人建立亲密关系的特点。

那么，什么样的状态，才算是真正的亲密关系？

对于关系，心理学家凯利（Kelly）认为，只有两个人之间存在影响与依赖才能将之定义为“关系”。在此基础上，莱文格（Levinger）和斯诺克（Snoek）提出了亲密关系的“互赖模式”，以此来进一步剖析亲密关系与普通关系的不同。

(二) 亲密关系的特点

总体来说，亲密关系具备以下几方面特点。

1. 稳定、长期

稳定、长期指的是双方进行双向（如书信往来、聊天等一对一活动）或多向（指双方在精神上对对方产生发散性的想念或依赖）互动的时期起码要达到三个月或半年，即这种关系是长期的；且在此过程中，双方对彼此的感情没有懈怠，呈现主动性和规律性，是稳定的。

2. 双方的连接点不止一个

这就是说，双方对彼此的联络点和吸引力并非片面，而是包含多种不同种类的活动或事件。双方在精神和肉体上皆存在一定联系，如欣赏对方的样貌，性格也相近，同时在生活上又能相互帮衬……彼此的联络点种类多且稳固。

3. 对彼此有影响力

这就是说，双方会影响彼此的三观和生活方式，最明显的表现就是双方情绪的相互影响。当你身处逆境、伤心难过时，对方却无法共情、隔岸观火，这就属于典型的非亲密关系。

4. 足够了解，并且包容

真正的亲密关系是相互依存的，对方会把你当成自己来了解和接受，所以会下意识地记住你的喜好憎恶，会下意识地关注与你有关的东西。哪怕实在接受不了你的某些做派，为了能更好地走下去，对方也会在潜意识中选择包容。

5. 能站在一起解决问题

眼下很多情侣之间存在的问题是：和平的时候皆大欢喜，自以为爱得死去活来，但只要遇到矛盾，两个人的第一反应不是解决矛盾，而是“推卸、责备和分手”，正所谓能同甘而不能共苦。这自然也称不上真正的亲密关系。其实很多时候，看似正常的恋人间，连基本的亲密关系都称不上。

（三）如何维持亲密关系

维持亲密关系的秘诀，可以简化为四点：给予轻松、接受爱意、嵌入式深化、平衡且稳定。

1. 给予轻松：是俘获一个人最有效的方式

人的本性是趋乐避苦、趋利避害，人际关系也一样。跟你玩得来的，一定是能带给你愉悦的人，即便他们可能不会带给你什么实质性的帮助；那些给你定规矩、处处挑你不是的，则会让你有一种想逃走的感觉，即便知道他们是为了你好。

所以，维持亲密关系的第一步，其实不是维持亲密，而是维持关系。多给他人一些个人空间，少一些责怪……总之，要让他们觉得同你在一起是足够放松的，而不必时时处处提心吊胆。

2. 接受爱意：适当的索取会让对方离不开你

不少人会进入这样一个误区：爱只在于付出，而不在于索取。

所以，他们常常抱着一种“无私奉献”的态度，自以为只要面面俱到、尽心尽力地付出，对方就会感恩戴德、珍惜有加。但实际上，他们忽略了人性中的弱点，从而给对方以恃宠而骄的机会。

有时候，你越是什么都不要，对方就越觉得你不需要。因为他们不会站在你的角度深入挖掘这种所谓“不需要”的背后是不舍还是退让，他们往往能看到的只有表象。

与之相反，适当的索取和接受，其实对双方关系的推进和维护是有好处的。一是正当的索取会提升自己的存在感，让对方感受到你的地位；二是正当的索取可以平衡自己的心理，防止双方关系走向极端。

3. 嵌入式深化

（1）多参与对方的日常生活。多提议，多跟随，逐渐加深对彼此的感觉。

（2）多深入了解。这种了解，不是流于表面的喜好憎恶，而是深入了解对方比较私人化的东西，如原生家庭、过往经历、正面或负面的想法……是的，在这里建议大家多加了解对方的负面状态，并体现接纳、包容的态度，因为当我们做到了这一点时，在对方的生命中就已经是数一数二的存在了。

4. 平衡且稳定

这里所说的平衡，是指自我的心理平衡和双方的关系平等。

（1）自我心理平衡。如果我们确有打算同对方进入一段长期、深入的亲密关系，前提是一定要让自己做到心理平衡。我们的付出要无怨无悔，接受要心安理得，表达要真心实意，对对方的故事要充满好奇；而不是带着若隐若现的情感绑架，也不是充满疑虑的威胁、强迫，更不要把所有的不平衡都积攒到一起，定期爆发。只有当我们真正达到心理平衡时，双方的关系才称得上稳定。

（2）关系平等。任何健康的关系一定是平等互利的，而不可能通过某一方委曲求全、百般讨好，甚至以牺牲自我的方式来勉强维系。这是因为，付出过多的一方会深感辛苦、委屈和卑微，而被偏爱的一方也会心生压力和烦恼。

总之，亲密关系的建立和维持都有一定的难度。其中，关系平等尤其考验人对情感的把握能力和理性思维。所以，我们一定要有条有理地掌握方法和规律。在此还需要指出的一点是，亲密关系的经营绝对不是阴谋论的套路，而是一门怎么更好地去爱的学问。

（四）建立亲密关系的意义

亲密关系，是让人听起来又爱又恨的一个词。人人都渴望拥有美满的亲密关系。但是真爱似乎又可遇而不可求，且充满了变数。那么，我们该如何拥有美好的亲密关系呢？想要获得满意的亲密关系有捷径可走吗？接下来的内容将揭示为何亲密关系对我们人类如此重要，到底有哪些因素在影响我们展开一段亲密关系以及应当如何展开亲密关系。

1. 亲密关系对幸福的影响程度远远大于其他因素对幸福的影响程度

如前所述，本书中的亲密关系主要指伴侣关系。爱是人类永恒的主题。初恋时的怦然心动、热恋时的激情似火、婚姻中的耳鬓厮磨，甚至是相处时的一点一滴、柴米油盐……无不在刻画着亲密关系的模样。亲密关系穿着彩色的外衣，包裹着激情、浪漫，也隐藏着平淡、真实。拥有良好亲密关系的人无疑是幸福的，他们仿佛沐浴在相濡以沫的情感中，从此人生有了温情打底，未来还有无数渴盼和希望；而那些失去了亲密关系的人，则终日处在昏昏醉梦中，一心只望萧郎归。

亲密关系绝不是一时的激情，它意味着两个人携手走过沟沟坎坎，走进彼此的心中，最后成为对方永恒的支持和依靠。研究发现，婚姻对幸福的影响远远大于其他因素（如健康、收入等）对人生幸福程度的影响。失去亲密关系的人，他/她的健康程度会受损，许多人离婚后血压会上升，免疫系统会受损……这就意味着疾病更容易找上他们。此外，亲密朋友及爱人数量少的人，他们的死亡率也比拥有充满关爱伴侣之人的死亡率更高。

为何亲密关系如此重要？其秘密就在于关系的重要性。人际关系对我们的影响无疑是重大的，而其中占据各种关系中心位置的就是亲密关系（如婚姻、恋爱等）。在这些关系中，相互之间的了解程度、关心程度、相互依赖性、相互一致性、信任度、忠诚度等各种因素都会影响亲密的质量。亲密关系还常常伴随着生殖关系，因此人类的进化特点要求我们一定要发展一段亲密关系，这也是基因留传的需要。此外，亲密关系也意味着更好的父母关系，而父母双方的共同投入对人类后代的成长是至关重要的。

当然，男女进化的不同也要求其采取不同的择偶策略。由于在供应生殖细胞比例这方面存在巨大差异，男女在生殖上的投入也存在巨大差别。资料显示，历史上女性生育子女的最高纪录是69个，而男性拥有子女最多的数量则达到了惊人的888个。所以，男性在择偶上，首先看重忠诚度、吸引力，其次才是女性的资源（如生育）优势；女性则恰恰相反，她们往往更看重男性的资源。这些差异也决定了男女对亲密关系的需求有所不同。

2. 赢得亲密关系，要多“靠近”，多“模仿”，多“回应”

对于亲密关系，人们存在很多刻板印象，比如认为夫妻之间具有所谓的互补性。但实际上，很多婚姻研究显示，亲密夫妻之间的相似性要远远多于相互之间的差异性。影响亲密关系的有三个重要的因素，即临近性、相似度和对等性。

（1）距离上的临近性，是预测能否展开关系的最重要条件之一。现实中，我们往往更喜欢那些与我们距离相近、气味相投之人。为何如此？首先是曝光效应。一见钟情固然存在，但更常见的往往还是日久生情。所以如果遇上了意中人，我们不妨增加一些自己的曝光度，多在对方面前出现几次，这样彼此的好感也会增加。其次，相近之人彼此交往的便利性和机会也更多。那些彼此靠近的人，往往可能有着相似的背景、成长环境、人生观、价值观等。

（2）模仿——长期婚姻靠彼此的相似度。有研究发现，模仿会让人喜欢自己。我们常常说“夫妻相”，事实上夫妻相是存在的。两个人在一起久了，不论是长相、气质、说话方式、穿衣风格等都会越来越相似，看合影的时候尤其有这样的感觉。这是什么原因呢？因为我们喜欢与自己具有相似性的人，无论是外表、气质还是喜好。因而，当他们表达对自己或某些事物的喜爱时，我们也会给予正面反馈。

(3) 对等性（回应/回报性）助力爱情天长地久。在各种小说中，我们常常看到有些女神、男神走高冷路线，从而激发了追求者的兴趣。但在现实生活中，这种高冷路线往往并不奏效。原因就在于投入的感情需要回报，需要我们积极地加以回应。人类是喜欢正面反馈的物种，如果长期得不到正面反馈，感情就会因此逐渐冷却。有研究发现，即使是非常明显的恭维也会增加我们的好感。同时，被人喜欢也会在一定程度上增加我们的正面行为，所以伴侣之间的正面互动尤为重要。

心理学中有个著名的“吊桥试验”。研究人员将参与者（均为男性）分为两组，一组在摇来晃去的吊桥上接受一位美丽女孩的采访，另一组则在稳稳当当的平地上接受另一位美丽女孩的采访。采访结束之后，两组参与者分别得到了两位女孩的电话号码，但前一组人打电话给女孩的比例要远高于后一组。为什么会这样呢？因为当前一组男子站在吊桥上时，心跳加速、呼吸加快，而这和“心动”的感觉一模一样，所以他们中的许多人误以为自己陷入情网了。换言之，他们在摇摇晃晃的吊桥上仿佛感受到了爱情的回应。

总之，亲密关系让人幸福，追求美好的亲密关系应该成为我们人生中不可或缺的主题。

概念术语

有效沟通　积极沟通　三明治沟通　非暴力沟通　宽容　感恩
亲社会行为　亲密关系

复习思考

1. 什么是积极有效的沟通？积极沟通的主要类型有哪些？
2. 什么是非暴力沟通？

3. 如何用非暴力沟通4要素进行沟通？请举例说明。
4. 宽容的积极作用有哪些？
5. 亲社会行为理论有哪些？
6. 亲社会行为的意义是什么？影响亲社会行为的因素有哪些？
7. 亲密关系有哪些特点？
8. 亲密关系的意义是什么？
9. 如何维持和建立亲密关系？

拓展阅读

[1] 卢森堡. 非暴力沟通[M]. 阮胤华，译. 北京：华夏出版社，2022.

[2] 博蒙特. 宽恕的力量[M]. 王巍，译. 北京：万卷出版社，2015.

[3] 卡普兰. 感恩日记[M]. 张淼，译. 北京：新世界出版社，2020.

[4] 米勒. 亲密关系[M]. 王伟平，译. 北京：人民邮电出版社，2015.

参考文献

[1] 刘翔平．积极心理学［M］．北京：中国人民大学出版社，2018.

[2] 盖笑松．积极心理学［M］．上海：上海教育出版社，2020.

[3] 斯奈德．积极心理学［M］．王彦，席居哲，王艳，译．北京：人民邮电出版社．2019.

[4] A·迪纳，R·迪纳．改变人生的快乐实验［M］．江舒，译．北京：中国人民大学出版社，2010.

[5] 弗洛姆．爱的艺术［M］．刘福堂，译．上海：上海译文出版社，2018.

[6] 弗雷德里克森．爱的方法［M］．萧潇，译．北京：中信出版社，2014.

[7] 弗雷德里克森．积极情绪的历史［M］．王珺，译．北京：中国人民大学出版社，2010.

[8] 班杜拉．思想和行动的社会基础：社会认知论［M］．林颖，译．上海：华东师范大学出版社，2018.

[9] 岑国桢．从公正到关爱、宽恕：道德心理研究三主题略述［J］．心理科学，1998，21（2）：163-166.

[10] 塞利格曼．持续的幸福［M］．赵昱鲲，译．杭州：浙江人民出版社，2012.

[11] 塞利格曼．真实的幸福［M］．洪兰，译．沈阳：万卷出版公司，2010.

[12] 契克森米哈赖．专注的快乐：我们如何投入地活［M］．陈秀娟，译．北京：中信出版社，2011.

[13] 契克森米哈赖．心流：最优体验心理学［M］．张定绮，译．北京：中信出版社，2017.

[14] 彭芹芳，李晓文．Dweck 成就目标取向理论的发展及其展望［J］．

心理科学进展，2004，12（3）：409-415.

［15］乔建中，王云强．情绪状态与身体健康研究的新进展［J］．中国心理卫生杂志，2002（10）：698，704-706.

［16］申自力，蔡太生．Rosenberg 自尊量表中文版条目的处理［J］．中国心理卫生杂志，2008，22（9）：661-663.

［17］海斯，斯特罗瑟，威尔森．接纳承诺疗法（ACT）：正念改变之道［M］．祝卓宏，译．北京：知识产权出版社，2016.

［18］斯奈德，洛佩斯．积极心理学：探索人类优势的科学与实践［M］．王意，席居哲，王艳梅，译．北京：人民邮电出版社，2013.

［19］孙灯勇，郑佳．自恋人格的结构、形成机制及相关研究［J］．华中农业大学学报（社会科学版），2009（5）：32-37.

［20］孙蕾，王苏，盖笑松．积极养育的理论研究与教育启示［J］．东北师大学报（哲学社会科学版），2016（5）：213-217.

［21］沙哈尔．幸福的方法［M］．刘骏杰，译．北京：中信出版社，2013.

［22］张林．青少年自尊结构、发展特点及其影响因素的研究［D］．长春：东北师范大学，2004.

［23］张向葵，张林，赵义泉．关于自尊结构模型的理论建构［J］．心理科学，2004，27（4）：791-795.

［24］张阳阳，佐斌．自尊的恐惧管理理论研究述评［J］．心理科学进展，2006（2）：273-280.

［25］张耀华，刘聪慧，董研．自我观的新形式：有关自悯的研究论述［J］．心理科学进展，2010，18（12）：1872-1881.

［26］张于．爱情心理及其与人际关系满意感、主观幸福感的关系［D］．武汉：华中师范大学，2009.

［27］BENSON P L. All kids are our kids：what communities must do to raise caring and responsible children and adolescents［M］. 2ed. San Francisco：Jossey-Bass，2006.

［28］BLANCH FLOWER，D C，OSWALD A J. Hypertension and happiness across nations［J］. Journal of health economics，2008，27（2）：

218–233.

[29] BONO C, MCCULLOUGH M F. Positive responses to benefit and harm bring forgiveness and gratitude into cognitive psychotherapy [J]. Journal of cognitive psychotherapy: an international quarterly, 2006, 20 (2), 147–158.

[30] BONO C, Emmons, MCCULLOUGH. Gratitude in practice and the practice of gratitude. In LINLEY, JOSEPH. (Eds Positive Psychology in Practice). Hoboken, NJ: JohnWiley & SonsInc, 2004: 464–481.

[31] BRONK K C, HILL, LAPSLEY, et al. Purpose, hope, and life satisfaction in three age groups [J]. Journal of positive psychology, 2009, 4 (6): 500–510.

[32] BURROW A L, HILL P L. Purpose as a form of identity capital for positive youth adjustment [J]. Developmental psychology, 2011, 47 (4): 1196–1206.

[33] BUSS D M. The hand book of evolutionary psychology. Oxford handbook of evolutionary psychology [M]. Chichester, UK: John Wiley & SonsInc, 2015.

[34] BUTLER J, KERN M L. The PERMA - profiler: a brief multidimensional measure of flourishing - international [J]. Journal of well being, 2016, 6 (3): 1–48.

[35] CROCKER J, KNIGHT K M. Contingencies of self - worth [J]. Current directions in psychological science, 2005, 14 (4): 200–203.

[36] CROCKER J, PARK L E. The costly pursuit of self–esteem [J]. Psychological bulletin, 2004, 130 (3): 392–414.

[37] CROCKER J, LUHTANEN R K, COOPER M L, et al. Contingencies of self–worth in college students: theory and measurement [J]. Journal of personality and social psychology, 2003, 85 (5): 894–908.

[38] CROCKER J, SOMMERS S R, LUHTANEN R K. Hopes dashed and dreams fulfilled: contingencies of self - worth and admissions to graduate school [J]. Personality and social psychology bulletin, 2002: 28 (9): 1275–1286.

[39] CSIKSZENTMIHALYI M, LEFEVRE J. Optimal experience in work and leisure [J]. Journal of personality and social psychology, 1989, 56 (9): 815-822.

[40] DAHLSGAARD K, PETERSON C, SELIGMAN M E P. Shared virtue: The convergence of valued human strengths across culture and history [J]. Review of general psychology, 2005: 9 (3): 203-213.

[41] DAMON W. What is positive youth development [J]. Annals of the American academy of political and social science, 2004, 591 (1): 13-24.

[42] DANNER D D, SNOWDON D A, FRIESEN W V. Positive emotion sin early life and longevity: findings from the nun study [J]. Journal of personality and social psychology, 2001, 80 (5): 804-813.

[43] DECI E L, EGHRARI H, PATRICK, et al. Facilitating internalization: the self - determination theory Perspective [J]. Journal of personality, 1994, 62 (1): 119-142.

[44] DIENER F, BISWAS-DIENER. Will money increase subjective well being [J]. Social indicators research, 2002, 57 (2): 119-169.

[45] FREDRICKSON B. The role of positive emotions inpositive psychology: the broaden-and-build theory of positive emotions [J]. American psychologist, 2001, 56 (3): 218-226.

[46] FREDRICKSON B, BRANIGAN C. Positive emotions broaden the scope of attention and thought-action repertoires [J]. Cognition and emotion, 2005, 19 (3): 313-332.

[47] FREDRICKSON B, COHN M A, COFFEY, et al. Open hearts build lives positive emotions, induced through oving kindness meditation, build consequential personal resources [J]. Journal of personality and social psychology, 2008, 95 (5): 1045-1062.

[48] FREDRICKSON B, LEVENSON B W. Positive emotions speed recovery from the cardio vascular sequel of negative emotions [J]. Cognition and emotion, 1998, 12 (2): 191-220.

[49] KAHNEMAN D, DEATON A. High income improves evaluation of

life but not emotional well-being [J]. Proceedings of the national academy of sciences, 2010, 107 (38): 16489-16493.

[50] KEEFE K, BERDT T J. Relations of friendship quality to self esteem in early adolescence [J]. Journal of early adolescence, 1996, 16 (1): 110-129.

[51] KERNIS M H. Toward aconcept ualization of optimal self-esteem [J]. Psychological inquiry, 2003, 14 (1): 1-26.

[52] KEYES, LOPEZ S J. Toward a science of mental health Positive direction sin diagnosis and interventions [M] //Snyder & Lopez. The hand book of positive psychology. New York: Oxford University Press, 2002: 45-59.

[53] PARK N, PETERSON C, SELIGMAN M. Strengths of character and well-being [J]. Journal of social and clinical psychology, 2004, 23 (5): 603-619.

[54] PARK Y O, ENRIGHT R D. The development of forgiveness in the context of adolescent friendship conflict in korea [J]. Journal of adolescence, 1997, 20 (4): 393-402.

[55] PATRICK P H, KNEE C R. Appearance-related social comparisons: the role of contingent self-esteem and self perceptions of attractiveness [J]. Personality and social psychology bulletin, 2004, 30 (4): 501-514.

[56] PATRICK H, NEIGHBORS C, KNEE C R. Appearance-related social comparisons: the role of contingent self-esteem and self perceptions of attractiveness [J]. Personality and social psychology bulletin, 2004, 30 (4): 501-514.